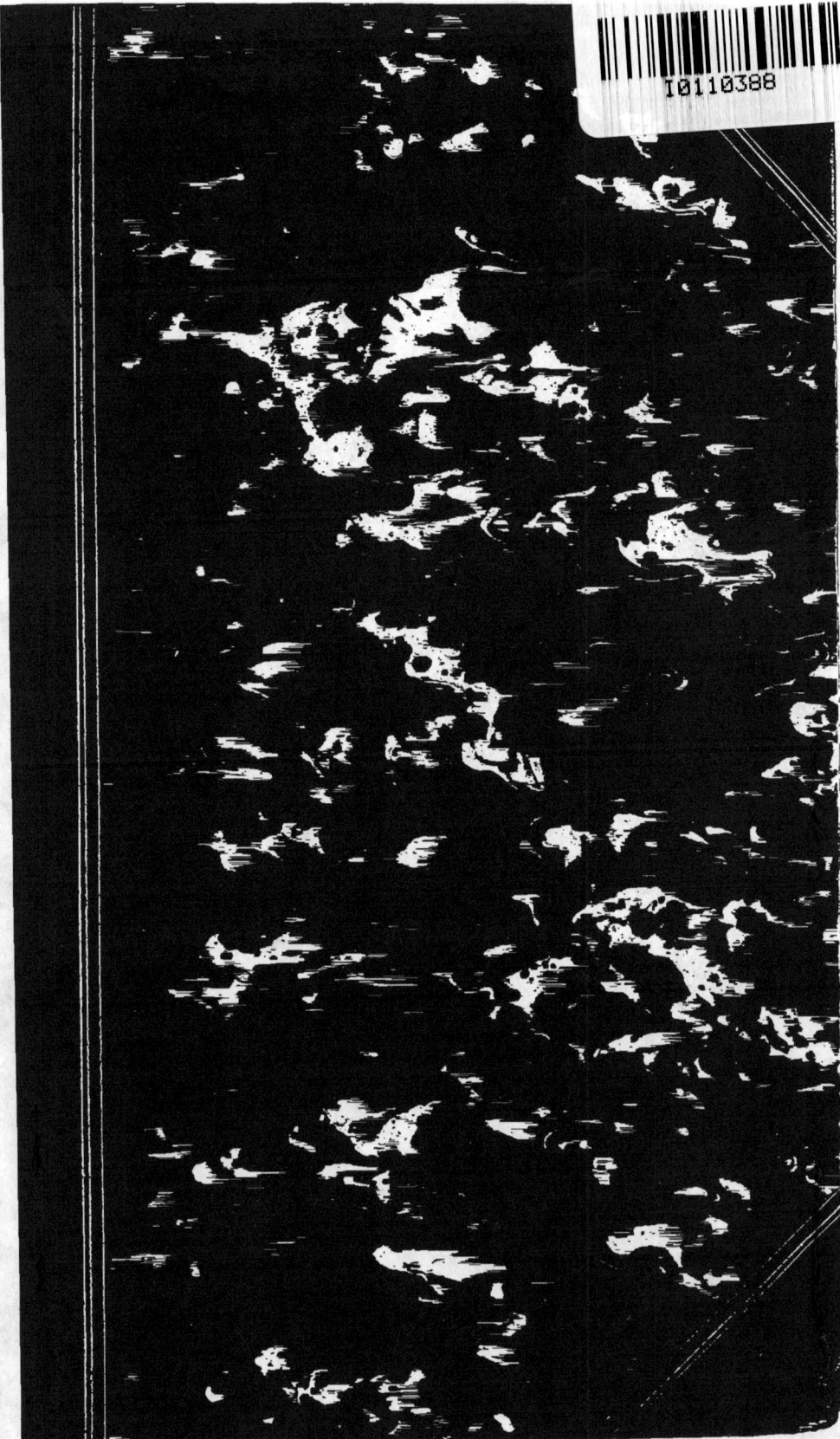

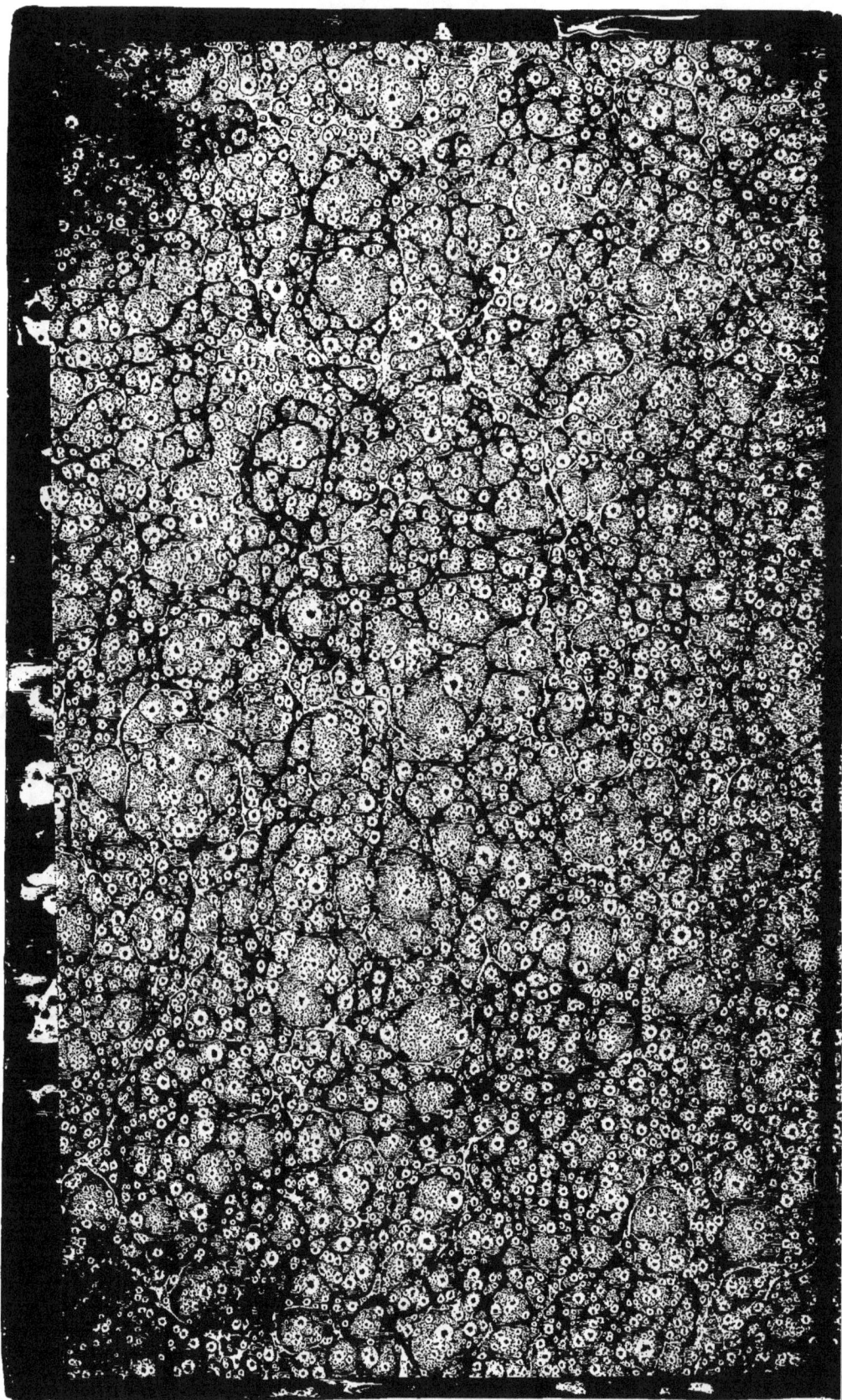

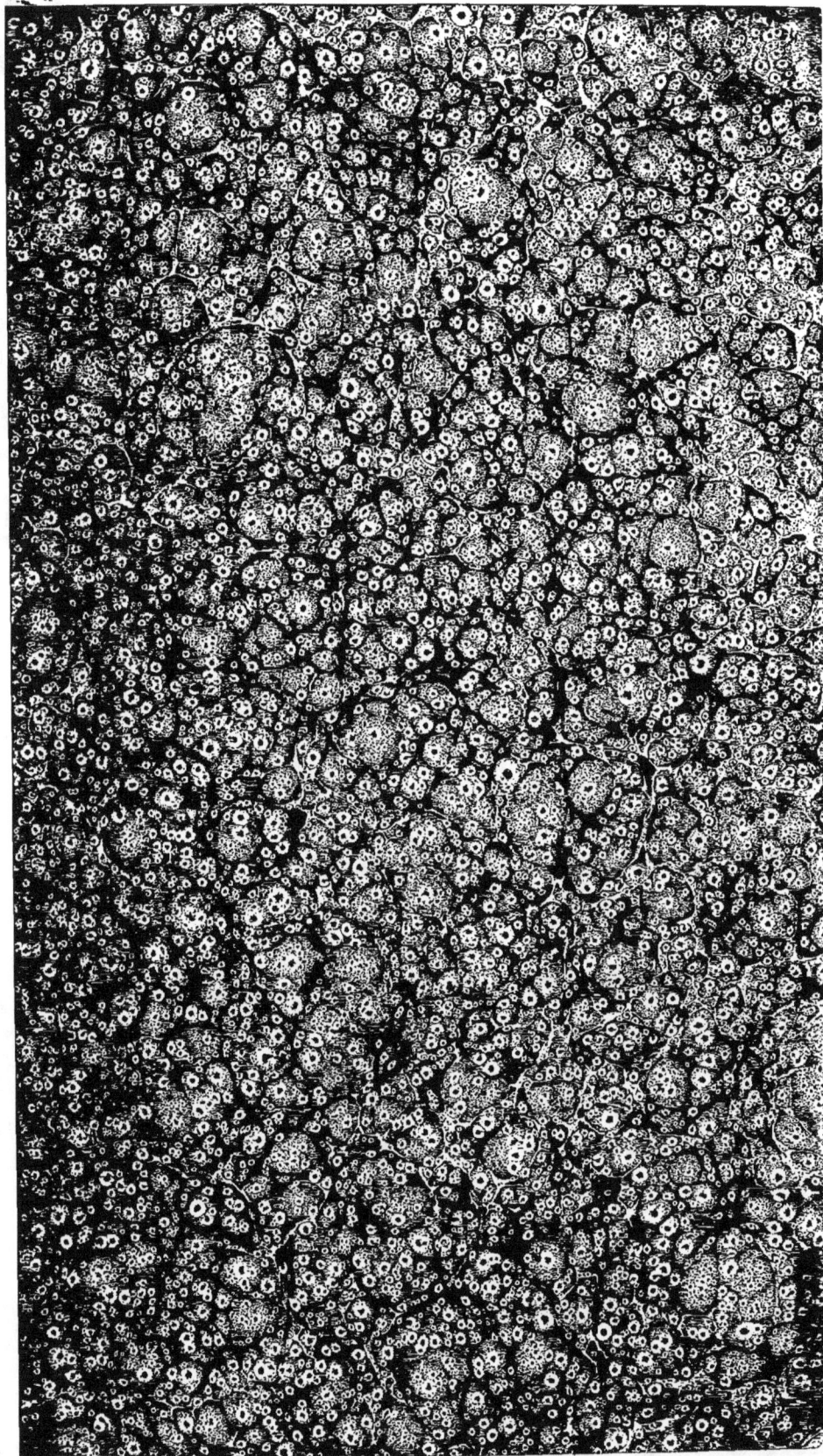

SOUVENIRS

MILITAIRES.

« Napoléon réunissait en lui ce qui plaît à notre nation. Homme de conquête, il flattait son amour pour la gloire ; homme du peuple, son amour pour l'égalité ; homme de génie, sa vive intelligence ; homme de gouvernement, son amour de l'ordre. »

SOUVENIRS

MILITAIRES

DE

L'HISTOIRE CONTEMPORAINE

PAR

LE GÉNÉRAL, BARON, AUGUSTE PÉTIET,

MARÉCHAL-DE-CAMP, COMMANDANT LE DÉPARTEMENT DU LOIRET,

MAITRE DES REQUÊTES, ETC.

PARIS,

Chez DUMAINE, Libraire Militaire, rue Dauphine, 36;
Chez MARTINON, Libraire, rue du Coq-St-Honoré, 4.

TOURS,   **ORLÉANS,**

R. PORNIN et Cie, Imp.-Lib.   GATINEAU, Libraire.

1844.

AVIS DE L'ÉDITEUR.

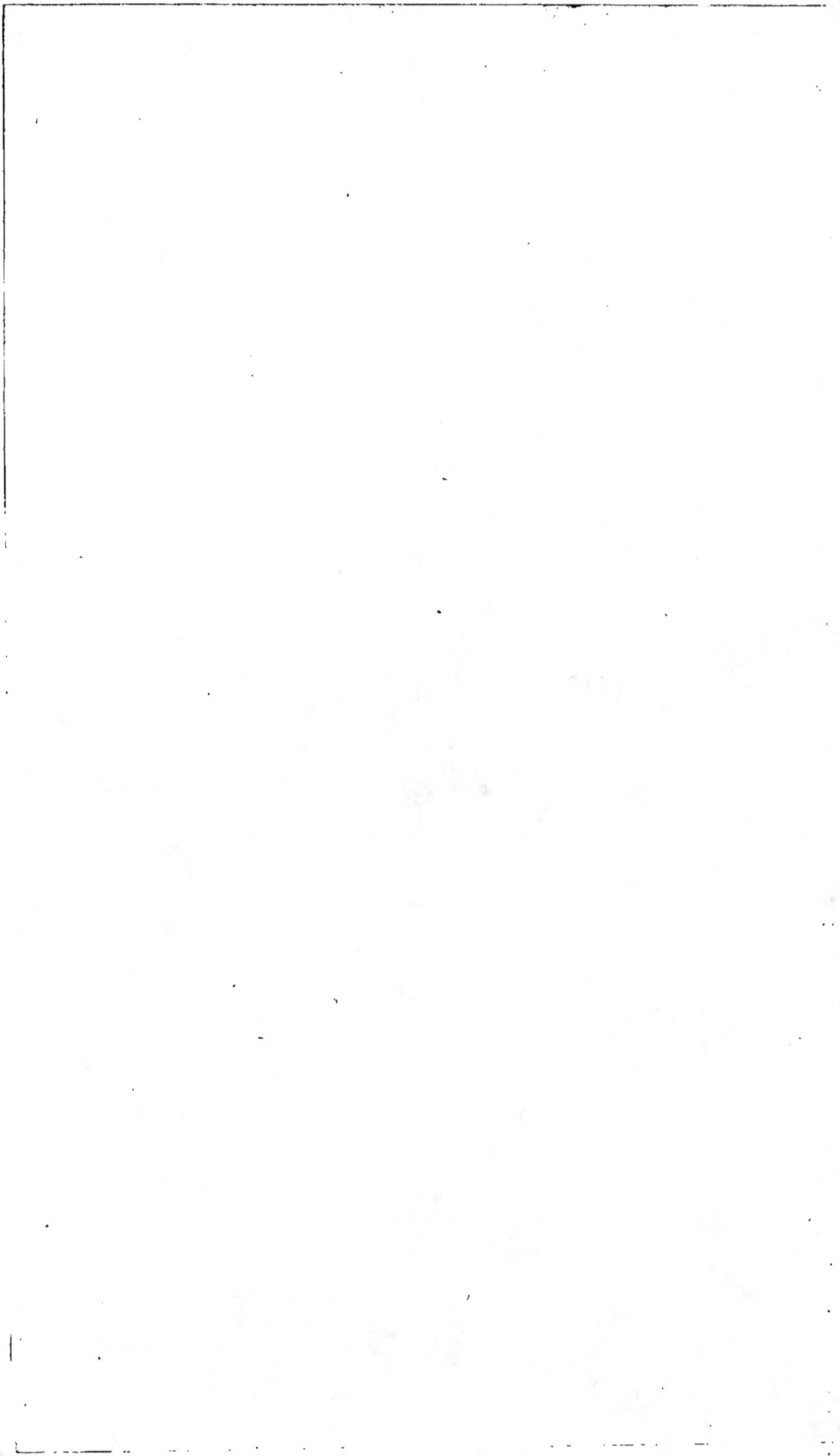

AVIS DE L'ÉDITEUR.

Voici quelques pages historiques, dépouillées de toute prétention littéraire, de tout désir de célébrité. Elles sont extraites du journal d'un vieux soldat, qui, avant de quitter ce monde, a voulu mettre en règle ses notes et ses souvenirs. L'homme qui, sans regret et avec bonheur, versa son sang sur les champs de bataille, n'a plus aujourd'hui qu'un genre d'ambition;

c'est qu'il soit bien reconnu que c'est pour la gloire de la France et la grandeur de la patrie qu'il voua son culte à ce drapeau qu'il entourait de tant d'amour.

Montesquieu attribue la décadence des Romains à cette distance infinie d'une frontière à l'autre, qui, tenant sans cesse éloignés les généraux et les soldats, finit, au lieu d'une armée romaine, par ne plus faire que des armées de Crassus, de César et de Pompée. Quelque vaste qu'ait été l'enceinte de la France, à l'époque impériale, on n'y trouvera pas du moins, comme à Rome, ces rivalités entre des capitaines d'une puissance à peu près égale. L'armée française n'eut jamais qu'un chef et qu'un drapeau, et elle peut attester Dieu et l'honneur qu'en suivant César, c'est toujours pour la patrie qu'elle a combattu.

L'officier intelligent, pour qui la guerre est une science et une étude perpétuelle, prend ordinairement l'habitude de déposer dans un journal le souvenir des faits et des dates qui doivent servir de base à ses observations et à ses pensées. Les militaires de notre époque n'ont pas failli à cette tâche ; et quand le moment est arrivé, après des réactions politiques impitoyables, après des passions à peine attiédies, ils sont venus porter à l'histoire le tribut de leur témoignage ; ils se sont présentés simples et sincères, ne mettant jamais leur amour-propre dans la balance, ni leur imagination à la place des événements.

Celui qui écrit ces lignes croit que le moment approche où pourra être rédigée une bonne histoire de Napoléon et de l'empire ; et, comme on ne saurait posséder de trop nombreux matériaux, il ferait volontiers pour sa part un appel à tous les vieux serviteurs de la France. Les uns éclaireront l'historien sur les détails de tant de triomphes ; les autres retraceront les jours de l'invasion du territoire, et raconteront comment le terrain de la France était pas à pas disputé à l'étranger. Pour ces hommes consciencieux l'exactitude est une telle loi, et la vérité un tel besoin, que pour constater les actions avec une sobriété scrupuleuse, ils ne vous diront ni l'ivresse de la victoire, ni les douleurs de la défaite. La postérité sera instruite par eux avec le même détail, la même impartialité des manœuvres d'Austerlitz et de celles de Waterloo. Les sentiments de leur cœur qui ne sauraient s'éteindre se tairont dans l'exposé des choses dont ils furent témoins, comme s'ils comparaissaient déjà en présence de l'histoire interrogée par la grande voix de la postérité.

L'auteur de ce livre, M. le général Petiet, avait comme tant d'autres conservé les notes de son journal militaire, et ne songeait guère à les livrer à l'impression. L'éditeur crut devoir lui faire comprendre combien il importe aujourd'hui que les faits soient vérifiés dans leurs moindres détails. Où pourrait-on, dans cette époque de paix, acquérir les preuves de la capa-

cité ou de l'insuffisance de nos généraux? Qui
constatera la tiédeur de l'un, les savantes res·
sources de l'autre, les résolutions énergiques
d'un autre enfin, quand le territoire français est
menacé? Mettra-t-on sur la même ligne l'exac-
teur qui désole le pays en temps de guerre,
et le capitaine prévoyant qui protége en même
temps la sécurité du paysan et l'existence du
soldat? N'est-il pas juste, quand un succès a
illustré nos armes, de savoir par les témoins
mêmes de l'affaire quelle part de gloire ou de
blâme doit revenir à chacun, de ceux que la fortune a favorisés? On a trop vu de faits d'armes
racontés par des écrivains dramatiques, mais
inexacts, des opérations stratégiques détaillées
par des rédacteurs qui ne virent jamais un
champ de bataille. A chacun sa tâche et sa
spécialité. Il n'est pas prouvé que l'histoire générale de nos guerres doive être l'ouvrage d'un
général d'armée; mais ce qui est démontré jusqu'à l'évidence, c'est que l'homme de génie qui

en tracera le tableau aura dû s'inspirer d'une foule de récits particuliers indispensables pour faire juger l'ensemble des opérations militaires, et qu'il faut par conséquent recueillir avec soin, pendant que leurs auteurs vivent encore et peuvent discuter les actions dont on voudrait contester la réalité.

Le général Petiet a compris ces motifs, et a bien voulu me confier ce volume pour le livrer à l'impression. Ces notes sont telles qu'elles ont été inspirées par les événements lorsqu'ils étaient récents encore, et la variété qu'elles offrent est due à la différence même de ces événements. On ne trouvera chez l'auteur ni la prétention de s'ériger en historien, ni le désir d'appeler sur lui l'attention publique, car, quoiqu'il ne raconte que ce qu'il a vu, son intervention active dans les faits qu'il retrace n'est constatée que quand elle y est indispensable. Les détails les plus récents dont la fidélité sera mieux reconnue garantiront son exactitude

pour tout ce qui se rapporte aux jours de l'empire, première époque de sa carrière militaire.

C'est une belle situation que celle de l'esprit
public en France, puisque nous pouvons, avec
une liberté complète, adopter, sans en repousser aucune, toutes les gloires qui ont illustré
la France de nos jours. La révolution française, si hideuse au premier coup-d'œil à cause
de tant de sanglants excès, nous montre une
telle valeur, un tel dévouement quand elle se
trouve en face des ennemis de la France, que
nous ne pouvons nous empêcher de répéter
avec M. de Châteaubriand qu'à cette époque
l'honneur français s'était réfugié dans les camps.
La restauration, qui relève le drapeau blanc, si
riche en souvenirs historiques, ne veut pas
prendre philosophiquement son parti sur les
événements du siècle, et ne saurait pardonner
à la révolution une gloire qui s'attachait à d'autres principes, à d'autres hommes, à un autre

drapeau. Entre l'une et l'autre époque s'avance l'empire, et son chef immortel recueille une double rancune. La restauration ne peut lui pardonner d'être sorti des rangs populaires; la révolution ne saurait oublier qu'il a d'une main puissante terrassé, enchaîné cette anarchie qu'elle s'obstine à appeler la liberté.

Pendant quinze ans de guerre générale, le cri des mères dut être entendu ! Napoléon était impitoyable et cruel, décimant par milliers les soldats obligés de le suivre sur une terre lointaine !... et pourtant, ces prétendues victimes ne perdaient rien de leur enthousiasme pour le héros, heureuses et fières de mourir sous ses yeux, en combattant pour la patrie. Dans les cent jours, la population de la France s'élançait au-devant de l'exilé de l'île d'Elbe. On reprochait à une paysanne son culte effréné pour un homme qui allait lui enlever ses enfants pour lutter contre toute l'Europe. « J'ai eu deux fils » au service, répondit-elle : l'un d'eux a été

» tué après être devenu officier ; cela honore

» et console une famille... »

Devenus plus calmes aujourd'hui, nous ne sommes plus les ennemis d'aucun régime, et nous nous bornons à demander à chaque gouvernement ce qu'il a fait pour la France. En nous félicitant d'avoir vu finir le règne de l'esprit révolutionnaire, nous ne saurions oublier l'énergie, le patriotisme et le désintéressement qui signalaient cette mémorable époque. Beaucoup d'entre nous ont servi loyalement la branche aînée des Bourbons, et tout le monde avance qu'il ne tenait qu'à eux de consolider leur empire, si la violation de la foi jurée n'avait, en rendant la révolution de juillet indispensable, prouvé que la souveraineté populaire a aussi sa légitimité.

Napoléon, dit-on, écrasait les autres de sa gloire, son administration ne constate que des abus et du despotisme. L'obéissance était avec lui le premier de tous les devoirs. Mais est-ce dans la paix qu'ont brillé par leurs exploits tant de généraux célèbres, et n'est-ce pas à côté même du vainqueur du monde que se paraient d'un immortel éclat Murat *l'intrépide*, Ney *le brave des braves*, Masséna *l'enfant de la victoire*, Soult *le grand manœuvrier de l'armée*, dont le premier coup-d'œil embrassait tous les avantages du champ de bataille? N'admirait-on pas en même temps le bon sens de Treilhard, l'éloquence de Reynault de S.t-Jean-d'Angély, le désintéressement des Petiet, des Drouot, le courage de Muraire, qui savait, en luttant contre Napoléon, tourner contre lui toutes les voix de ce conseil d'État qu'on accuse de servilité? Les puissances de l'Europe ont repris à Napoléon toutes ses conquêtes, nous dit-on aujourd'hui. Ont-elles donc pu détruire cette route du Simplon, ce port de Cherbourg, ces fortifications d'Anvers, tant de chemins, tant de canaux ouverts à la civilisation moderne, et ce code, ce code immortel qui, par la division progressive de la propriété, assure le triomphe de la démocratie dans l'avenir?

Un système de dénigration, assurément injuste à cet égard, semble avoir été adopté aujourd'hui par un certain nombre d'esprits; les hommes de l'époque impériale le subissent ou s'y résignent en silence. Jamais on ne vit plus de modération, plus de calme après des jours éclatants de guerres et de victoires; jamais abdication plus complète de tout amour-propre, de toute ambition ne signala des guerriers qui, dans leur jeunesse, sillonnaient l'Europe en vainqueurs, et faisaient frissonner d'effroi la terre étrangère sous le bruit de leurs éperons. Ils ne veulent point se justifier aujourd'hui d'imputations quelquefois odieuses; ils ne veulent point, eux qui se sentirent nés pour commander et qui surent se faire obéir par tant de populations étonnées, démontrer qu'ils ne furent point des esclaves, ou les agents passifs d'un despote. Mais que les jeunes gens qui les

accusent ne se hâtent pas trop de triompher;
il est un tribunal suprême dont les arrêts mo-
tivent leur espoir et leur confiance, c'est l'histoire impartiale qui les jugera.

Certes quand la science de Monge, de Chap-
tal, de Berthollet, de Jussieu, de Lacépède,
de Cuvier, de Legendre, de Bezout, de La-
croix, de Binet et de tant d'autres, projetait au
loin une gloire si solide, quand la médecine
s'honorait des Larrey, des Corvisart, des Desgenettes, des Dubois; quand la jurisprudence
illustrait Cambacérès, Treilhard et Lanjuinais,
l'histoire de Barante, la grande littérature Châteaubriand et Volney, madame de Stael et Ber-
nardin de S.t-Pierre; quand nous applaudis-
sions les vers de Delille et de Fontanes, d'An-
drieux, de Luce de Lancival, de Legouvé, de
Ducis, d'Arnault, de Lemercier, et que la chan-
son même recommandait à la gaieté française
Desaugiers, et Béranger, qui s'élançait déjà dans
la carrière; quand nous admirions au théâtre,

S.t-Prix, si plein de noblesse, Michot et son naturel, S.t-Phal et Damas, si ardents, Fleury et Armand, ces derniers types du marquis, et Lafond, si chevaleresque, et Talma, si effrayant et si profond, Duchennois avec son entraînement invincible et Mars avec sa grâce enchanteresse; quand la peinture nous semblait être revenue aux traditions nobles et classiques avec David, Gros, Guérin, Girodet et Gérard, quand Jouy et Spontini composaient la *Vestale*, Duval et Mehul *Joseph en Égypte*, et que l'Opéra comique nous offrait un genre si nouveau et si national avec Elleviou, Martin, Gavaudan et Solié, qui nous aurait dit alors que notre époque passerait un jour pour improductive et pour stérile, et que la génération qui devait suivre prendrait en pitié comme nulles et insignifiantes tant de productions qui nous semblaient glorieuses pour la France et faites pour honorer l'esprit humain?

Nous autres hommes de l'Empire, nous avons

été plus justes envers nos jeunes contemporains. Témoins de la révolution de juillet, si glorieuse pour la France, pleins de respect pour
la nouvelle dynastie qu'elle a placée sur le trône,
et frappés de l'habileté profonde avec laquelle
le chef de l'État a maîtrisé les partis et dirigé
les événements, nous nous sommes réjouis
pour notre pays de voir qu'il ne faisait jamais
que changer de gloire, et que, dans la paix
comme dans la guerre, la France savait montrer à ses amis et à ses ennemis qu'elle est par
ses lumières à la tête des nations.

Nous avons pensé que nos guerriers d'Afrique pourraient puiser quelques beaux souvenirs
de guerre dans les traditions de l'Empire, et que
les hommes d'État y trouveraient des exemples
de justice et d'intégrité. Quant aux poètes qui
ont fait de Napoléon une figure idéale, une espèce de personnage fantastique qui leur semble-
rait trop prosaïque s'ils l'avaient vu comme
nous, le dos au feu, les bras croisés, tantôt

endormi sur la chaise du bivouac, tantôt galopant devant l'armée qu'il haranguait en paroles brèves et saccadées; quant aux poètes, dis-je, nous leur faisons nos excuses, si, sans la moindre ambition en matière de poésie, nous croyons avoir quelquefois touché mieux qu'eux-mêmes à cet élément du beau idéal qui prépare les grandes choses par la contemplation des grandes choses passées. Un exemple va rendre notre pensée.

Une colonne, imitée de celle de Trajan et formée tout entière du bronze des canons pris à l'ennemi dans nos guerres d'Allemagne, s'élevait sur la place Vendôme. Depuis le piédestal jusqu'au sommet, dans une spirale historique, cette colonne racontait les exploits de nos soldats, les monts et les rivières franchis, les redoutes enlevées, les drapeaux conquis et tous les détails de la guerre et de la victoire. A la tête des soldats paraissait de temps en temps un général, simplement vêtu, en petit chapeau,

en redingote grise, tel que nous l'avions tous
vu et servi en réalité sur le champ de bataille.

Au chapiteau, cette réalité cessait. La vie du
guerrier était accomplie. Et, comme si cette
limite séparait le temps de l'éternité, on voyait
s'élever au-dessus du sommet de la colonne
une statue d'un style bien différent. C'était bien
encore la même figure, et le noble profil de
notre empereur; mais le costume vulgaire était
dépouillé, et l'apothéose avait remplacé la vie.
Un manteau héroïque, une couronne de laurier,
un globe dans la main, pareil à celui que l'on
donne à Charlemagne, nous présentaient au-
dessus du chapiteau, se détachant sur les nua-
ges, cette figure qu'après tant de glorieux travaux notre imagination avait presque divinisée
à l'égal du *Divus* des Romains. Notre pensée n'a
pas été comprise ou à été dédaignée. Du séjour
idéal où siégeait sa gloire immortelle, Napoléon
a été dans une nouvelle image rappelé aux réa-
lités de la vie. Le petit chapeau, la redingote,

la lunette d'observation ont remplacé le costume
héroïque et le globe et les lauriers. Au-dessus
du chapiteau comme au-dessous, l'apothéose a
cessé, et notre empereur est redescendu dans des
conditions d'existence qui n'ont fait que représenter, sur une dimension plus grande, la figure
historique que la spirale reproduisait partout.
Vous avez privé le héros de son apothéose, vous
n'avez rendu que la vie des camps à celui que,
dès son vivant, nous avions voué à l'immorta-
lité; où donc est la poésie? est-ce dans votre
portrait sèchement exact, ou dans cette image
presque divine que notre culte présentait à l'admiration des hommes?

Non, le siècle avant vous ne fut pas sans grandeur et sans poésie; non, l'esprit humain n'a
pas déshérité pendant le règne impérial de ce
soufle de génie qui féconde et anime la France.
Nous apprîmes jadis, nous qui aimons les vieilles
et les jeunes gloires, à respecter les souvenirs
historiques qui recommandent à la postérité

S.t-Louis, Duguesclin, Jeanne-d'Arc, Bayard, aussi bien que Condé et Turenne ; et pourtant, lorsque la révolution française a produit des héros républicains, nous nous sommes précipités sur le champ de bataille pour les imiter ou mourir avec eux. Notre œil paternel sourit avec bonheur aujourd'hui à ces jeunes renommées qui, dans les plaines de l'Afrique, cultivent ce laurier héréditaire qui ne saurait se flétrir. Jeunes gens, imitez-nous, croyez-moi ! Respectons tout ce qui est respectable, et, quels que soient le temps et le règne, aimons avec une piété filiale toutes les gloires de la patrie.

L'éditeur,

Ch. D.

INTRODUCTION.

« Les seules bonnes histoires, dit Montaigne,
sont celles qui ont été écrites par ceux-mêmes qui
commandaient aux affaires, ou qui étaient parti-
cipants à les conduire, ou au moins qui ont eu la
fortune d'en conduire d'autres de même sorte :
telles sont quasi toutes les grecques et romaines ;
car plusieurs témoins oculaires ayant écrit de même
sujet (comme il advenait en ce temps-là que la
grandeur et le savoir se rencontraient communé-
ment) s'il y a de la faute, elle doit être merveilleu-
sement légère, et, sur un accident fort douteux,

1

que peut-on espérer d'un médecin traitant de la
guerre, ou d'un écolier traitant les desseins des
princes ? Si nous voulons remarquer la religion
que les Romains avaient en cela, il n'en faut que
cet exemple : Asinius Pollio trouvait ez histoires
même de César quelque mécompte en quoi il était
tombé, pour n'avoir pu jeter les yeux en tous les
endroits de son armée, et en avoir cru les particuliers qui lui rapportaient souvent des choses non
assez vérifiées ; ou bien pour n'avoir été assez
curieusement averti par ses lieutenants des choses
qu'ils avaient conduites en son absence. [1] On peut
voir, par là, si cette recherche de la vérité est dé-
licate, qu'on ne se puisse pas fier d'un combat à la
science de celui qui a commandé, ni aux soldats,
de ce qui s'est passé près d'eux, si, à la mode
d'une information judiciaire, on ne confronte les
témoins et reçoit les objets sur la preuve des pon-
ctilles de chaque accident. »

Le temps a confirmé les opinions de Montaigne :
les meilleurs documents de l'histoire militaire sont
les documents de l'armée. La science des détails au
lieu d'être négligée doit être étudiée avec soin,
quoiqu'elle ait été trop souvent par les historiens,

[1] Si l'on ne confronte les témoignages, si l'on ne reçoit les objections, lorsqu'il s'agit de prouver les moindres détails de chaque fait.
— *Montaigne, liv. 2, chap. 1. 2e vol.*

omise ou dédaignée. Dans cet art si difficile de faire mouvoir de grandes masses, de profiter des avantages du terrain et de vaincre quelquefois avec des forces inférieures, des causes infimes renversent les projets les mieux calculés, ou au contraire leur donnent tout leur appui. Déjà, de grands capitaines, dont on a accusé la modestie, ont déclaré hautement qu'il y avait autant de hasard que d'habileté dans leurs succès ; que des circonstances fortuites avaient renversé sur le champ de bataille leurs prévisions, et amené un dénouement en opposition directe avec leurs calculs.

On a reproché à l'esprit de parti d'avoir dénaturé le récit de l'histoire contemporaine ; la faute n'en est-elle pas encore à l'ardeur avec laquelle notre jeune France se livrant à la littérature, a voulu, sans documents et sans conseils, raconter les faits d'armes glorieux de la République et de l'Empire? et pourtant, près d'eux dans nos archives que de richesses importantes ils pouvaient exploiter ! mais en garde contre les bulletins, ces jeunes publicistes supposaient trouver des erreurs politiques jusques dans les ordres, les journaux militaires et la correspondance des chefs de l'armée; subjugués par leur imagination, ils n'ont produit que des romans historiques.

Le gouvernement de la Restauration qui cherchait plutôt à faire oublier qu'à préconiser la gloire des compagnons de l'empereur, loin de donner une direction à la publicité des matériaux dont il disposait, cherchait à exciter la répugnance de la génération nouvelle pour les travaux que sa politique repoussait. Les libelles seuls étaient bien accueillis et même récompensés, quand la calomnie versait tous ses poisons sur les actions héroïques et la vie privée de l'auteur du code civil, du héros qui avait relevé en France le trône et l'autel.

Napoléon disait qu'ayant trouvé le trône vacant, il avait ramassé la couronne et ne l'avait placée sur son front qu'après l'avoir nettoyée. Mais le mot d'ordre des auteurs et des poètes de la Restauration consistait à répéter que *Buonaparte* n'était qu'un aventurier, un soldat étranger qui avait osé usurper la couronne des Bourbons !.... La haine du gouvernement était si aveugle, et l'on désirait si vivement rendre odieux à la jeunesse, l'homme qui avait ouvert de vastes établissements pour son instruction, qu'on lui contestait même ses talens militaires, et chose inouïe, sa valeur sur le champ de bataille.

Un homme de mérite demanda en 1808 à l'empereur de continuer l'histoire de France de Velly, Villaret et Garnier. Le ministre fit à Napoléon un rapport dont les conclusions étaient que la demande de M. Halma ne pouvait être accueillie par la raison que ce n'était pas au gouvernement à intervenir dans une semblable entreprise; qu'il fallait la laisser à la disposition des gens de lettres, et qu'il convenait de réserver les encouragements pour des objets d'un plus vaste intérêt. L'empereur à la réception de la dépêche du ministre dicta la note suivante : [1]

» Je n'approuve pas les principes énoncés dans la note du ministre de l'intérieur. Ils étaient vrais il y a vingt ans, ils le seront dans soixante; mais ils ne le sont pas aujourd'hui. Velly est le seul auteur un peu détaillé qui ait écrit sur l'histoire de France; l'*Abrégé chronologique* du président Hénault est un bon livre classique ; il est très utile de les continuer l'un et l'autre. Velly finit à Henri IV, et les autres historiens ne vont pas au-delà de Louis XIV. Il est de la plus grande importance de s'assurer de l'esprit dans lequel écriront les continuateurs. La jeunesse ne peut bien juger les faits que d'après la manière dont ils lui sont présentés. La tromper en lui retraçant des souvenirs, c'est lui préparer des erreurs pour l'avenir. J'ai chargé le ministre de la police de veiller à la continuation de Millot, et je désire que les deux ministres se concertent pour faire continuer Velly et le président Hénault. Il faut que ce travail soit confié non-seulement à des auteurs d'un vrai talent, mais encore à des hommes attachés, qui présentent les faits sous leur véritable

---

[1] Voir le 32ᵉ vol. du *Spectateur militaire*.

point de vue , et qui préparent une instruction saine, en prenant ces historiens au moment où ils s'arrêtent, et en conduisant l'histoire jusqu'en l'an VIII.

« Je suis loin de compter la dépense pour quelque chose. Il est même dans mon intention que le ministre fasse comprendre qu'il n'est aucun travail qui puisse mériter davantage ma protection.

« Il faut faire sentir à chaque ligne les effets de l'influence de la cour de Rome , des billets de confession , de la révocation de l'édit de Nantes , du ridicule mariage de Louis XIV avec madame de Maintenon. Il faut que la faiblesse qui a précipité les Valois du trône, et celle des Bourbons qui ont laissé échapper de leurs mains les rênes du gouvernement , excitent les mêmes sentiments.

« On doit être juste envers Henri IV , Louis XIII , Louis XIV et Louis XV , mais sans être adulateur. On doit peindre les massacres de septembre et les horreurs de la révolution du même pinceau que l'Inquisition et le massacre des *seize*. Il faut avoir soin d'éviter toute réaction en parlant de la révolution. Aucun homme ne pouvait s'y opposer. Le blâme n'appartient ni à ceux qui ont péri, ni à ceux qui ont survécu. Il n'était pas de force individuelle capable de changer les éléments, et de prévenir les événements qui naissaient de la nature des choses et des circonstances.

« Il faut faire remarquer le désordre perpétuel des finances, le chaos des assemblées provinciales, les prétentions des parlements, le défaut de règle et de ressorts dans l'administration ; cette France bigarrée, sans unité de lois et d'administration, étant plutôt une réunion de vingt royaumes qu'un seul état, de sorte qu'on respire en arrivant à l'époque où l'on a joui des bienfaits dus à l'unité de lois, d'administration et de territoire. Il faut que la faiblesse constante du gouvernement sous Louis XIV même, sous Louis XV et sous Louis XVI, inspire le besoin de soutenir l'ouvrage nouvellement accompli et la prépondérance acquise. Il faut que le rétablissement du culte et des autels inspire la crainte de l'influence d'un prêtre étranger ou d'un confesseur ambitieux, qui pourrait parvenir à détruire le repos de la France.

« Il n'y a pas de travail plus important ; chaque passion, chaque parti, peuvent produire de longs écrits pour égarer l'opinion ; mais un ouvrage tel que Velly, tel que l'*Abrégé chronologique* du président Hénault, ne doit avoir qu'un seul continuateur ; lorsque cet ouvrage, bien fait et écrit dans une bonne direction aura paru, personne n'aura la volonté et la patience d'en faire un autre, surtout quand, loin d'être encouragé par la police, on sera découragé par elle. L'opinion exprimée par le ministre, et qui, si elle était suivie, abandon-

nerait un tel travail à l'industrie particulière et
aux spéculations de quelques libraires, n'est pas
bonne et ne pourrait produire que des résultats
fâcheux.

« Quant à l'individu qui se présente, la seule
question à examiner consiste à savoir s'il a le talent
nécessaire, s'il a un bon esprit, et si l'on peut compter sur les sentiments qui guideraient ses recherches et conduiraient sa plume. »

La citation de Montaigne qui commence cet
avant-propos et celle de Napoléon qui le termine
expliquent le point de vue auquel je me suis placé
et qui m'a déterminé à publier ces *souvenirs*. Si
notre siècle n'est pas appelé à élever un monument
durable à la mémoire de Napoléon, il y aurait
néanmoins de l'imprudence à rejeter même les
plus faibles documents des témoins de ses hauts
faits, par ce seul motif que des plumes inhabiles
ont la témérité de les produire. D'ailleurs personne
n'ignore aujourd'hui que ce n'est point avec les
mensonges politiques des bulletins et l'exagération
des journaux que l'on fonde un édifice historique.
L'historien peut ajouter le charme d'un style élo-
quent et rapide au récit sans art d'un militaire qui
raconte ce qu'il a fait ou ce qu'il a vu ; mais l'or-
nement et le mouvement poétique sont-ils assez

puissants pour sauver de l'oubli les relations qui
altèrent la vérité ? — Sous la Restauration , quelques écrivains, mus sans doute par le louable désir d'offrir à la génération nouvelle l'exemple de
leurs devanciers , ont demandé aux anciens militaires des renseignements concernant leurs campagnes. J'ai cru devoir aussi répondre à cet appel ;
mais après avoir copié des phrases entières (qui ne
méritaient pas sans doute un tel honneur), ils ont
dénaturé les événements , ne suivant à ce sujet que
leurs inspirations dramatiques. Un vieux soldat qui
s'affligea longtemps de l'inexactitude de l'histoire
contemporaine , doit donc espérer qu'on ne le blâ-
mera pas de tracer ici l'esquisse de quelques épi-
sodes de nos mémorables champs de bataille. Il n'a
d'autre désir en s'y livrant que de placer un jalon
pour que l'écrivain, quittant la route des fictions ,
retrouve celle de la réalité. Ce sont les acteurs et
les témoins oculaires des grands événements qui, en
racontant ce qu'ils ont vu ou fait, doivent fournir à
l'historien les matériaux nécessaires pour composer
le récit d'une époque ; et ce récit ne saurait être
impartial qu'autant que les opinions diverses ont
été comparées entre elles et discutées. Du choc seul
de ces opinions peut ressortir la vérité des faits.

1805.

—

AUSTERLITZ.

AUSTERLITZ.

———

Napoléon menaçait l'Angleterre. Il avait réuni des forces considérables sur les côtes de l'Océan. Ses émules de gloire, sur le Rhin et en Italie, commandaient les différents corps de l'armée. Davoust était à Ostende, Soult à Boulogne, Ney à Montreuil, Augereau à Bayonne.

Napoléon répétait souvent qu'une bonne administration est l'un des éléments les plus sûrs de la victoire. Pénétré de ce principe, il avait choisi pour intendant-général le conseiller-d'État Pétiet, administrateur intègre et habile, qui, à une époque de corruption et de misère, avait essayé de nettoyer les modernes écuries d'Augias, de remettre de l'ordre dans un ministère étonné de se trouver sous une direction pure et éclairée. Napoléon n'avait point oublié qu'en chassant les fripons qui affluaient à l'armée du général Bonaparte, cet ancien ministre l'avait encore aidé de tous les moyens que ses hautes lumières, son expérience et son activité pouvaient lui donner pour assurer le résultat éclatant des immortelles campagnes de 1796 et 1797 en Italie.

Par les soins du conseiller-d'État Pétiet, l'armée est parfaitement approvisionnée : le soldat et la cavalerie ont leurs vivres et fourrages assurés, les hôpitaux seront entretenus, les ambulances munies de tous les effets de pansement rendront d'immenses services. L'intendant-général, tantôt précédant tantôt suivant l'empereur, partout où les besoins de l'administration l'exigeront, ne laissera aucun service en souffrance. [1]

[1] Les fatigues excessives qu'éprouva M. Pétiet dans cette campagne abrégèrent sa vie. Il mourut à Paris en 1806, à l'âge de 57 ans, après avoir entendu les cris de la victoire, après avoir vu siguer le traité de Presbourg. Les restes mortels de M. Pétiet ont été déposés au Panthéon ; son nom est gravé sur l'Arc de Triomphe de l'Étoile.

La plupart des auteurs contemporains ont prétendu que l'empereur n'avait jamais pu souffrir la contradiction, et qu'il prenait en haine ceux qui essayaient d'émettre un avis contraire au sien. Le fait suivant

D'autres choix importants firent remarquer le discernement de Napoléon. Le chef d'état-major, qui avait su comprendre et traduire avec tant d'habileté et de concision les ordres du général en chef des armées d'Italie et d'Egypte, le maréchal Berthier est major-général de la grande-armée qui, pour la première fois, prend cette dénomination. M. de la Bouillerie, quoique ancien payeur de Moreau, présenté par l'intendant-général Pétiet, est nommé payeur-général; ses talents financiers et sa probité doivent l'élever promptement dans cette carrière, ainsi que dans l'estime de l'empereur.

---

prouve que ce que l'on a dit à ce sujet est aussi hasardé que les jugements publiés sur le caractère et sur les principes de cet homme extraordinaire. Le quartier impérial demeura pendant quelque temps à Strasbourg, où Napoléon voyait arriver sur le Rhin une partie de ses troupes. L'exécution d'un ordre relatif à l'administration de l'armée, fit naître entre l'empereur et l'intendant-général une discussion qui devint d'autant plus vive que Napoléon avait tort et ne voulait point l'avouer; d'un autre côté, M. Pétiet, qui sentait toute la régularité et l'exactitude des mesures qu'il avait prises, ne pouvait et ne voulait point céder. Ils se séparèrent fort émus, et l'empereur ne dissimulait pas sa colère. Un instant après, M. Pétiet est invité à venir dîner avec Napoléon. Il répond qu'il ne le peut, étant malade. Le conseiller-d'État est alors prié, par un aide-de-camp que lui envoie l'empereur, de se rendre le lendemain matin au palais impérial, si sa santé le lui permet. Lorsque l'intendant-général entre dans le cabinet de Napoléon, ce prince court à sa rencontre, lui prend la main, et lui dit en souriant et d'un ton affectueux : — *Eh bien ! monsieur Pétiet, êtes-vous encore fâché ?*

A ces éléments de succès, il faut joindre la confiance du soldat, qui était un gage assuré de prochaine victoire.

Le 5 fructidor an XIII (22 août 1805) les soldats de l'armée de Boulogne descendaient gaîment de leurs camps, se formaient en bataille le long des quais, et entraient dans les bâtiments assignés à leur division; pas un ne manquait l'appel, tous brûlaient du désir de toucher à la rive ennemie. Armes, poudres, munitions de toute espèce sont à bord : les chevaux, l'artillerie sont placés, et les bassins, creusés par l'armée, renferment 60,000 hommes. Le vent fait espérer une heureuse traversée ; encore quelques heures, et l'aigle française va planer sur les côtes d'Angleterre. Mais l'empereur vient d'apprendre que pour détourner le coup qui menace la Grande-Bretagne, plusieurs souverains n'ont pas craint d'échanger le sang de leurs sujets contre l'or des insulaires. Les Autrichiens vont franchir l'Inn, envahir la Bavière; l'armée russe les rejoint en poste. Cependant, lorsque Pitt se réjouit d'avoir formé une nouvelle coalition, Napoléon a déjà fait prisonnière la moitié de l'armée autrichienne, replacé l'électeur de Bavière dans ses états, et il marche à grandes journées sur Vienne, où l'Angleterre ne connaîtra sa présence, que quand il aura détruit l'armée russe dans les plaines d'Austerlitz.

Napoléon, en essayant ses talents stratégiques sur l'Adige et le lac de Garde, avait sans doute imité les marches savantes de la guerre du grand Frédéric en Silésie; mais il eut bientôt dépassé son modèle, et jamais il ne déploya les ressources et l'activé de son génie avec plus de supériorité que dans cette campagne déterminée par l'invasion de la Bavière, lorsque les regards étonnés de l'Europe attendaient son débarquement en Angleterre.

Masséna prend le commandement de 60,000 hommes réunis dans le nord de l'Italie. 20,000 Français, à Naples, rétrogradent pour se joindre à son corps d'armée; Bernadotte jette quelques troupes dans le fort d'Hameln, quitte le Hanovre et marche vers Francfort-sur-le-Mein avec 25,000 hommes. Marmont sort de la Hollande et se porte sur Mayence avec 25,000 Français et Bataves. Les corps de Davoust, Soult et Lannes prennent les numéros 3, 4 et 5. Ney commande le 6e corps, qui doit être chargé de l'invasion du Tyrol. Le maréchal prince Murat a sous ses ordres la réserve de cavalerie. Enfin, Napoléon entre en Allemagne à la tête de 160,000 hommes.

L'empereur, ayant enlevé Ulm à l'armée autrichienne, se porte sur le Lech, fait relever les anciens remparts d'Augsbourg, les arme et forme de cette ville de ressource sa grande place de dépôt. Le maréchal Soult s'empare de Memingue après trois jours d'investissement. La prise de la place de Braunau nous permet de pousser jusqu'à Vienne. Cette capitale elle-même mise à l'abri d'un coup de main, Napoléon se dirige en Moravie, s'empare de la citadelle de Brünn, qui est aussitôt armée et approvisionnée. Ce point fortifié permet de manœuvrer en Moravie. A une marche de cette ville se livre la bataille d'Austerlitz.

Ainsi, quel que soit le sort des armes, par d'aussi savantes dispositions la retraite est assurée, puisque Napoléon peut marcher sur Vienne, y repasser le Danube, ou arriver par la rive gauche à Lintz en traversant le fleuve sur le pont de cette ville, couverte par des ouvrages importants élevés sur les mamelons.

Napoléon a dépassé Vienne et s'élance au-devant des Russes. Les efforts de 6,000 hommes de cette nation pour défendre à 30,000 Français le passage du défilé d'Hollabrünn, lui annoncent des ennemis qu'il doit être glorieux de combattre. Napoléon est à Brünn, à 200 lieues de ses frontières ; là, il sent la nécessité de s'arrêter, de réunir ses forces et de choisir un champ de bataille pour terminer la campagne par un coup de tonnerre. Mais il veut paraître reculer devant les Russes pour les clouer ensuite sur ce champ de bataille que son coup-d'œil d'aigle a trouvé. Il ne refuse d'écouter, à Brünn, aucune des propositions de paix qui lui sont faites par l'Autriche et par la Russie. Ces négociations, qui s'ouvrent avec tant de facilité, donnent l'assurance aux Russes que Napoléon se trouve dans une position dangereuse et que rien ne lui coûtera pour en sortir. Le mouvement offensif est décidé contre lui, s'il refuse les conditions suivantes qu'on ose lui offrir : *Rendre la Belgique à l'empereur d'Autriche, abandonner l'Italie à ses anciens souverains, garantir l'indépendance de la Hollande, en renonçant à jamais à la ligne du Rhin.*

L'empereur, indigné, répond aux ambassadeurs d'Alexandre : « Dites à votre maître qu'une armée de trois cent mille Russes serait aux portes de Saint-Denis, qu'elle n'entrerait pas dans Paris. » — Qui peut disposer de l'avenir? Napoléon était loin de prévoir alors que neuf ans après, les Russes envahiraient la France, et que leur seule présence aux environs de Paris le renverserait du trône.

Mais ces malheurs étaient alors éloignés, et c'est ici l'un des plus beaux théâtres de sa gloire. Le corps du maréchal Soult était, depuis le 21 novembre, à Austerlitz. Le maréchal occupait le château du prince de Kaunitz. Pour éviter toute surprise et opérer avec régularité le mouvement rétrograde projeté par Napoléon, il avait été convenu que quatre coups de canon tirés au pied d'une chapelle située sur une montagne en avant d'Austerlitz, et qu'on apercevait au loin dans cette plaine immense, dépourvue de végétation , devaient donner le signal de réunion des troupes, chaque brigade se retirant alors sur le cantonnement de la division la plus rapprochée de la ville.

Franceschi [1] avait eu la mission de se porter avec le 8e régiment de houzards à Göding, sur la droite de Wischau, à dix lieues d'Austerlitz, et près de la frontière de Hongrie. Ce colonel, appuyé du 11e de chasseurs, cantonné à Radisch, observait les mouvements de l'ennemi, et il ne tarda pas à en profiter pour lui faire un grand nombre de prisonniers. Quelques jours après son arrivée à Göding, il s'empara des équipages du général Caremelly , chambellan de l'empereur d'Autriche , et de la suite de cet officier-général. Franceschi fit un partage égal à ses houzards de l'or qui tomba en son pouvoir, et ils redoublèrent d'ardeur pour obtenir de nouveaux succès dans cette guerre de partisans.

Mais le 28 novembre, Napoléon apprend le mouvement offensif des Russes. Bernadotte et Davoust, l'un sur les frontières de la Bohême, l'autre à Vienne , font 30 lieues en deux jours pour rejoin-

[1] Franceschi de Lyon , général de division de cavalerie, est mort prisonnier de guerre dans les cachots de Carthagène en 1810. Cet officier d'une haute distinction était honoré de l'estime et de l'affection de l'empereur et du maréchal Soult. Il était gendre de l'honorable général Matthieu Dumas.

dre l'armée en Moravie. Les succès réitérés de
Franceschi ont fait augmenter les forces qui lui
sont opposées. Les avant-postes de l'ennemi sont
doublés, tout annonce qu'il médite une attaque.
Notre immobilité a fait naître son audace : l'armée
austro-russe s'empare de Wischau.

Les quatre coups de canon sont partis de la chapelle, et l'ennemi, plein de confiance dans ses
forces et dans notre sécurité, occupe nos positions
à mesure que nos troupes les abandonnent. La division Legrand se rassemble, le général Vandamme
fait prendre aussi les armes à celle qu'il commande. Le lieu de réunion du 4ᵉ corps est au pied
de la chapelle. La cavalerie se forme en bataille,
tandis que les vedettes ont à peine le temps de faire
feu et de se replier sur leurs régiments, tant les
Russes, dans leur présomption, nous supposent en
pleine fuite, et craignent de nous voir échapper à
leurs coups !

Cinquante escadrons ennemis se forment sur les
hauteurs, et aux approches de la nuit, de grands
feux sont allumés sur toute la ligne. L'empereur
réunit à la maison de poste de Posowitz les maréchaux Murat, Soult et Lannes, et leur communique
ses desseins. A deux heures et demie du matin la
conférence cesse, et les maréchaux retournent à
leurs corps d'armée.

Soult ne quitte Austerlitz que le 29 à 5 heures du

matin ; les troupes françaises exécutent avec ordre leur retraite. L'armée ennemie s'avance sur cinq colonnes, la cavalerie autrichienne de Kienmayer prend immédiatement possession des bivouacs que vient de quitter le 4e corps, et les empereurs de Russie et d'Autriche s'établissent au château du prince de Kaunitz, qui doit encore servir de quartier impérial à l'empereur des Français vainqueur de ces deux souverains.

Le 30, le général Bertrand, aide-de-camp de l'empereur, porte l'ordre au maréchal Soult de faire prendre les armes au 4e corps. La cavalerie du prince Murat se met en mouvement, la division Vandamme se range en bataille derrière le village de Schlapanitz, et la division Saint-Hilaire est en marche pour occuper la position de la division de grenadiers Oudinot, qui vient de se porter en avant et de se placer sur la gauche du village. Le général Saint-Hilaire, en gagnant les hauteurs, s'établit aussi en avant de Schlapanitz, échelonnant la division Oudinot. Napoléon est placé sur la crête d'une montagne d'où l'on découvre distinctement les mouvements des troupes russes. L'ennemi, pendant toute cette journée, fait des manœuvres vers sa gauche qui semblent annoncer qu'il a l'intention de nous attaquer près du village de Telnitz que le général Legrand avait reçu l'ordre d'occuper et où étaient déjà deux régiments de cavalerie légère

commandés par le général de brigade Margaron.
Une route assez étroite qui conduit au village est
couverte de vedettes russes et autrichiennes qui
paraissent ne faire le coup de carabine que pour
porter sur ce point toute notre attention.

Le général Kutusow, qui supposait que nous
comptions sur des renforts pour recevoir la bataille, avait résolu de tourner l'armée française
par ses manœuvres, de s'approcher de notre ligne
en couronnant les hauteurs et en masquant le
mouvement de ses ailes. Tant de soins étaient en
pure perte, il tombait dans le piège que lui avait
tendu Napoléon.

Le corps du maréchal Lannes forme l'aile gauche
de l'armée française, appuyée à la hauteur de
Saint-Antoine, position fortifiée et où se trouvent
18 pièces de canon en batterie. Sur cette hauteur
fut élevé autrefois, dit-on, un monument turc
qu'on nomme *Santon*. Bernadotte commande le
centre en arrière du village de Jirzokovitz. La
droite est aux ordres de Soult ; ses trois divisions
occupent la ligne de Kobelnitz, Socolnitz et Telnitz.
La cavalerie du prince Murat, en arrière sur deux
lignes, lie le centre de l'armée avec la gauche. Le
maréchal Davoust est posté près de l'abbaye de Rai-
gern, deux lieues plus loin que l'extrême droite,
pour contenir l'ennemi sur la route d'Auspitz.

Le 1er décembre, on ne mettait point en doute

dans l'armée française que l'attaque ne dût avoir
lieu le jour même ; mais la journée s'écoula en
reconnaissances et tirailleries peu importantes.
Napoléon, suivi des maréchaux Soult, Bernadotte
et Bessières, s'élance au galop dans la plaine de
Schlapanitz, parcourt les rangs de l'infanterie et de
la cavalerie de sa garde ; qui le reçoivent avec des
acclamations réitérées. L'empereur gravit une montagne fort escarpée sur un point opposé au mamelon
qu'il vient de quitter. Il examine avec sa lorgnette
le mouvement de l'ennemi, et se dirige ensuite aussi
rapidement vers le camp du maréchal Lannes dans
la direction de la hauteur Saint-Antoine.

Le soleil était à la moitié de sa course et se faisait sentir vivement. La température était la même
que dans une journée de printemps et tout annonçait la continuation de ce beau temps pour le lendemain, premier anniversaire du couronnement de
l'empereur, qui devait être consacré par une éclatante victoire. Napoléon s'arrête derrière les tirailleurs des troupes de Murat. L'ennemi marche par
colonnes profondes parallèlement à l'armée française, et faisant un mouvement oblique pour tourner notre aile droite. Napoléon, sa lorgnette
d'opéra à la main, observe avec joie ce mouvement,
et dit, en regardant le major-général Berthier :
« Avant demain soir cette armée est à moi. » L'empereur continue sa tournée et fait répandre, quel-

ques heures après, dans l'armée, une proclamation aujourd'hui bien connue, modèle d'éloquence militaire, qui contribua puissamment à exalter l'enthousiasme des soldats pour leur chef.

Napoléon s'était fait construire une baraque au milieu de sa garde, afin d'être plus à portée des troupes et de faire parvenir ses ordres avec plus de célérité. Pendant la nuit du 1er au 2 décembre, les maréchaux et les généraux bivouaquèrent aussi au milieu de leur corps d'armée. Le commandant du 4e corps se plaça avec le général d'artillerie Lariboissière, dans l'intervalle qui existait entre les divisions Saint-Hilaire et Vandamme.

Il était neuf heures du soir. Chacun assis sur sa paille autour d'un brasier allumé dans l'intérieur du bivouac, prenait quelque nourriture en attendant la célèbre journée du lendemain. La nuit était sombre, mais belle, et les feux nombreux de l'ennemi contribuaient plus que les nôtres à rompre l'obscurité de la vaste plaine que nous occupions, lorsque le spectacle le plus éclatant, et qu'il faut avoir vu pour s'en faire une idée juste, vint tout-à-coup frapper nos regards. La plaine de Schlapanitz est entièrement illuminée. Chaque soldat a converti la paille de son bivouac en fanaux de réjouissance placés sur le front de bandière des camps. Ces feux de joie sur toute la ligne annoncent aux troupes ennemies que le choix fait, il y a un an, par l'armée et la nation française, va être confirmé par la victoire. L'empereur veut aussitôt parcourir le camp et appelle les quatre maréchaux pour le suivre. Il est nécessaire de faire remarquer à ce sujet l'erreur des historiens de cette campagne, qui ont prétendu que les soldats n'allumèrent les torches de paille, formant cette immense et admirable illumination, qu'au moment où Napoléon parut devant les bivouacs. Il est probable au contraire que sans cette lumière, semblable à un incendie qu'il vit éclairer si rapidement la plaine, l'empereur ne serait pas sorti de sa baraque.

Il s'arrêtait à chaque pas, et parlait avec bonté à ces braves surpris autant que charmés de la visite inattendue de l'empereur; l'enthousiasme était à son comble : *Combattons les Russes*, criaient-ils, *cette nuit même, menez-nous à la gloire !* Un autre: *Bataille à sept heures, à midi la victoire.* Un grenadier paraissant répondre à une phrase de la proclamation, s'écrie : *Demain l'empereur ne sera pas forcé d'exposer sa vie ;* tous ajoutent : *Nous combattrons à la baïonnette ;* quelques-uns : *Pas de prisonniers !* et mille autres paroles énergiques qui peignaient l'amour, l'admiration et la confiance du soldat pour un chef devenu son idole. Cette tournée dura quatre heures; aussitôt que Napoléon quittait le camp d'une division, les cris de Vive l'empereur, notre invincible général ! le suivaient et retentissaient au loin.

De telles acclamations durent troubler le repos des Russes.

Le commandant du 4e corps, de retour à son bivouac, est réveillé à six heures du matin par le général Savary, aide-de-camp de l'empereur, qui lui apprend que le général Legrand est aux mains avec l'avant-garde ennemie, et que Napoléon le fait demander. Le maréchal, mécontent de n'avoir pas été prévenu par le général Legrand, lui envoie un officier et se rend près de l'empereur.

Le général autrichien Kienmayer avait fait avancer un bataillon sur la hauteur occupée par les tirailleurs du Pô, commandés par le brave Hulot. [1] Ce bataillon ayant été soutenu par d'autres troupes de la division Legrand, la fusillade s'engagea vivement. Les Autrichiens furent repoussés deux fois de la hauteur, et quand des forces nombreuses leur donnèrent les moyens de s'en rendre maîtres, le 3e régiment de ligne et les tirailleurs du Pô défendirent le village et les vignes avec opiniâtreté.

Le soleil glorieux du 2 décembre 1805 (xi fri-

---

[1] Ce chef de bataillon, glorieusement blessé à Austerlitz, ainsi que le général de division Saint-Hilaire, ne voulut pas quitter son poste sur le champ de bataille. Il est aujourd'hui lieutenant-général.

maire an XIV), parut enfin sur l'horizon, couvert jusqu'alors de brouillard. Qu'on ne cherche point ici le récit méthodique et raisonnné de la bataille, je ne rapporterai que les faits d'armes qui se sont accomplis sous mes yeux. J'aurais pu, sans doute, rendre complète cette relation en copiant les récits déjà publiés, ou ceux inédits et plus exacts des militaires qui ont survécu à cette grande journée ; mais je crois que des *souvenirs* ne doivent contenir que ce que l'on sait, et l'on ne sait bien que ce que l'on a vu. Cette opinion a été exprimée par d'autres témoins de notre gloire.

Le maréchal Soult, qui a reçu les ordres de l'empereur, se rend avec son état-major au village de Puntowitz, où était l'infanterie légère du général Saint-Hilaire. La division entière était sous les armes en avant du village. Le maréchal passe devant chaque régiment, et, avec cet à-propos militaire qu'il possède si bien, il leur adresse quelques mots qui redoublent leur ardeur et leur enthousiasme. S'arrêtant devant le 10ᵉ d'infanterie légère : *Rappelez-vous*, lui dit-il, *que vous avez battu les Russes en Suisse. — Personne ne l'oubliera aujourd'hui*, répond ce brave régiment. La division se dirige par colonnes d'attaque sur les hauteurs du village de Pratzen, et, l'artillerie la secondant, le combat commence avec fureur. Le général Saint-Hilaire dirige tous ses efforts sur le plateau situé à gauche

du village. Le maréchal envoie l'aide-de-camp Pétiet
au général Vandamme, en ce moment en marche,
pour lui ordonner de presser son mouvement, et
d'attaquer Pratzen sans attendre d'autre engagement
du général Saint-Hilaire. Les Russes s'approchent
en poussant leurs *houras* accoutumés. Notre infanterie reçoit leur feu sans s'émouvoir, riposte par
un feu encore plus soutenu et court sur eux à la
baïonnette. La division Vandamme arrive. Bientôt
les Russes enfoncés de toutes parts cherchent leur
salut dans la fuite. L'aile gauche de l'ennemi se
trouvant, par cette attaque, entièrement coupée et
séparée du centre, tous ses mouvements deviennent
incertains. Le maréchal est au milieu du feu, plusieurs de ses officiers sont blessés et démontés.
L'aile gauche des Russes subitement abordée, quand
elle se proposait elle-même d'attaquer, surprise par
une marche oblique, ne tarde pas à effectuer sa
retraite. Cependant les autres corps d'armée français s'ébranlent, et la canonnade, qui n'avait encore
eu lieu que dans le 4ᵉ corps, commence sur toute
la ligne.

Après deux heures de combat, la plus grande
partie de l'armée coalisée avait été repoussée jusqu'à
Austerlitz. Nous montons sur un mamelon couvert
d'Autrichiens morts ou blessés, et nous apercevons
la chapelle et le château du prince de Kaunitz. Cette
vue augmente encore, s'il est possible, l'ardeur des

troupes, qui désirent reprendre leur ancienne position.

Cependant les Russes sentaient que le point culminant de Pratzen étant au pouvoir des Français, allait décider en faveur de ces derniers le succès de la bataille. La garde du czar se met en mouvement pour essayer de rétablir la communication entre le centre et l'aile gauche de l'armée coalisée. Une des brigades de la division Vandamme communique par sa gauche avec les troupes du maréchal Bernadotte. La cavalerie ennemie fond avec impétuosité, dans cette direction, sur le 1er bataillon du 4e de ligne, et le 2e du 24e d'infanterie légère, qui poursuivaient l'infanterie russe et faisaient des prisonniers. Ces troupes trop inférieures en nombre veulent se défendre, mais ne pouvant soutenir un choc aussi formidable, elles sont rompues, le chef-de-bataillon du 4e est blessé, son porte-drapeau est tué, et l'aigle est enlevé par le grand-duc Constantin, qui, après cette action, s'abandonne à la vitesse de son cheval pour retourner à Austerlitz, quartier des deux empereurs. Voilà le seul échec qu'éprouvèrent les Français, et qui fut glorieusement vengé. [1] Le général Rapp, aide-de-camp de

[1] Napoléon fut très affligé de cet évènement. Le prince Joseph, son frère, était colonel du 4e de ligne, mais il ne fit point cette campagne. Joseph se rendit à Paris, où il reçut de nouvelles instructions de l'em-

l'empereur, reçoit l'ordre de réunir les escadrons de service des chasseurs mamelouks et grenadiers à cheval et de charger à leur tête. En un instant la garde russe est repoussée et mise en désordre. Son artillerie, ses étendards, le prince Repnin, colonel des chevaliers-gardes, sont en notre pouvoir. Le colonel Morland des chasseurs de la garde est tué, et le général Rapp blessé dans cette charge brillante, dont le succès a fourni au pinceau de Gérard l'un de ses plus beaux tableaux.

A notre gauche, le prince Bagration était déjà repoussé par le maréchal Lannes. La retraite de la garde russe détermina aussitôt Bagration à se jeter en toute hâte vers Austerlitz. La ligne qu'il défendait se trouvant alors découverte, l'infanterie du 5e corps et la cavalerie de Murat s'emparent de tous les équipages de l'ennemi sur la route de Brünn à Rausnitz.

Il manquait de la cavalerie au maréchal Soult pour compléter la victoire et en recueillir les trophées; Napoléon lui envoya une division de dragons. A une heure après midi, le maréchal avait pris plus de 40 pièces d'artillerie, et le triomphe des Français

pereur, pour aller prendre le commandement des troupes chargées de la conquête de Naples. Le 4e de ligne était commandé, à Austerlitz, par le brave lieutenant-colonel Bigaré, officier de mérite, qui a obtenu en 1813 le grade de lieutenant-général.

n'était plus douteux. Partout, sur ce vaste champ de bataille, les cadavres russes couvrent la terre : des compagnies entières et encore alignées sont entassées et baignées dans leur sang. Au milieu de ces nombreux habits verts on distingue quelques habits bleus, mais dans une proportion si inférieure que les Français en sont eux-mêmes surpris.

Si les Russes, qui méritaient d'être mieux dirigés, justifièrent l'opinion de Frédéric II, qui assurait qu'après avoir tué un Russe, *il fallait encore le pousser pour le faire tomber,* leurs faux mouvements stratégiques et les lourds fusils dont ils étaient armés contribuèrent fortement à nos succès. L'armée française sous le feu de l'ennemi s'était déployée avec l'ordre, l'ensemble et la régularité dont elle avait fait preuve si souvent dans les champs de manœuvres de Boulogne. Jamais pendant cette fameuse journée un soldat ne quitta son rang pour porter secours à un blessé ou le conduire à l'ambulance. Celui-ci, s'il en avait la force, s'y traînait seul ou restait sur le champ d'honneur. Personne n'ignore la noble colère du général de brigade Roger Valhubert, qui, ayant eu une cuisse emportée par un boulet de canon, donnait des coups de plat d'épée à ses soldats qui voulaient l'emporter, leur ordonnait de retourner à leurs rangs, et de ne venir le chercher que lorsqu'ils n'auraient plus d'ennemis à combattre. Je fus témoin, peut-être au même moment, d'un autre trait, prouvant moins de courage, et dont peu d'exemples ont dû se présenter dans une bataille. Un officier russe, de vingt-cinq à trente ans, venait de perdre une jambe; il réunit ses forces, il saisit un des sabres qui se trouvaient près de lui, et mit fin à ses souffrances en se frappant d'une main assurée de deux coups dans la poitrine.

Tandis que les divisions Saint-Hilaire et Vandamme avaient fait un changement de front à gauche, l'aile droite en avant, pour poursuivre les 2ᶜ et 3ᵉ colonnes russes, le général Legrand, se maintenant avec énergie dans sa position, fait tourner Socolnitz par le 8ᵉ régiment de houzards. Les Russes enveloppés abandonnent leurs pièces. Franceschi dirige la pointe de son sabre sur le lieutenant-général russe commandant la 3ᵉ colonne, et lui prescrit de crier *bas les armes* à sa troupe. Le général obéit, et par une présence d'esprit admirable, Franceschi et le capitaine qui le suit [1] répètent cet ordre en langue russe. Les armes tombent, et 4,000 fantassins se rendent aussitôt à une poignée de houzards.

On amenait de toutes parts des généraux et officiers russes prisonniers. Le 4ᵉ corps venait d'acculer les débris de l'armée ennemie aux lacs de

[1] Le général Perquit.

Socolnitz et de Mönitz. Les dragons reçoivent l'ordre de charger et de s'emparer de plusieurs pièces qui tiraient à mitraille. L'empereur Napoléon arrive à la chapelle située au-dessus d'Augeds , sur une colline qui domine les lacs; en un instant nous les voyons couverts de Russes. Mais la glace, qui commençait à se fondre au soleil et qui ne pouvait supporter le poids énorme de près de 20,000 hommes, cherchant à se sauver avec chevaux, armes et bagages, se brise en plusieurs endroits, et engloutit la plus grande partie de ces troupes. Pendant ce temps l'artillerie légère de la garde impériale qui avait suivi Napoléon sur le plateau , fait un feu terrible, et les canonniers servent les pièces avec une incroyable rapidité.

L'empereur descend de cheval et prend sa lorgnette, qu'il fixe quelque temps sur les lacs, puis il se met à chanter ce vieux refrain connu : *ah ! comme il y viendra !* Il se fait ensuite apporter quelques viandes froides et un morceau de pain. On lui amène pendant ce frugal repas le général comte de Langeron, Français émigré, qui était, je crois, à cette époque, général-major au service de Russie : légèrement blessé au menton, sa figure est ensanglantée; ses yeux sont vifs et spirituels; il paraît avoir une trentaine d'années. — Qui commande l'armée russe? lui dit Napoléon. — Sire, c'est l'empereur Alexandre. — Je vous demande le nom de

votre général en chef? dit Napoléon d'un ton sec.
— C'est le général Buxhoden [1]. — A la bonne
heure, car l'empereur Alexandre est encore un
jeune homme. — Puis changeant aussitôt d'entretien, l'empereur Napoléon verse du vin dans sa
tasse d'argent et la présente au général émigré. —
Buvez, monsieur de Langeron, lui dit-il en souriant,
c'est du vin de Bourgogne, cela vous fera du bien.
— M. de Langeron, Bourguignon, à qui sa position
d'émigré pris les armes à la main, pouvait donner
de vives inquiétudes, dut être complètement rassuré
par une réprimande aussi douce d'un souverain
qu'il se gardait bien alors de nommer usurpateur.
Aussi multipliait-il les révérences en s'écriant d'un
air pénétré : *Ah! Sire!*

Après l'abdication de Fontainebleau, je fus forcé
d'avoir recours à ce même comte de Langeron,

---

[1] Le général Langeron, sous les ordres du général comte de Buxhoden, qui commandait la gauche de l'armée russe, troublé sans doute
de se trouver en présence de l'empereur des Français, ne comprit pas
bien sa demande. Alexandre s'était placé à la tête de son armée ; mais
Kutusow dirigeait les opérations, et c'est toujours cet officier-général
qui a été chargé, pendant la campagne, des rapports à l'empereur de
Russie sur les différentes affaires qui ont eu lieu, et particulièrement
sur la bataille d'Austerlitz. Pendant cette journée, Kutusow commandait le centre ; le grand-duc Constantin était à la droite avec un corps
de 16,000 hommes, Buxhoden à la gauche, comme nous venons de le
dire, et le prince autrichien de Lichtenstein avait sous ses ordres toute
la cavalerie.

lieutenant-général russe, pour obtenir un *laisser-passer*, afin de traverser les cantonnements de ses troupes pour me rendre à Paris. Un officier-général de Cosaques était près de lui, et un secrétaire écrivait sur une petite table, dans le fond de l'appartement. Le général des Cosaques qui ne savait pas un mot de français, examinait la seconde décoration placée à ma boutonnière, et je compris par ses gestes, qu'il en demandait le nom à son lieutenant-général. Celui-ci répondit d'un air de dédain, c'est la couronne de fer; puis il s'empressa de raconter avec emphase, qu'une cérémonie religieuse des prêtres grecs venait d'avoir lieu à Paris, sur la place Louis XV, en présence de l'empereur Alexandre, pour demander au ciel le pardon des infamies de la révolution, et surtout de la tyrannie de l'usurpateur *Buonaparte!*

J'éprouvais le plus vif mécontentement, j'eus peine à le contenir et à garder le silence. Enfin, quand j'eus entre les mains le *laisser-passer* que j'attendais, je pris congé du comte en ces termes : « Adieu, monsieur le général; à Austerlitz vous rendiez plus de justice à *l'empereur Napoléon*, quand vous redoutiez d'être traité par lui comme transfuge, et que loin de sévir contre vous, l'empereur vous offrait du vin pour réparer vos forces. Mais aujourd'hui l'esprit de parti ne peut laisser de place à la reconnaissance. » — La figure de M. de Lan-

geron changea subitement. Je m'attendais à une
nouvelle rodomontade, il n'en fut rien. Le comte se
rappela sans doute ses courbettes, il me fit mille
politesses, et voulut m'accompagner jusqu'à ma
voiture.

Je prie le lecteur de me pardonner cette digres-
sion.

La division Saint-Hilaire, à la tête de laquelle était
resté son intrépide général, blessé au bras dès le
commencement de la bataille, et la division Legrand s'étaient avancées dans la plaine, entre le
cours des ruisseaux et les hauteurs. Bientôt après la
division Vandamme, pour poursuivre les Russes
acculés au marais, défile aux pieds de la colline où
est Napoléon. L'artillerie de la garde est aussi en
mouvement et la précède. L'empereur monte à
cheval, se rend dans la plaine accompagné des
maréchaux Soult et Bessières. A son approche,
généraux, officiers et soldats élèvent leurs chapeaux
au-dessus de leurs armes, en jetant des cris de joie.
Les soldats ne marchent pas, ils courent à l'ennemi.
Leurs chefs sont obligés de contenir leur ardeur. Pas
un ne reste en arrière, et tous brûlent du désir de
se signaler encore. On ne peut plus reconnaître les
conscrits au milieu des vieux guerriers; cette journée
leur a donné dix ans de campagne. Le commandant
du 4ᵉ corps, pour assurer entièrement nos succès,
donne l'ordre aux dragons de se porter en avant des

hauteurs d'Augeds, près du lac de Socolnitz, afin de
poursuivre l'ennemi en fuite et de s'emparer de son
artillerie. Le maréchal dit qu'il veut qu'on n'en-
tende plus tirer d'autre canon que celui de son corps
d'armée. Le général de division comte de Beaumont,
qui, avec la même division, avait obtenu des avantages signalés pendant la campagne, est absent pour
cause de maladie. Le général de brigade qui le
remplace fait de si mauvaises dispositions devant
l'ennemi, et manœuvre si lentement pour se rendre
au lieu désigné, que les Russes se rallient, reviennent sur leurs pas, et pour protéger leur retraite,
braquent sur nous les seules pièces qui restent en
leur pouvoir.

On a dit d'un célèbre amiral du xviiᵉ siècle, qu'il
était brave de cœur et lâche de tête. Des remarques
de la même nature ont dû avoir leur application
dans l'armée. L'immense responsabilité d'un général, la crainte de compromettre sa gloire, le doute
sur ses propres lumières, l'hésitation dans le commandement, peuvent produire une aussi funeste
combinaison. Dans cette carrière toute de sacrifices,
le talent et la valeur ne suffisent pas toujours, il
faut encore savoir braver la fortune.

Le maréchal Soult envoie ses aides-de-camp[1] pour

---

[1] MM. Lameth, Auguste Pétiet et Saint-Chamans. L'officier d'état-
major Asselin se joignit à ces officiers. Le premier a été tué dans la

renouveler au général de brigade l'ordre de charger,
et s'il s'y refuse, ou s'il hésite, cet ordre doit être
communiqué directement aux colonels. Les aides-
de-camp viennent de partir, l'empereur les rappelle
et ajoute un mot encore pour exprimer son mécontentement. Les aides-de-camp doivent charger avec
la division, et ne rendre compte de leur mission
que lorsque l'artillerie russe sera prise.

La tâche de la division de cavalerie était difficile, et son inaction lui causait des pertes. Pour
faciliter la retraite de l'armée russe, quatre pièces
de canon tiraient à mitraille. En arrière de ces

campagne de Portugal en 1809 ; les trois autres sont maréchaux-de-
camp.

Quand supprimera-t-on la dénomination de maréchal-de-camp et
de lieutenant-général, qui n'a aucune analogie avec les fonctions que
remplissent les officiers-généraux ? Depuis que les maréchaux-de-camp
ne sont plus chargés de l'établissement des camps et armées, et qu'une
partie de leurs anciennes attributions sont du domaine de l'intendance,
la dénomination de maréchal-de-camp est devenue absurde. L'organisation de l'état-major général des armées de la république était ration-
nelle : on y reviendra tôt ou tard. Chaque désignation de grade était
en harmonie avec les fonctions. Le général de division qu'une haute
capacité et de grands talents militaires avaient illustré, commandait
avec le titre de *lieutenant-général*, l'une des trois grandes fractions
de l'armée. Il avait plusieurs divisions sous ses ordres, et même des
troupes de toutes armes. Cet officier-général était en effet le *lieutenant*
du général en chef. Parmi nos grands capitaines, on peut citer Moreau, Masséna, Soult et Saint-Cyr, qui ont été *lieutenants-généraux*
avant de commander en chef.

pièces, étaient groupés de nombreux pulks de
Cosaques. En seconde ligne, l'infanterie russe en
bataille exécutait des feux de rang. Enfin, la division
de dragons s'ébranle, les Cosaques en brandissant
leurs lances, s'élancent à leur rencontre, les dragons les renversent, sabrent les canonniers; mais le
feu de l'infanterie et la mitraille leur font faire
volte-face, et on ne peut emmener l'artillerie. Les
dragons se rallient à la droite du lac. Le général
Gardanne envoyé par Napoléon, prend le commandement de la division. Une seconde charge a lieu et
est encore infructueuse. Cependant l'artillerie de la
garde impériale se met en batterie près des lacs, et
balaie l'ennemi qui cherche à se rallier. Sa présence
donne une nouvelle impulsion aux dragons, et ses
boulets qui rompent la glace enlèvent aux Russes
leur seul espoir de salut. Plusieurs régiments de
notre infanterie viennent de se placer derrière la
division de dragons pour la soutenir. La troisième
charge est enlevée avec plus d'énergie, les Cosaques
sont repoussés, l'infanterie russe est enfoncée,
l'artillerie est en notre pouvoir, nous sommes
maîtres de la position, la déroute est complète,
l'ennemi fuit en désordre vers le lac de Mönitz.

L'armée française, qui ne comptait pendant cette
bataille mémorable que la moitié de ses forces réunies, formant à peine 80,000 hommes (dont 20,000
restèrent l'arme au bras), eut à combattre une

armée de 105,000. Une partie de ces troupes fut
détruite, l'autre mise en fuite ou prisonnière. Pour
la première fois le bulletin annonça un nombre
de prisonniers ennemis, inférieur au nombre
réel. 13,000 Russes perdirent la vie sur le champ
de bataille. La perte des Français ne fut évaluée
qu'à 5,000 hommes hors de combat; la plupart
guérirent de leurs blessures et signalèrent encore
leur valeur sur d'autres points du globe. C'est au
corps du maréchal Soult, chargé de s'emparer des
hauteurs de Pratzen, et aux prises avec l'ennemi
jusqu'au coucher du soleil, que l'on dut dans cette
journée la plus grande part de la victoire. Sur 180
pièces de canon, 120 furent prises par le 4e corps;
et sur 45 drapeaux ou étendards, 30 furent sa conquête. Le maréchal auquel Napoléon répondait: *Con-*
tinuez, vous savez aussi bien que moi ce qu'il faut faire,
n'avait-il pas mérité le titre de *duc d'Austerlitz ,* que
le 4e corps aurait été si heureux de lui voir porter ?
   Les soldats de l'armée de Boulogne, commandée
par le maréchal Soult, avaient contribué de leur
solde à l'érection d'une colonne surmontée de la
statue de l'empereur ; le maréchal, principal fon-
dateur du monument, dit à Napoléon sur le champ
de bataille : « Sire, au camp de Boulogne, à la tête
de mon corps d'armée, je vous ai emprunté du
bronze pour la colonne Napoléon ; je vous le rends
aujourd'hui intérêt et capital. » Le 4e corps

envoya d'Austerlitz 49,012 kilogrammes de bronze.

L'empereur remercia les soldats par une proclamation, du bouquet qu'ils lui avaient donné pour célébrer l'anniversaire de son couronnement. « Je suis content de vous, leur disait-il, vous avez à la journée d'Austerlitz justifié tout ce que j'attendais de votre intrépidité. Vous avez décoré vos aigles d'une immortelle gloire : une armée de 100,000 hommes, commandée par les empereurs de Russie et d'Autriche a été en moins de 4 heures ou coupée ou dispersée; ce qui a échappé à votre feu s'est noyé dans les deux lacs. »

Il terminait ainsi son allocution :

« Soldats, lorsque tout ce qui est nécessaire pour assurer le bonheur et la prospérité de votre patrie sera accompli, je vous ramènerai en France. Là vous serez l'objet de mes tendres sollicitudes. Mon peuple vous reverra avec joie, et il vous suffira de dire : *J'étais à la bataille d'Austerlitz* pour qu'on vous réponde : *Voilà un brave!* »

Les troupes de Soult, Bernadotte et Davoust étaient à la poursuite de l'ennemi qui, le lendemain de la bataille, s'était jeté vers la Hongrie avec l'intention de passer la March [1]. Les débris de l'armée austro-russe débordés de toutes parts, étaient

---

[1] La March, affluent du Danube, vient d'Olmütz, s'augmente dans son cours d'un assez grand nombre de ruisseaux et torrents des mon-

menacés d'une destruction totale. Le prince Jean
de Lichtenstein est envoyé près de Napoléon pour
demander un armistice. Une entrevue est arrêtée
pour le 4 décembre entre l'empereur d'Autriche et
celui des Français. Je vois encore le lieu de la
scène, près du moulin de Spalenher et de la route
de Hongrie. Un pont jeté sur un torrent au pied
d'une montagne sur laquelle étaient postées des
vedettes autrichiennes séparaient nos avant-postes.
Trois voitures, dont une était attelée de six chevaux
blancs, descendent la route tracée sur les flancs de
la montagne, escortées par des hulans qui restent à
mi-côte en se rangeant en bataille. Les voitures
franchissent le pont et arrivent sur le terrain qu'occupent les Français. Il était deux heures de l'après-
midi. Napoléon, en uniforme de chasseurs de la
garde, à pied, près d'un gros arbre, le seul qu'on
aperçût dans la vallée, se chauffait à un feu de
bivouac. A quelques pas derrière l'empereur se trouvaient le major-général Berthier, le grand écuyer
Caulaincourt, les aides-de-camp de Napoléon et
les maréchaux Bernadotte et Soult. François II
descend de voiture avec le prince Jean de Lichtenstein. François, qui est à peine âgé de trente-six ans,

tagnes, coule à Radisch, sépare la Moravie de la Hongrie, et ensuite
de l'Autriche, et va confondre ses eaux avec celles du Danube, au-
dessus de Presbourg.

couvert d'une grande redingote boutonnée, est
coiffé d'un chapeau à trois cornes placé en arrière;
il tient une canne à la main et tout dans son costume rappelle celui d'un invalide. Le prince Jean,
en habit d'uniforme blanc revêtu d'une ceinture
jaune, est d'une taille peu élevée; sa démarche est
assurée, et aussi vive que celle de l'empereur d'Autriche paraît grave; plus jeune que François, il
porte son chapeau comme les militaires français,
c'est-à-dire l'une des extrémités couvrant les yeux
et l'autre le cou. Les deux empereurs placent ensemble la main au chapeau et se recouvrent en
même temps. Le prince de Lichtenstein seul resta
découvert jusqu'à ce que Napoléon l'eût invité à
remettre son chapeau. Les généraux et officiers de
l'empereur d'Autriche étaient aussi descendus de
voiture et formaient un groupe avec les généraux
français. A cheval, et en seconde ligne, étaient
réunis les aides-de-camp des maréchaux Bernadotte
et Soult; plus loin on voyait en bataille la cavalerie
de la garde impériale française. Sur la hauteur, la
division Vandamme qui venait d'arriver, manœuvrait pour serrer en masse. L'entretien des trois
princes fut très animé et dura deux heures. On sut
plus tard que François, ayant séparé sa cause de
celle de l'Angleterre, la paix du continent fut le résultat de cette entrevue; mais aucun des spectateurs ne put entendre un seul mot de leur conversa-

tion. François quitta plusieurs fois sa canne qu'il agitait de temps en temps, pour placer la main droite sur son cœur. Quant au prince Jean, il gesticulait avec une ardeur incroyable, et paraissait répondre lorsque Napoléon interrogeait l'empereur d'Autriche. L'entretien terminé, les deux monarques se serrent la main, François II remonte en voiture suivi du major-général et de deux aides-de-camp de Napoléon qui traversent à cheval le pont, et ne reviennent qu'après avoir rencontré l'escorte des hulans.

Napoléon avait tourné l'armée alliée; elle était sans artillerie, sans vivres, dans le plus grand découragement, il ne voulut point achever sa ruine.... la paix fut signée. Les Russes retournèrent par journées d'étapes sur les bords glacés de la Newa. Lorsque Pitt apprit l'issue funeste de ses projets et de la coalition, il se crut déshonoré aux yeux de ses concitoyens, et le chagrin le conduisit au tombeau. Puisse son exemple être utile! Puissent ses successeurs, qui ont souvent préconisé le talent de ce grand ministre, ne jamais oublier que la justice et la loyauté doivent être la règle immuable des gouvernements!

RÉCLAMATION.

———

Lorsque la première édition des *Souvenirs d'Austerlitz* fut publiée dans le *Spectateur Militaire*, une réclamation d'un ancien aide-de-champ du maréchal Bessières me détermina à faire insérer dans cet ouvrage périodique les éclaircissements suivants :

Monsieur le directeur,

Un ancien aide-de-champ du maréchal Bessières, dont j'estime depuis longtemps l'honorable caractère et la loyauté, m'a adressé une réclamation, tant en son nom qu'en celui du fils du maréchal, concernant l'article inséré dans le *Spectateur Militaire* du mois de mai dernier, intitulé : *Souvenirs d'Austerlitz*.

Voici le sujet de la réclamation :

Le maréchal Bessières aurait dirigé et exécuté seul la charge mémorable où le général Rapp a été blessé. Le général Rapp n'y aurait pris part que comme colonel des mamelucks. Ce serait une erreur du peintre que d'avoir représenté le maréchal Bessières derrière Napoléon, dans l'admirable tableau de Gérard, attendu que le maréchal était alors à la tête de ses troupes.

Si l'auteur de la réclamation eût rempli à Austerlitz les fonctions d'aide-de-camp du maréchal Bessières, qu'il n'occupa que l'année suivante, la question m'eût paru jugée : dans l'intérêt de la justice et de la vérité, j'ai dû remonter à toutes les sources qui pouvaient me fixer sur l'exactitude de mes souvenirs. Je parcours d'abord le 30e bulletin de la grande-armée, et j'y trouve :

« C'est le général Rapp, qui, en chargeant à la tête des grenadiers de la garde, a pris le prince Repnin, commandant les chevaliers de la garde impériale de Russie. »

Je lis le récit d'un aide-de-camp de Napoléon présent à cette bataille [1] :

« Le 4e régiment de ligne perdit une de ses aigles dans une charge exécutée sur lui par la garde russe; mais *les chasseurs de la garde et les grenadiers de service* chargèrent si à propos, que cet accident n'eut pas de suite. »

Écoutons maintenant le général Rapp lui-même [2] :

« Un feu de mousqueterie se fit bientôt entendre : c'était une brigade commandée par le général Schiner que les Russes enfonçaient. Napoléon *m'ordonna de prendre les mameloucks, deux escadrons de chasseurs, un de grenadiers de la garde,* et de me porter en avant pour reconnaître l'état des choses. Je partis au galop, et n'étais pas à une portée de canon que j'aperçus le désastre..... L'ennemi lâcha prise et accourut à ma rencontre. Quatre pièces d'artillerie arrivèrent au galop et se

---

[1] *Mémoires de Rovigo*, in-8°, tome II, page 207.
[2] *Mémoires du général Rapp*. Paris, 1823, in-8°, page 60.

mirent en batterie. Je m'avançai en bon ordre. J'avais à ma gauche le brave colonel Morland, et le général Dallemagne à ma droite. « Voyez-vous, dis-je à ma troupe, nos frères, nos amis qu'on foule aux pieds? vengeons-les, vengeons nos drapeaux! » Nous nous précipitâmes sur l'artillerie, qui fut enlevée. La cavalerie nous attendit de pied ferme et fut culbutée du même choc; elle s'enfuit en désordre, passant ainsi que nous sur le corps de nos carrés enfoncés. Les soldats qui n'étaient pas blessés se rallièrent; un escadron de grenadiers vint me renforcer : je fus à même de recevoir les réserves qui venaient au secours de la garde russe. Nous recommençâmes la charge, qui fut terrible..... Alexandre et l'empereur d'Autriche furent témoins de la défaite. Placés sur une élévation à peu de distance du champ de bataille, ils virent cette garde qui devait fixer la victoire taillée en pièces par une poignée de braves : les canons, le bagage, le prince Repnin étaient dans nos mains. Malheureusement nous avions un bon nombre d'hommes hors de combat. Le colonel Morland n'était plus, et j'avais moi-même un coup de pointe dans la tête. J'allai rendre compte de cette affaire à l'empereur. Mon sabre à moitié cassé, ma blessure, le sang dont j'étais couvert, un avantage décisif remporté avec aussi peu de monde sur l'élite des troupes ennemies, lui inspirèrent l'idée du tableau qui fut exécuté par Gérard. »

Napoléon, qui dicta le bulletin d'Austerlitz, rédigé avec beaucoup plus d'exactitude que les bulletins qui l'ont suivi, ayant, ainsi que *Savary* et *Rapp*, payé le tribut à la nature, je ne pouvais obtenir que par un des illustres acteurs, encore vivants, de cette grande bataille, la confirmation d'un fait que l'histoire a déjà consacré. Voici la réponse de l'honorable maréchal que la garde nationale de Paris est fière de voir à sa tête.

« Vos souvenirs sont exacts, la réclamation n'est pas fondée. L'intrépide maréchal Bessières commandait en chef à Austerlitz, toutes les armes *des invincibles* comme l'empereur se plaisait à appeler les troupes de sa garde. Napoléon donna l'ordre au général Rapp de charger avec les escadrons de service contre la garde russe. J'étais près de l'empereur quand cet officier-général, la tête enveloppée d'un bandeau, le sabre tordu, vint, suivi de cavaliers de divers régiments de la garde, apporter les drapeaux qu'il avait pris dans cette charge qu'il a seul dirigée et commandée. Je ne me souviens pas si le maréchal Bessières était placé derrière Napoléon, mais il ne devait pas en être éloigné, afin d'être à portée de recevoir ses ordres pour l'infanterie et l'artillerie de la garde. »

J'ajouterai une observation à l'assertion si précise de M. le maréchal de Lobau. Si le maréchal duc d'Istrie, mort glorieusement sur le champ de bataille en 1813, n'avait pas dû figurer dans le tableau de Gérard, ne se serait-il pas plaint, pendant les huit années qui ont suivi Austerlitz, de cet anachronisme militaire ?

Le général Auguste PÉTIET.

Deux ans après, les lettres suivantes furent adressées au *Spectateur militaire* :

« *Monsieur le rédacteur,*

» Ayant lu, il y a deux ans, une relation fort intéressante de la bataille d'Austerlitz, publiée par le général Auguste Pétiet, j'y remarquai avec étonnement que l'auteur, en parlant de la charge décisive faite par la cavalerie de la garde impériale, en attribuait tout l'honneur au lieutenant-général Rapp, tandis qu'il appartient en effet à feu M. le maréchal Bessières. Je réclamai près du général Pétiet contre cette assertion. Sa réponse à mes observations, insérée dans le *Spectateur* du mois d'août 1834, loin de réparer le tort fait à la mémoire de M. le maréchal, aurait pour résultat d'enlever complètement à son nom la gloire dont il s'est couvert dans cette immortelle journée; il est donc important de détruire cette erreur, et puisque le général Pétiet a l'amabilité de dire dans sa réponse : « Si l'auteur de la réclamation eût rempli les fonctions d'aide- » de-camp du maréchal Bessières, qu'il n'occupa que l'année » suivante, la question m'eût paru jugée », je lui opposerai les deux lettres suivantes ; elles ont été adressées à M. le duc d'Istrie, par deux officiers-généraux qui se trouvaient alors attachés à l'état-major de M. le maréchal. Elles suffiront sans doute pour terminer cette discussion.

» Veuillez, je vous prie, la faire insérer dans le plus pro- chain numéro du *Spectateur militaire*.

» Paris, le 29 juin 1836,

» *Signé* P. DE BAUDUS,

» *Lieutenant-colonel en retraite, ex-aide-de-camp du maréchal Bessières.* »

Lettre de M. le général Desmichels.

« Par des relations inexactes du plus brillant épisode de la bataille d'Austerlitz, des historiens ont, involontairement sans doute, trompé l'opinion publique en ravissant, au profit du général Rapp, aide-de-camp de l'Empereur, la gloire que M. le maréchal Bessières acquit dans cette célèbre journée.

» Voici les faits tels que nous les avons vus, et qui sont éga- lement honorables à ces deux illustrations militaires :

» M. le général Rapp fut envoyé pour faire rallier un des plus beaux régiments du corps d'armée du maréchal Soult qui, dans une lutte contre la cavalerie de la garde impériale russe, avait été rompu et avait perdu son aigle. *Le général n'eut qu'à se présenter devant ces soldats, étonnés de se voir pour la première fois en retraite, pour arrêter ce mouvement inaccoutumé.*

» Ce fut dans ce moment que M. le maréchal ordonna aux chasseurs à cheval de la garde de charger cette cavalerie enhardie par l'avantage qu'elle venait d'obtenir, et de la tailler en pièces, ce qui fut complètement exécuté. Les chevaliers-gardes russes étant accourus, mais trop tard, furent sabrés par les grenadiers à cheval, que le maréchal Bessières avait lancés à leur rencontre.

» Ce fut dans ces sanglantes mêlées que le général Rapp fut blessé; mais la gloire de cet épisode mémorable appartient uniquement au maréchal qui ordonna et dirigea ces brillantes charges, qui, faites sous les yeux de Napoléon-le-Grand et des empereurs d'Autriche et de Russie, contribuèrent puissamment au gain de la bataille la plus célèbre de l'histoire de nos guerres.

» Nous garantissons ces faits, auxquels nous avons pris part, avec d'autant plus d'assurance qu'étant, à cette époque, attaché auprès de M. le maréchal Bessières en qualité d'officier-d'ordonnance, nous avons été en position de bien voir ces glorieux faits d'armes.

» Oran, le 19 août 1834,

» *Signé*, Baron DESMICHELS,

» *Général commandant la division d'Oran.* »

Lettre de M. le général De Laville.

« Je dois à la vérité et à la justice de déclarer que la note du général Desmichels, sur l'épisode de la charge des escadrons de service de la garde impériale à la bataille d'Austerlitz, est entièrement conforme à ce que j'ai vu de mes propres yeux. J'étais alors chef d'escadron aide-de-camp du maréchal Bessières, et je ne l'ai pas plus quitté que le chef d'escadron Barbanègre, mort à Iéna colonel du 9ᵉ de houzards, et Desmichels, officier de chasseurs à cheval et d'ordonnance du maréchal pendant cette campagne. Je dois même ajouter une circonstance particulière à cette époque de la bataille. Le maréchal était avec les trois officiers que j'ai nommés plus haut, en avant des chasseurs de la garde et des grenadiers ; il avait devant lui un terrain qui s'élevait jusqu'à une éminence qui nous empêchait de voir au loin. Il y courait, selon son habitude, lorsqu'il en vit descendre précipitamment des fantassins dispersés qui regardaient souvent derrière eux ; il me dit alors : *Laville, nous allons avoir une affaire de cavalerie.* Il courut aux escadrons de chasseurs, et leur donna l'ordre de courir à la hauteur et de charger, les soutenant lui-même avec les grenadiers à cheval, à la tête desquels il se porta en avant. L'affaire eut lieu ; le général Rapp s'y comporta en brave, y fut blessé, et ramena à l'Empereur le chef des chevaliers-gardes et leur étendard. Le maréchal Bessières avait rallié le bataillon du 4ᵉ de ligne, et avait forcé à la retraite sur ce point les troupes russes. Peu après, l'Empereur, qui était très près, vint au bataillon et lui fit une allocution paternelle et sévère.

» Le soir de la bataille, je demandai au maréchal Bessières comment il avait deviné si à propos qu'il allait y avoir une affaire de cavalerie ; il me répondit : « C'est parce que les fuyards tournaient souvent la tête ; lorsque l'infanterie se retire devant l'infanterie, elle ne retourne jamais la tête. »

» Ce fait de sagacité militaire, qui eut un si brillant résultat, et qui laisse tout l'honneur de la conception au maréchal, en laissant au général Rapp le mérite de la coopération dans l'action, est resté profondément gravé dans ma mémoire.

» L'autorité qui résulte des bulletins est devenue moins grande depuis que plusieurs mémoires et relations de généraux ont prouvé que ces bulletins étaient plus un objet de la haute politique de l'Empereur, qu'une volonté de donner à chacun ce qui lui était dû. L'Empereur avait d'autres puissants moyens de faire taire les amours-propres.

> » *Signé*, le chef-d'escadron aide-de-camp du maréchal Bessières à Austerlitz,

> » César DE LAVILLE,

> « *Maréchal-de-camp.* »

A Paris, le 1er décembre 1834.

Les pièces que nous venons de rapporter confirment, selon nous, l'exactitude de notre récit. Il en résulte bien évidemment que c'est le général Rapp qui a commandé la charge exécutée par les escadrons de service. La seule chose qui reste en doute, c'est de savoir si le mouvement a été ordonné par l'empereur ou le maréchal Bessières ; le lecteur jugera.

1814.

—

CAMPAGNE DE FRANCE.

AVANT-PROPOS.

On a dit que pendant la mémorable campagne de 1814, l'empereur Napoléon avait retrouvé le talent militaire du général Bonaparte. Cependant, les bulletins étrangers et français se sont accordés à diminuer sa gloire, en grossissant le nombre de ses troupes. Napoléon, ayant refusé d'armer quelques départements où l'approche de l'ennemi avait ranimé l'héroïque patriotisme de 92, ne voulait pas avouer que l'armée n'était guère que de cent mille hommes disséminés sur toutes les frontières. Il se flattait que la valeur française et l'habile célérité de ses manœuvres multiplieraient ses soldats, et il comptait toujours sur sa fortune.

D'ailleurs, les alliés qui avaient pris soin d'apprendre au monde qu'ils poussaient contre la France un million de combattants, et qui, néanmoins, se voyaient partout arrêtés et presque toujours battus, n'osaient déclarer combien nous leur étions inférieurs en nombre.

L'auteur des *Mémoires pour servir à l'histoire de la campagne de* 1814, M. Koch, a senti qu'il fallait corriger par des documents particuliers, les mensonges politiques des bulletins. Son ouvrage lui a coûté d'immenses recherches faites avec discernement, et dont il aurait tiré un plus grand avantage, si tous les chefs d'état-major avaient publié, comme le colonel Fabvier, les rapports des opérations de leur division, ou corps d'armée ; ces rapports sont les guides nécessaires de l'historien.

Je suivrai, un peu tard à la vérité, mais non sans espoir d'être utile, l'exemple donné par le colonel Fabvier. Je regrette de n'avoir à faire connaître que le journal d'une simple division. Le détail des mouvements d'une aussi faible fraction de l'armée, quoiqu'ils se rattachent quelquefois aux opérations générales de la campagne, ne peut fixer l'attention que d'un petit nombre de lecteurs ; mais si je contribue à faire éviter quelques erreurs que pourraient commettre encore les rédacteurs des *Victoires et Conquêtes*, si je mets au jour la conduite brillante d'une poignée de braves sans cesse aux prises avec des forces supériéures, j'aurai payé ma dette envers mes anciens compagnons d'armes. Les vieux hussards et chasseurs mériteraient tous une mention honorable. Je n'ai pu obtenir l'historique de chaque régiment ; il a donc fallu, en rendant justice à l'intrépidité et au dévouement de la division de cavalerie légère, renoncer à faire l'éloge particulier de chacun de ses membres.

TABLEAU NUMÉRIQUE

DU CINQUIÈME CORPS DE CAVALERIE, AU 21 DÉCEMBRE 1813.

Hommes montés combattants :

Le général de division comte MILHAUD, commandant en chef.
L'adjudant-commandant CHASSERIAU, chef d'état-major.
M. LEGOIS, faisant fonctions d'ordonnateur.
M. FROMENTIN DE SAINT-CHARLES, faisant fonctions d'inspecteur aux revues.

CAVALERIE LÉGÈRE. — Le général de division baron de Piré. (Le col. baron Aug Pétiet) chef d'état-major.	Le gén de brig Subervic.	3e de Hussards, Capitaine Barthélemy.	278
		27e de Chasseurs, Major Muteau.	231
	Le gén. de brig Dermoncourt.	14e de Chasseurs, Chef d'escadron Arnaudet.	234
		26e de Chasseurs, Colonel Miller.	307
			1,050
1re division de Dragons. — Le général de division Briche. (Le col. baron Contamines) chef d'état-major.	Le gén. de brig. Montélégier.	2e de Dragons, Colonel Hoffmayer.	349
		6e de Dragons, Colonel Musnier.	321
		11e de Dragons, Colonel Thevenet	382
	Le gén. de brig. Ludot.	13e de Dragons, Major de Ligniville.	220
		15e de Dragons, Colonel Boudinot.	330
			1,602
2e division de Dragons. — Le général de division baron L'Héritier. (Le col. baron de Soubeiran) chef d'état-major.	Le gén. de brig. baron de Lamotte.	18e de Dragons, Colonel Dard.	218
		19e de Dragons, Colonel Mermet.	247
		20e de Dragons, Colonel Désargus.	154
	Le gén. de brig. Collaert.	22e de Dragons, Chef d'escadron Adam.	283
		25e de Dragons, Chef d'escadron Casener.	263
			1,164

RÉCAPITULATION.

Cavalerie légère. . .	1,050
1re division de dragons .	1,602
2e division de dragons .	1,164
	3,816

Effectif en hommes [1] *du cinquième corps de cavalerie,*
au 21 juin 1814, époque de sa dissolution.

Cavalerie légère. . .	624
1" division de dragons .	882
2ᵉ division de dragons .	1,027
	2,533

[1] Y compris tous les hommes du dépôt et des régiments provisoires.

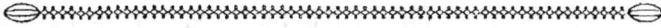

CAMPAGNE DE FRANCE.

« O guerriers qui avez combattu vingt ans pour la patrie,
que vos noms lui sont chers ! l'étranger les prononce avec
respect, les Français avec orgueil. »

Victorieuse sous les murs de Dresde, triomphante
encore le 16 octobre à Leipzig, mais inopinément
abandonnée et attaquée par les Saxons et les
Wurtemburgeois au milieu de la bataille du lendemain, l'armée française dut songer à la retraite.
Malgré la défection de tous ses alliés, on la vit
culbuter à Hanau, les Austro-Bavarois, qui pré-
tendaient lui barrer le passage, et vers le commencement de novembre 1813, elle vint se réorganiser
sur la rive gauche du Rhin.

L'empereur Napoléon, déterminé, dans le cas où la guerre se prolongerait encore, à remettre sur le trône de Charles IV, le prince Ferdinand détenu à Valançay, rappelait successivement ses vieilles troupes de l'Espagne. Des régiments de dragons et de cavalerie légère, après avoir passé les Pyrénées et le Rhin, furent formés en divisions à Wurtzbourg, par les soins du maréchal Augereau, et se mirent en marche pour l'armée, le 7 septembre 1813.

Le cinquième corps de cavalerie, confié au général comte Milhaud, se composa : 1° D'une division de dragons, sous les ordres du général de division L'Héritier; 2° d'une autre division de dragons, sous les ordres du général de brigade Collaert, donnée peu de temps après au lieutenant-général Briche; et 3° d'une division de cavalerie légère, dont le général de division Piré prit le commandement le 16 octobre [1].

Elle se formait : 1° du 3e de hussards, et du 27e de chasseurs, commandés, l'un par le capitaine Barthélemi, l'autre par le major Muteau, composant la 1re brigade, sous les ordres du général Subervic;

· 2° Du 14e et du 26e de chasseurs, commandés par le chef d'escadron Arnaudet, et par le colonel

---

[1] Jusqu'à cette époque la cavalerie légère était restée provisoirement sous les ordres du général de brigade, Subervic.

Miller, seconde brigade sous les ordres du général Dermoncourt.

Le lieutenant-colonel Auguste Pétiet, chef d'escadron au 2e de chevau-légers de la garde impériale, promu au grade de colonel, à la bataille de Leipzig, nommé le 7 novembre chef d'état-major de cette division, la rejoignit dans ses cantonnements le 19, à son quartier-général de Gaubekelheim.

Elle avait déjà souffert à la bataille de Leipzig et aux combats qui l'avaient précédée ou suivie, et se trouvait réduite à 1050 hommes montés (Voir le tableau); mais un excellent esprit compensait sa faiblesse numérique.

Le maréchal duc de Raguse commandait la ligne du Rhin, depuis la Queich et Landau, appuyant sa droite au duc de Bellune, placé à Strasbourg jusqu'à Andernach; et appuyant sa gauche au maréchal duc de Tarente, placé à Cologne. Le comte Milhaud était à droite au pied des montagnes Dahlsheim et Lamersheim [1].

Le 5e corps de cavalerie étendit ses cantonnements dans les environs de Mayence, deux batteries d'artillerie légère furent attachées à ce corps qui fit partie des troupes sous les ordres de M. le maréchal duc de Raguse.

Le 27 novembre, pour assurer la subsistance de

[1] Journal des opérations du 6e corps, par M. le colonel Fabvier.

l'armée, on changea encore les cantonnements, la cavalerie légère s'établit à Woirstadt. Le général comte Nansouty en passa la revue par mission spéciale de l'empereur. L'armement et l'équipement de la division étaient en mauvais état; cependant le général Piré n'obtint pas de matériel des dépôts.

Une maladie épidémique régnait à Woirstadt, causée par la misère des habitants et le séjour prolongé des malades et blessés de l'armée. Le général de division, autorisé par le duc de Raguse, avait reçu des maires des rations de vin pour sa troupe. Cette mesure arrêta la mortalité qui fit tant de ravages dans les autres corps de l'armée, mais on sentit la nécessité de ne plus laisser de garnison sur ce point. Le 1er décembre, le quartier général quitta cette ville, et se rendit le lendemain à Westhofen.

La grande armée alliée ayant fait un mouvement sur sa gauche pour se concentrer vers la Forêt-Noire, menaçait (malgré la neutralité de la Suisse) de passer le pont de Bâle. Le 5e corps de cavalerie fut envoyé au maréchal duc de Bellune, et le général Milhaud partit le 16 pour Strasbourg.

Le 2e corps d'infanterie comptait à cette époque environ neuf mille baïonnettes, et le 5e corps de cavalerie trois mille huit cents chevaux. Le maréchal duc de Bellune devait prendre sur cette force des détachements pour compléter les garnisons

de Strasbourg, Schelestadt, Brisach et Huningue.
Le 2ᵉ corps couvrait seul l'étendue de Bâle à Strasbourg.

Combat de Sainte-Croix.

La cavalerie légère quitta Westhofen le 16, et
arriva le 21 à Strasbourg où elle resta le 22. Ce
jour même l'ennemi ayant fait quelques démons-
trations sur la rive droite du fleuve, la division fut
placée en observation depuis Drusenheim, au-
dessous de Strasbourg, jusqu'à Gersten, plusieurs
lieues au-dessus de cette place; mais bientôt le
maréchal, apprenant que l'ennemi se dirigeait en
grande force sur le pont de Bâle, prit le parti de
détacher tout le 5ᵉ corps sur Colmar, en le faisant
appuyer par quelques bataillons d'infanterie. Ce
mouvement s'exécuta sans délai, la gauche en tête,
la cavalerie légère, ayant besoin de quelques heures
pour se réunir à cause de la division nombreuse de
ses détachements sur le Rhin. Nous nous mîmes en
marche le 23, et passâmes la nuit à Schelestadt. Par
suite de cette disposition, la tête de la colonne,
composée de la division du général Collaert, rencontre le lendemain une avant-garde de mille
chevaux établie en avant de Sainte-Croix, sous les
ordres du colonel Schleiber, partisan autrichien.
La brigade Montélégier attaque Sainte-Croix, et

tourne la position. Les 2e, 6e et 11e de dragons, commandés par les colonels Hoffmayer, Musnier et Thevenez, fournissent une charge vigoureuse, culbutent l'ennemi, et le poursuivent jusqu'à deux lieues au-delà de Sainte-Croix. L'ennemi perdit deux cents hommes et soixante prisonniers presque tous blessés, entre autres le colonel Pietro Illiestch du 2e pulk de cosaques, qui, le lendemain, mourut de ses blessures à Colmar.

Le 24 au soir la cavalerie légère se plaça à Sainte-Croix, après avoir établi des postes sur son front, et poussant des partis sur la route de Bâle. Les deux divisions de dragons se mirent en seconde ligne à Colmar, et environs, le général Milhaud fit néanmoins prendre poste à un régiment, à la gauche et en arrière de la cavalerie légère, au village de Sundhofen.

Le 28, le général Dermoncourt fut détaché avec le 27e de chasseurs pour couvrir Neuf-Brisach, et il se plaça de sa personne à Algotzheim, en avant de cette place, dirigeant des reconnaissances sur les bords du Rhin, éclairant la grande route de Bâle. Le général Collaert reçut l'ordre en même temps d'envoyer un escadron de dragons à la position du général Jamin, établi à Guémar, pour lier cette division d'infanterie avec le général Dermoncourt.

Sainte-Croix est un gros bourg à cheval sur la grande route de Bâle à Colmar, à deux lieues en

avant de cette dernière ville; de forme circulaire,
il est entouré d'un large fossé marécageux, qu'on
traverse sur un pont vers l'entrée, du côté de
Colmar; il est situé dans une plaine découverte qui
se prolonge jusqu'à Enzisheim, où étaient les avant-
postes de l'armée austro-bavaroise.

Le général Piré ne fut pas longtemps à reconnaître que la position de Sainte-Croix était dangereuse, et que la division n'ayant pas d'infanterie
pour la soutenir, devait bivouaquer en arrière du
village. Ses réclamations à cet égard, n'eurent pas
le succès qu'il en espérait; et on ne crut pas nécessaire, par le froid excessif qu'il faisait alors, de
tenir les chevaux hors des écuries. Les trois régiments de la division s'enfermaient dans le bourg
dont on avait barricadé l'entrée; l'avant-garde se
postait aussi loin que possible du côté de l'ennemi,
et on n'avait oublié aucune mesure de précaution
pour être averti à temps en cas d'alerte. En outre,
les régiments reçurent l'ordre de monter à cheval
une heure avant le jour, et de se former en bataille
en arrière de Sainte-Croix, où ils ne rentraient
qu'après le retour des reconnaissances. Cependant
l'ennemi pouvait arriver au galop presqu'en même
temps que les grand'gardes, et surprendre le bourg.
Tous les jours quelques Allemands, que les circonstances engageaient à nous quitter, devaient dévoiler
nos moyens de défense, et nos précautions pour

rendre tenable ce poste militaire. La division resta dans cette position difficile jusqu'au 30. On nous avait promis de l'infanterie; mais nous restâmes livrés à nos propres forces.

D'après le rapport de nos déserteurs, l'ennemi conçut le projet de nous enlever. A la faveur d'un brouillard épais, le général, commandant à Enzisheim, partit le 31 avec un corps composé des régiments de Schwartzenberg hulans, de l'archiduc Joseph hussards, et de quelques compagnies de chasseurs tyroliens, le tout formant quinze cents chevaux, et deux cent cinquante hommes d'infanterie. La plaine ne présentant aucun obstacle, comme nous l'avons déjà dit, il plaça ses régiments en colonne, à droite et à gauche de la route, son infanterie au centre, sur le chemin, portée sur des chariots bien attelés, et c'est en cet ordre qu'il se mit en mouvement. Quoique nos reconnaissances n'eussent rien aperçu, le général Piré, à cause du brouillard qui s'était élevé, n'avait point fait rentrer les régiments dans le village, à l'heure accoutumée. L'ennemi, parvenu à la hauteur de nos grand'gardes, charge sans hésitation et culbute nos avant-postes, arrive en même temps qu'eux à Sainte-Croix, croyant qu'à neuf heures du matin, d'après les renseignements qu'il avait reçus, tous les chevaux seraient débridés dans les écuries. Les barricades ayant été déplacées par nos premiers

fuyards, une partie de la cavalerie autrichienne
pénétra dans le bourg, pendant que ses colonnes
de droite et de gauche tentèrent de cerner Sainte-
Croix, espèce de pâté placé, comme on l'a vu ci-
dessus, sur les deux côtés de la route, au milieu
d'une plaine d'une vaste étendue. Cette entreprise,
bien conçue et bien exécutée, aurait réussi si
la division française, familiarisée avec la guerre
de troupes légères, n'avait eu l'habitude de se bien
garder.

Les cavaliers autrichiens ne s'étant arrêtés qu'au-
delà du pont de sortie où ils furent surpris de
trouver la division en bataille, plusieurs charges
des divers régiments de la division eurent lieu pour
l'occupation de Sainte-Croix, qui fut disputée avec
opiniâtreté. Le 14e de chasseurs, par une attaque
vigoureuse, parvint enfin à en chasser l'ennemi ;
mais l'infanterie tyrolienne s'étant montrée, le
général Piré ordonna l'évacuation du village, jusqu'à ce qu'il pût vérifier quelle était la force et
l'intention de l'ennemi. Ce dernier plaça son infanterie à Sainte-Croix et sa cavalerie en réserve. Il
s'aperçut bientôt que son opération était manquée,
puisqu'en fouillant le bourg, il n'avait pu faire un
seul prisonnier, et il se décida à la retraite, profitant encore du brouillard, qui ne permit de le
faire suivre que par quelques pelotons de tirailleurs. La perte de l'ennemi, dans cette entreprise

où il comptait nous enlever tous , fut d'une centaine d'hommes tués ou blessés, dont trente restèrent sur le champ de bataille ; on ramena les autres
blessés dans six charriots , au dire des paysans
d'Enzisheim , qui vinrent nous en faire le rapport
le lendemain. La division eut dix-neuf hommes
hors de combat ; M. Jennot , adjudant-major du
14e de chasseurs , fut grièvement blessé.

Le général comte Milhaud ayant réuni ses trois
divisions, fit une forte reconnaissance avec toute
sa cavalerie , et vérifia que ce n'était point un mouvement d'armée, mais un simple coup de main
de l'ennemi. Le soir les troupes reprirent leurs
positions à l'exception de la cavalerie légère qui,
laissant un escadron de service à Sainte-Croix , se
plaça plus militairement à gauche, au village de
Sundhofen.

Le 3 janvier, le général comte Grouchy , commandant en chef la cavalerie de l'armée , informé
que l'armée austro-bavaroise tout entière se portait
en avant, donna l'ordre de la retraite. A six heures
du matin , la cavalerie légère se rangea en bataille
en arrière de Sainte-Croix , à la tête du défilé et
du bois qui couvre Colmar. Les tirailleurs ennemis
parurent, le mouvement de retraite s'exécuta , et
nous ne fûmes pas vivement poursuivis. Nous traversâmes Colmar dont les loyaux habitants étaient
dans la consternation ; plusieurs fois ils avaient

demandé des armes au chef du gouvernement pour défendre leur pays de l'invasion étrangère. Napoléon craignant de voir tourner ces armes contre son trône chancelant, refusa d'utiliser le dévouement et le zèle des Alsaciens, dont la plupart, anciens militaires, auraient pu rendre de grands services à la patrie.

Le général Dermoncourt, qui venait de rejoindre la division avec le 27e de chasseurs, reçut l'ordre du général en chef Grouchy, de se rendre de sa personne à Neuf-brisach et de prendre le commandement de cette place qu'il conserva glorieusement, jusqu'à la paix, avec une très faible garnison.

A la sortie de Colmar, le 5e corps de cavalerie se mit en bataille, l'ennemi déboucha et déploya une vingtaine d'escadrons pour couvrir l'occupation de la place. Le 5e corps se retira en échelons, on tirailla pendant une partie de la journée, et tandis que la marche rétrograde avait lieu. L'ennemi cessa de se montrer à la hauteur de Guémar. La cavalerie légère arriva avec les deux divisions de dragons aux environs de Schelestadt.

Le 4, d'après les ordres du maréchal duc de Bellune, le 5e corps se réunit, et se porta sur Epfig, où il s'établit. Les postes d'arrière-garde de la division n'eurent point connaissance de l'ennemi ce jour-là : les patrouilles du lendemain ne le découvrirent pas non plus.

Le 5, les troupes montent à cheval au point du jour. Le général de division Briche vient prendre le commandement de la division de dragons commandée depuis sa formation par le général Collaert, qui se place à la tête de la 2e brigade des dragons L'Héritier. A dix heures la cavalerie contidue sa retraite sur les Vosges, et traversant Andlau, dont les braves habitants, comme ceux de l'Alsace, demandaient ardemment à prendre part à la défense commune, elle passe la nuit à Viche. Là elle se réunit à l'infanterie d'arrière-garde de M. le duc de Bellune qui venait d'y arriver de Strasbourg par Mohlsheim. La cavalerie légère fut attachée provisoirement à cette arrière-garde dont le général Duhesme, plus ancien de grade que le général Piré, eut le commandement.

Le 6, le quartier-général de l'arrière-garde se plaça à Raon-l'Étape, laissant un poste à Senones et s'éclairant sur Saint-Dié et Rambervillers; les dragons, avec le comte Milhaud, cantonnèrent à Baccarat. On apprit que le même jour un parti ennemi peu nombreux était entré à Saint-Dié, venant de Sainte-Marie-aux-Mines, où il était retourné après avoir commandé des vivres dans la première ville. On s'attendait d'un instant à l'autre à voir déboucher les alliés en grande force sur ce point.

Le 7, un détachement d'infanterie et de cavale-

rie de l'arrière-garde s'étant porté sur Saint-Dié,
y enleva les vivres préparés pour l'ennemi, et les
ramena à Raon, malgré deux ou trois cents
hommes d'infanterie bavaroise, et à peu près
deux cents chevaux autrichiens qui voulurent
s'y opposer. N'ayant pu arrêter notre convoi, ce
parti rentra dans la montagne, sans prendre poste
à Saint-Dié que nous évacuâmes aussi. Les rapports
du même jour firent connaître le passage à Rambervillers d'une centaine de cosaques, venant
d'Epinal, et prenant la direction de Saint-Dié.
Un corps assez considérable qui avait attaqué nos
troupes le 6 à 4 heures du soir, au village d'Arches
en avant d'Epinal, y était entré le 7. Le maréchal
duc de Bellune avait son quartier-général à Baccarat, communiquant avec M. le duc de Raguse qui
se reployait sur Sarreguemines. Les deux corps
étaient liés par M. le général Philippe Ségur, placé
à Phalsbourg avec quatorze cents gardes d'honneur.

Une de nos reconnaissances rapporta la proclamation suivante répandue à l'arrivée de l'ennemi
à Saint-Dié.

       « FRANÇAIS,

     » La victoire a conduit les armées alliées sur
» votre frontière, elles vont la franchir ; nous ne

» faisons pas la guerre à la France; mais nous re-
» poussons loin de nous le joug que votre gouver-
» nement voulait imposer à nos pays qui ont les
» mêmes droits au bonheur et à l'indépendance
» que le vôtre.

» Magistrats, propriétaires, cultivateurs, restez
» dans vos foyers. Le maintien de l'ordre public,
» le respect pour les propriétés particulières, la
» discipline la plus sévère marqueront le passage
» et le séjour des armées alliées.

» Elles ne sont animées de nul esprit de ven-
» geance; elles ne veulent point rendre à la France
» les maux sans nombre dont la France, depuis
» vingt ans, a accablé ses voisins et les contrées
» les plus éloignées.

» D'autres principes et d'autres vues que celles
» qui ont conduit vos armées chez nous, président
» aux conseils des monarques alliés. Leur gloire
» sera d'avoir amené la fin la plus prompte aux
» malheurs de l'Europe. La seule conquête qu'ils
» ambitionnent est celle de la paix, mais d'une
» paix qui assure à leur pays, à la France, à
» l'Europe, un véritable état de repos; nous espé-
» rions la trouver avant de toucher le sol français;
» nous allons l'y chercher. »

« Au quartier-général de Larach, le 21 décembre 1813. »

Le maréchal prince de SCHWARTZENBERG,

Commandant en chef des armées alliées.

L'expérience a prouvé quel cas on devait faire de ces séduisantes promesses !

Le 8, l'arrière-garde resta en position. L'ennemi occupait Épinal avec quinze cents Cosaques, et Saint-Dié avec mille. Quelques cavaliers russes parurent dans la direction de Senones.

Combat de Rambervillers.

Le 9, le maréchal duc de Bellune, pour éloigner les troupes légères de l'ennemi, qui s'étaient portées dans le bassin des Vosges, entre Saint-Dié et Épinal, se décida à faire occuper Rambervillers par les dragons qu'il avait avec lui à Baccarat. En conséquence, la division Briche se mit en marche pour s'y rendre, et apprit à quelque distance qu'un parti de deux cents Cosaques s'y trouvait pour faire des vivres et qu'il s'y gardait mal. Le général Montélégier continua sa marche au trot avec la tête de colonne de sa brigade, pendant que le colonel Hoffmayer du 2ᵉ de dragons tournait la ville et se portait sur la route d'Epienne. Le général Montélégier, suivi du 6ᵉ régiment de dragons commandé par le colonel Musnier, entra, bride abattue, dans Rambervillers, surprit et culbuta ce parti de Cosaques, et le poussa au-delà du bourg où la division Briche prit position.

Le même jour une brigade de jeune garde, détachée de la division Meunier, et envoyée à Epinal par le prince de la Moscowa avec un détachement de trois cents chevaux, en chassa les Cosaques après leur avoir tué un officier supérieur.

Combat de Saint-Dié.

Le lendemain 10, le général Duhesme conduisant l'arrière-garde du 2e corps, fit une forte reconnaissance sur Saint-Dié. La cavalerie légère formait la tête de la colonne. L'ennemi évacua Saint-Dié à son approche. A peine le général Duhesme y était-il établi que le corps bavarois commandé par le général de Wrede, marcha sur cette ville; des partis seuls l'avaient jusqu'alors occupée. Lorsque les avant-postes ennemis eurent été placés de l'autre côté de Saint-Dié, ils furent vigoureusement attaqués par la cavalerie légère, qui les repoussa jusqu'au village de Sainte-Marguerite dont elle s'empara. Le général Piré s'étant trouvé dans le village au milieu d'un bataillon bavarois, reçut sa décharge presqu'à bout portant, et ne conserva la vie que par miracle. L'infanterie du général Duhesme ayant débouché de Sainte-Marguerite, eut à combattre une brigade commandée par le général Deroy, et deux fois plus nombreuse que sa divi-

sion. On se battit avec acharnement, le général
Deroy reçut une blessure mortelle, mais les Bavarois triomphèrent et poussèrent les Français jusqu'au pont de la Meurthe, derrière lequel on se
reforma entre Sainte-Marguerite et Saint-Dié. L'infanterie ennemie s'étant approchée, le combat se
renouvela. Les troupes du général Duhesme se
trouvaient sous le canon des Bavarois qui faisait
de grands ravages dans leurs rangs, et les nombreuses coupures du terrain rendaient nulle l'action de la cavalerie. L'infanterie même ne pouvait
faire de mouvement qu'avec difficulté. Le général
Duhesme se vit donc forcé de continuer sa retraite.
Nous revînmes à Saint-Dié; cette ville fut enlevée
de vive force par l'ennemi, et nos troupes se repliè-
rent sur Rambervillers par Saint-Michel, où elles
s'établirent.

La perte de l'arrière-garde française fut d'à peu-
près cent cinquante hommes d'infanterie et vingt-
cinq chevaux. L'inexpérience des canonniers conscrits qui servaient la batterie attachée à la division
Duhesme, contribua grandement à cet échec. Le
général Duhesme, donna des éloges à la cavalerie
légère qui protégea la retraite de l'arrière-garde
et sauva son artillerie, malgré les difficultés du
terrain.

Après cette affaire, les alliés occupant en force
Saint-Dié, le dessein du maréchal Victor était de

les faire attaquer de nouveau ; mais il y renonça , quand il reçut avis qu'une autre colonne arrivait par Sainte-Marie, une troisième par Remiremont. Épinal était menacé , l'ennemi débouchait avec cinquante ou soixante mille hommes.

Le 11, la cavalerie légère se sépara du général Duhesme , rétrograda vivement sur Rambervillers, qu'elle ne fit que traverser , et reçut l'ordre de continuer sa marche forcée pour aller occuper Baccarat, où elle arriva le même soir accablée de fatigue. Le motif de l'occupation de ce poste était de couvrir la route de Lunéville à Raon-l'Etape, où se trouvait depuis la veille un détachement de Cosaques venus par la vallée de Senones.

Le lendemain , la division séjourna à Baccarat. Le maréchal duc de Bellune apprit que le duc de Raguse était acculé par l'ennemi sur la Moselle ; le prince de la Moscowa l'instruisit de son côté qu'une forte colonne des alliés débouchait de Château-Salins sur Nancy ; et enfin ces derniers , après s'être emparés d'Épinal , avaient filé par Châtel et Charmes jusqu'à Flavigny et Pont-Saint-Vincent. Le duc de Bellune , menacé d'être enveloppé et de se voir réduit, avec un très faible corps d'armée , à se faire jour l'épée à la main, abandonna la défense du passage des Vosges , où il devenait inutile d'arrêter l'ennemi qui avait déjà débordé ce point. Ce maréchal se détermina à se replier sur Nancy , où

le prince de la Moscowa réunissait quelques bataillons de nouvelle levée. La cavalerie légère évacua
Baccarat le 13, à une heure du matin, arriva devant
Lunéville sans être suivie, et n'ayant fait que traverser cette place, elle s'établit à Nancy, où elle
avait été précédée par le 2e corps.

Le 14, l'ennemi débouchant par toutes les directions, la retraite s'effectua sur Toul. La saison était
rigoureuse, on avait perdu beaucoup de chevaux,
faute d'argent pour entretenir le ferrage. Le général Piré resta dans Nancy jusqu'à dix heures du
matin, il eut ordre du général en chef Grouchy
de recevoir du corps municipal une avance de
quinze mille francs pour le ferrage des chevaux de
l'artillerie et de la cavalerie. Ce secours arrêta la
diminution de notre effectif. Depuis Baccarat, le
verglas nous avait démonté plus de monde que
n'aurait pu le faire le boulet.

Le soir de ce jour, le duc de Bellune établit son
quartier-général à Toul, la division reste avec les
gardes-d'honneur à Gondreville, poste qu'elle occupe toute la journée du 15, les Cosaques ayant
une grand'garde dans le bois. Le lendemain l'armée abandonnant la ligne de la Moselle pour prendre celle de la Meuse, nous traversons Toul, où
on laisse une très faible garnison, et nous nous
plaçons à Foug. La cavalerie légère conserve cette
position jusqu'au 20 janvier, rencontrant souvent

des patrouilles ennemies sur son front et ses flancs ;
mais sans être attaquée.

Après son départ de Nancy, le duc de Bellune
avait manœuvré sur Toul ; il s'y était arrêté quelques jours croyant pouvoir concourir dans cette
position à la défense de la Moselle ; mais tous les
autres passages de cette rivière ayant été abandonnés à l'ennemi, les alliés en profitèrent pour
se diriger sur la Meuse, et laisser le maréchal derrière eux. Après avoir jeté une garnison dans la
place de Toul, il dut les prévenir en se hâtant de
se rendre à Void, à Vaucouleurs, Pagney-sur-
Meuse et Commercy, l'arrière-garde du général
Duhesme conservant sa position sur Foug. Le 20,
le maréchal Victor écrivit au major-général que
Platow se dirigeait vers Langres ; que l'avant-garde
bavaro-autrichienne le remplaçait à Neufchâteau.
Quinze cents chevaux ennemis avaient passé la Meuse
au-dessus de Vaucouleurs, et tout semblait annoncer que les armées combinées manœuvraient par
leur gauche pour arriver sur la Marne dans la direction de Joinville. Le maréchal se décida à se
retirer sur Ligny. Dans la nuit du 20 au 21, la
division évacua Foug, passa le pont de Pagney
qu'on fit sauter, et traversant Void que le quartier-général du 2e corps avait déjà quitté, elle prit
poste en avant de Ligny.

Le 22, la cavalerie légère étant en bataille sur la

route de Saint-Aubin, et couronnant les hauteurs de Ligny, plus de deux mille Cosaques paraissent vers dix heures du matin et font replier les grand' gardes. Le duc de Bellune ainsi que le comte Milhaud, étant accourus avec leurs troupes pour soutenir la cavalerie légère, et quelques coups de canon ayant suffi pour arrêter l'ennemi, on s'aperçoit que ce n'est qu'une forte reconnaissance. Les alliés sont attaqués avec impétuosité, et on les repousse jusques vers Saint-Aubin, après en avoir mis bon nombre hors de combat. A la nuit le 5e corps se replie sur Ligny, et la division reprend sa position couvrant cette place.

Ligny est situé dans un bassin très étroit, entre des montagnes couvertes de vignes. Cette ville ne pouvait être défendue que par de l'infanterie, et quelques pièces de canon, le plateau qui est dans la direction de Saint-Aubin, n'ayant que le développement nécessaire pour permettre à la cavalerie d'arrêter l'ennemi comme elle venait de le faire. On ne pouvait pas non plus considérer ce plateau comme position de défense ou de combat, attendu qu'il a du côté de la ville un défilé extrêmement rapide et qu'il ne présente qu'une seule communication. D'après ces motifs, le maréchal Victor préféra la position opposée, c'est-à-dire, l'entrée du défilé de Saint-Dizier, et fit garder les hauteurs par l'infanterie.

6

Le 23, les alliés ayant reparu en grande force à trois heures de l'après-midi, toujours par la route de Void, et le maréchal de Bellune apprenant que depuis la veille ils avaient à Joinville un corps considérable, résolut de se retirer ; néanmoins il conserva l'entrée du défilé à la sortie de Ligny. Il s'y battit chaudement jusque très-avant dans la nuit, contre une division bavaroise qui perdit un grand nombre des siens, en voulant presser notre retraite.

Le 24, la division réunie de nouveau à l'infanterie du général Duhesme, occupa Saint-Dizier comme poste d'arrière-garde. Les reconnaissances de l'ennemi se montrèrent sur les routes de Ligny et de Joinville.

Le 25, l'arrière-garde du général Duhesme fut attaquée par le corps des alliés venant de Ligny. Une colonne nombreuse d'infanterie, précédée de canons, forma cette attaque ; on se battit dans les rues, il y eut des pertes de part et d'autre. Le général Duhesme se mit ensuite en bataille très près de la ville en avant du village de Hallignicourt. Il était soutenu par le 5e corps de cavalerie en entier. L'ennemi s'établit à Saint-Dizier et autour de cette ville. Les dragons couvrirent la route de Vitry en se plaçant à Perthe avec l'infanterie du 2e corps. La division occupa Villiers, se liant par sa droite avec Perthe, observant Saint-Dizier sur son front, et s'éclairant par sa gauche sur la route de Bar-le-Duc. Une grand'garde de cinquante Cosaques prit poste en avant de la route de Saint-Dizier.

Le 26, la cavalerie légère rectifia sa position, toujours en présence de l'ennemi : le quartier-général se plaça à Saint-Eulien. Les trois faibles corps des ducs de Bellune, de Raguse et du prince de la Moscowa, se trouvaient enfin réunis ; Napoléon, quittant sa capitale, allait donner aux opérations de l'armée un ensemble bien nécessaire, qu'on n'avait pu obtenir jusqu'à ce jour.

Combat de Saint-Dizier.

Le 27, au lever du soleil, l'empereur étant arrivé à Perthe, ordonne l'attaque de Saint-Dizier. La division prend sa position d'avant-garde, et l'armée entre dans la ville au pas de charge. L'ennemi est enfoncé, et se retire en désordre par les routes de Joinville et de Ligny. Le brave colonel Miller, à la tête du 26e de chasseurs à cheval, se jette sur un bataillon russe qui se repliait par la route de Joinville, le sabre, le met en fuite, et lui fait des prisonniers ; mais frappé d'une balle, il trouve une mort glorieuse digne de la carrière qu'il avait parcourue. Ce colonel, non moins recommandable par sa probité que par ses talens militaires, fut vivement regretté de son régiment et de toute la division. Le chef d'escadron Müller , du même corps , prit provisoirement le commandement du 26ᵉ qui fut donné plus tard au colonel Robert.

L'empereur avait été reçu avec enthousiasme dans Saint-Dizier. Les habitants , maltraités par les Cosaques , l'appelaient leur libérateur. Napoléon descendit de cheval et défendit à ses gardes d'éloigner cette population qui se pressait autour de lui. Hors de la ville , étant remonté à cheval , il partit au galop , et passant près du général Piré , lui donna l'ordre de marcher sur Vassy et de lui envoyer des nouvelles. A une lieue de Saint-Dizier , nous apprîmes qu'une colonne russe , d'au moins quinze mille hommes , y avait passé la veille , se dirigeant vers Montierender par la traverse d'Eclaron ; cette colonne emmenait avec elle un train considérable de grosse artillerie. La division continua sa marche , et n'ayant point rencontré l'ennemi , elle s'arrêta le soir pour couvrir la route de Joinville. Une heure après , le général en chef , comte Grouchy , survint et envoya la cavalerie légère passer la nuit à Voilecompte.

Le 28 , nous traversâmes Montierender , où l'empereur , avec sa garde , était également arrivé par la route d'Eclaron. Nous formâmes l'avantgarde de l'armée à Longeville , sur le chemin de Brienne , l'ennemi ayant , à peu de distance de

ce poste, un fort parti de Cosaques pour protéger
sa retraite.

Bataille de Brienne.

Le 29, au point du jour, l'armée, commandée par
l'empereur en personne, se porta sur Brienne. Le
2ᵉ corps fit l'avant-garde ; le 5ᵉ corps de cavalerie,
précédé comme à l'ordinaire par la division Piré,
marchait à la tête de la colonne. On ne tarda pas à
rencontrer un pulk d'environ trois cents Cosaques,
qui voulut tenir à l'entrée d'un défilé ; mais chargé
rudement par le 3ᵉ de houzards, il fut jeté dans le
défilé avec perte et en désordre. Après avoir traversé
le village de Juzauvigny, et à la sortie du bois qui
le couvre du côté de Brienne, on aperçut dans la
plaine, devant cette place, à peu près deux mille
hommes de cavalerie légère, dont la contenance
annonçait qu'ils s'appuyaient sur un corps d'armée.
Effectivement la cavalerie du 5ᵉ corps ayant débouché et serré celle de l'ennemi, cette dernière reprit
sa ligne de bataille, à la gauche de Brienne, et
son infanterie, au même instant, se forma en plusieurs carrés, en avant des maisons de la ville, soutenue par quelques batteries. Ces dispositions arrêtèrent nécessairement la poursuite de la cavalerie
ennemie qui abandonna presque tout le terrain

qu'elle occupait à la gauche de Brienne, et se
porta rapidement sur sa droite, dans la plaine de
la Rothière, où elle présenta en ligne quarante ou
cinquante escadrons. L'attaque de Brienne commença alors par l'infanterie du duc de Bellune.
Cette attaque ne réussit point ; les troupes furent
même repoussées avec perte jusqu'à la nuit tombante ; mais le maréchal prince de la Moscowa
étant arrivé, Napoléon le dirigea avec la division
Decouz sur Brienne par le chemin de Maizières,
l'infanterie du maréchal de Bellune fit un nouvel
effort, et occupa la plus grande partie de la ville, à
laquelle les alliés avaient mis le feu. La prise du
château de Brienne contribua beaucoup à ce succès ;
il fut enlevé de la manière la plus brillante par le
général de brigade Chataux qui commandait une
division d'infanterie du maréchal Victor.

Au moment où les Français s'emparaient du
château, l'ennemi fit faire une manœuvre de flanc
à ses troupes à cheval, pour charger l'infanterie de
la jeune garde et la cavalerie légère, qui couvraient
la route de Montierender à Brienne. L'empereur se
trouvait alors sur cette route, pour observer et
diriger lui-même l'attaque qu'il avait ordonnée sur
la ville. Le général Piré, prévoyant le mouvement de
l'ennemi par les dispositions préparatoires qu'il lui
avait vu faire sur sa droite, en avait envoyé prévenir
Napoléon par son chef d'état-major. Le colonel

Pétiet informa également l'empereur, qu'il croyait
que l'intention de l'ennemi était de déborder notre
gauche, et de s'emparer de la tête du défilé du bois,
pour couper notre communication avec Montierender. L'empereur lui ordonna de conduire au galop
quatre pièces d'artillerie légère à la tête du défilé,
pour défendre ce point important; mais il était trop
tard, le mouvement prévu par le général Piré venait
de s'exécuter, et même quelques Cosaques traversant
nos rangs parvinrent sur la route, au milieu du
groupe d'officiers d'état-major qui entouraient
Napoléon. Ces officiers, ainsi que l'empereur cou-
rurent les plus grands dangers. Le prince de Wagram
se défendit l'épée à la main, son chapeau fut traversé d'un coup de lance; le chef d'escadron Gourgaud, officier d'ordonnance, tua deux Cosaques à
côté de Napoléon [1]. Tous les cavaliers ennemis qui
avaient pénétré jusqu'à la route, périrent les
armes à la main. Cette échauffourée n'eut pas d'autres suites.

Les alliés, profitant de la nuit; se retirèrent par
la route de Bar-sur-Aube. Il était minuit: une grande
partie de l'armée française bivouaqua autour de

---

[1] Pour témoigner sa reconnaissance au chef d'escadron Gourgaud,
qui venait de lui sauver la vie, Napoléon lui fit présent de l'épée qu'il
avait portée constamment dans les campagnes mémorables d'Italie,
sous le gouvernement directorial.

Brienne. La cavalerie légère s'établit au village de Perthe, sur la hauteur à droite de la ville ; le général en chef comte Grouchy y plaça aussi son quartier-général.

La victoire de Brienne fut chèrement achetée par la perte d'un grand nombre de braves, qui diminua encore les forces de cette vaillante armée habituée à combattre contre des troupes dix fois supérieures en nombre. Quarante mille hommes, commandés par Blücher [1], nous avaient été opposés, et pendant l'action, le corps entier de Witgenstein s'était réuni au feld-maréchal. Six mille alliés restèrent sur le champ de bataille, mais quatre mille Français environ furent mis hors de combat. Le contre-amiral Baste, commandant une brigade d'infanterie, et le colonel Duverger, premier aide-de-camp du duc de Bellune, se trouvèrent au nombre des morts. Les généraux Decouz et Forestier moururent quelques jours après, des suites de leurs blessures. Le général Lefèbvre-Desnouettes fut blessé, ainsi que le colonel Delahaie.

Le 30, la cavalerie de l'armée, sous les ordres du comte Grouchy, se réunit en avant de Brienne,

---

[1] Lorsque les Français s'emparèrent du château de Brienne, le maréchal Blücher était à table avec ses principaux officiers, et là comme à Fleurus, en 1815, il ne dut son salut qu'à l'obscurité de la nuit.

sur le chemin de Bar-sur-Aube, direction que l'ennemi avait prise dans sa retraite. La cavalerie russe, qui était en ligne vis-à-vis de nous, ne nous attendit point; et après avoir échangé quelques coups de canon, nous allâmes prendre position à la Rothière, notre droite appuyée à l'Aube, et notre gauche s'étendant dans la plaine, vers le bois d'Eclance. Le lendemain, nous ne fîmes point de mouvement; l'ennemi avait couvert son front par des Cosaques, et présentait sur les hauteurs de Beaulieu et de Trannes des masses considérables d'infanterie et d'artillerie.

Bataille de la Rothière.

Le 1ᵉʳ février, dans la matinée, la même immobilité régna sur toute la ligne. Napoléon espérait encore pouvoir s'opposer à l'entière jonction des alliés. Il avait cru n'avoir affaire à Brienne qu'à une partie de l'armée de Silésie, il l'avait rencontrée tout entière et de plus augmentée du corps de Witgenstein. Vainqueur de ces forces réunies, l'empereur perdant l'espoir de manœuvrer contre un des deux corps isolés, suivit cependant celui de Blücher dans sa retraite; mais Schwartzenberg le fit appuyer par un renfort considérable. Plusieurs aides-de-camp de Napoléon vinrent aux grand'-

gardes de la cavalerie légère, et contestèrent les rapports qui leur furent donnés des mouvements continuels et de l'augmentation de troupes qu'on apercevait sur les hauteurs occupées par l'ennemi. Enfin, vers une heure, l'armée alliée descendit dans la plaine, longeant l'Aube par sa gauche, et prolongeant sa droite dans la forêt de Soulaine jusqu'audelà du village de Lachaise. Lorsque son avantgarde commençait à se déployer, le capitaine Clomadeuc, aide-de-camp du général Piré, voulant exécuter l'ordre qu'il avait reçu d'examiner de très près le mouvement des alliés, chargea avec quelques tirailleurs et fut enveloppé par les Cosaques. Cet officier se défendit avec une grande bravoure; mais ayant reçu plusieurs coups de lance, il resta au pouvoir de l'ennemi.

L'armée française porta sa droite à Dienville, où le général comte Gérard combattit vaillamment. La cavalerie légère se forma en bataille, entre Dienville et le village de la Rothière, gardé par la division d'infanterie du général Duhesme. Les dragons du 5e corps prolongeaient la ligne de l'autre côté de la Rothière, et devaient se lier avec le reste de l'infanterie de M. le maréchal duc de Bellune, qui couronnait les hauteurs de Lachaise; mais ces dragons que l'on couvrit d'une artillerie considérable, n'étaient point assez nombreux pour remplir le vaste espace qu'ils devaient occuper dans la plaine,

ni pour soutenir convenablement, si elle était
attaquée, la masse d'artillerie qu'on leur avait confiée. Cette mauvaise disposition, qui a tenu sans
doute à la faiblesse numérique de l'armée française,
luttant contre des forces trois fois plus nombreuses,
a été certainement une des causes principales de la
perte de la bataille; car, vers quatre heures, l'ennemi voyant que tous ses efforts réitérés pour forcer
notre extrême droite étaient inutiles, et que ses
troupes ne parviendraient point à renverser les
nôtres de ce côté, se décida à un grand mouvement de cavalerie sur nos dragons. En conséquence,
par des manœuvres assez rapides, six mille chevaux
russes et prussiens, formés sur deux lignes, se
lancent sur notre artillerie, et débordant la Rothière
par sa gauche, obligent les dragons à se replier en
désordre. Heureusement le général Piré, s'apercevant de l'importance de cette attaque et des funestes
résultats qu'elle pouvait avoir pour l'armée, n'hésite
point à quitter sa position où sa présence n'était
pas alors indispensable; sans attendre d'ordres
supérieurs, il met sa division en colonne par escadrons, et tombe par une conversion à gauche, sur
le flanc de l'ennemi. Cette manœuvre eut tout le
succès qu'on en attendait; les Russes s'arrêtèrent,
et pendant qu'ils obliquaient à droite pour se rallier,
nos dragons eurent le temps de se reformer, et leur
perte, qui pouvait être considérable, fut de peu

d'importance. L'exactitude historique exigeait ce détail, plusieurs relations imprimées ayant attribué cette manœuvre à d'autres corps.

Cependant l'artillerie, dépassée de bien loin par la charge des alliés, fut en partie prise, et dès ce moment on put prévoir le résultat de la journée. La cavalerie légère, réunie aux dragons, reçut jusqu'à la nuit diverses attaques de la cavalerie nombreuse des alliés, soutenue par un feu roulant d'artillerie. Toutes ces attaques furent repoussées avec bravoure, et, malgré notre infériorité, l'ordre le plus parfait ne cessa de régner dans nos rangs. Enfin, vers minuit, l'empereur ordonna la retraite et la concentration de son armée sur la route de Lesmont. Le 5e corps de cavalerie masqua ce mouvement en bivouaquant sous Brienne-la-Ville.

La perte des Français, dans cette malheureuse affaire, fut considérable, mais ne les découragea point. La retraite s'exécuta sans la moindre confusion. Le général Blücher, qui comptait deux mille morts de plus que nous, ne mit point à profit son succès; il ne nous poursuivit pas, et il s'établit sur le champ de bataille. Après la victoire de Brienne et la défaite de la Rothière, la division Piré fut réduite à six cent cinquante combattants.

Le 2, au point du jour, le comte Grouchy ayant réuni la cavalerie en avant de Brienne-le-Château, se retira sur le pont de Lesmont, sans être inquiété par l'ennemi, qui se contenta de le faire suivre par un corps d'observation. La cavalerie légère força sa marche pour se rendre à Rouilly-le-Sacey, sur la route de Troyes; elle perdit une partie de ses chevaux de main au bourg de Piney, où ils furent enlevés par une reconnaissance de Cosaques venus par la traverse de Dienville, et qui y étaient entrés avant le passage de la division. Le lendemain, la cavalerie légère se plaça dans le faubourg de Troyes, ayant de forts détachements sur le chemin de Lesmont par Creney, et sur celui de Piney. L'armée se concentra sous Troyes, et resta le jour suivant dans la même position.

Le 5, le mouvement de retraite continua vers Nogent, et la cavalerie légère eut ordre de se rendre à Fontaine-Saint-Georges, pour y escorter le grand parc; mais en y arrivant, nous apprîmes qu'il était déjà parti pour Nogent, et nous nous rendîmes à Châtres le lendemain, afin d'y attendre le passage de l'empereur et de l'escorter jusqu'à la hauteur de Pont-sur-Seine. Ce mouvement exécuté, on nous ordonna de rétrograder et de passer la nuit au village des Granges.

Le 7, le corps du maréchal Oudinot, duc de Reggio, qui avait couché la veille à Romilly, revint sur Nogent, et la division forma l'arrière-garde soutenue par le corps du comte Gérard. Nous nous plaçâmes à Saint-Hilaire, et l'ennemi se montra sur les hauteurs qu'il occupa avec une cavalerie nombreuse ; c'étaient les Cosaques de la garde impériale russe. Le lendemain, la cavalerie légère rentra à Romilly, soutenue par la division d'infanterie du général Hamelinaie. Quelques coups de canon et nos tirailleurs firent replier les Cosaques sur Maizières, où ils prirent position. Tous les rapports qui nous parvinrent, portaient que l'ennemi s'apprêtait à marcher en force sur l'armée française.

Le 9, vers midi, l'ennemi parut, et, par suite de dispositions générales, nous rétrogradâmes jusqu'au poste de Saint-Hilaire. Les Russes occupèrent Romilly, et couronnèrent de nouveau les hauteurs de la Montoie.

L'empereur ayant ordonné aux maréchaux duc de Reggio et de Bellune de défendre la Seine, marcha le même jour sur la Marne pour écraser Blücher qui s'était séparé de l'armée de Schwartzenberg. Napoléon battit successivement les corps d'Alsusiew, de Saken et d'York, lieutenants de Blucher, et le culbuta lui-même au combat de Vauchamps, le 14 février.

Le 10, le maréchal Victor se décida à concentrer ses troupes sur Nogent. La division passa le ruisseau de l'Ardusson, et prenant position à la Chapelle-Verrières, en avant de cette ville, elle appuya sa gauche à la Seine, et sa droite à la chaussée où commençait le déploiement de l'infanterie du comte

Gérard. Vers midi, l'ennemi se montra en grande force, et un combat très vif s'engagea au château de la Chapelle, qui fut pris et repris plusieurs fois; cette position nous resta enfin, après que l'ennemi eut incendié le château.

Le 11, à l'aube du jour, la division traversa Nogent, que la brigade d'infanterie commandée par le général Bourmont fut chargée de défendre. La cavalerie légère prit position au village de Plessis-Mériot, en poussant des reconnaissances sur Villenoxe. Le général Bourmont fit barricader la rue qui conduit au pont de Nogent, quelques maisons furent crenelées, et trois attaques consécutives de l'ennemi échouèrent complétement. Dans la nuit, le général Bourmont ayant été blessé, le colonel Voirol [1], du 18e de ligne, prit le commandement, et continua la défense de la ville avec une rare valeur. Le lendemain, malgré les incendies causés par l'ennemi, le colonel Voirol opposait toujours la résistance la plus opiniâtre, lorsqu'il reçut l'ordre du maréchal Victor d'évacuer Nogent. Le passage de la Seine à Bray, par les Bavarois, avait forcé le maréchal à prendre cette mesure. Le colonel Voirol se retira en bon ordre et fit sauter le pont, au moment où quelques officiers russes, suivis d'une quarantaine de soldats, s'y étaient imprudemment

[1] Il est aujourd'hui lieutenant-général et pair de France.

engagés. Tous y trouvèrent la mort. Dans cette journée du 12, la division rectifia sa position, le quartier-général s'établit à Saint-Nicolas. Le duc de Bellune se préparait à faire sa jonction à Provins avec le duc de Reggio, pour se soutenir mutuellement devant les alliés.

Le 13, l'ennemi ayant passé la Seine sur plusieurs points, et notamment à Bray, le 5e corps de cavalerie se replia du côté de Nangis. La division se porta de Saint-Nicolas à Sordun, et là, laissant Provins à sa droite, elle tourna cette dernière ville, en passant par Chalautre, Poigny et Saint-Loup; reprenant ensuite la route de Provins à Nangis, au lieu dit la Maison-Rouge; la division y laissa une grand'garde de cinquante chevaux, et se rendit à Nangis.

Le 14, l'armée ne fit aucun mouvement; mais de fortes reconnaissances de cavalerie parurent sur la route de Donnemarie; ces partis étaient bavarois. Dans la nuit du 14 au 15, on évacua Nangis, et la division formant l'arrière-garde des maréchaux se retira lentement dans la direction de Mormant; elle traversa le bourg, se jeta dans la plaine, et prit position à Aubepierre, faisant garder le chemin en arrière de Mormant, qui fut aussitôt occupé par un régiment de chasseurs à cheval russes. Les patrouilles envoyées sur notre gauche à Rosoy, rapportèrent que l'ennemi s'y trouvait.

Le 16, un corps considérable de l'avant-garde austro-russe étant entré dans Mormant, après avoir poussé un fort détachement sur Aubepierre, la division reçut l'ordre de se porter en arrière à la position de Beauvoire, où elle entra en ligne avec le reste de l'armée. Cependant ce mouvement n'eut lieu qu'après un engagement assez vif, avec environ mille à douze cents chevaux de l'ennemi, qui voulut presser notre retraite; mais attirés dans un ravin, les cavaliers russes durent ralentir leur marche; la division fit volte-face sur la hauteur opposée et les carabines des hommes de notre premier rang plongeant à portée de pistolet dans la masse de l'ennemi, lui causèrent une perte considérable [1]. C'est à ce combat, qu'on remarqua pour la première fois les brassards blancs que les alliés, en signe de ralliement, avaient adoptés.

L'empereur, qui venait de battre l'armée de Blücher aux combats de Champ-Aubert, de Montmirail,

---

[1] Depuis la paix, on a vu avec peine des officiers-généraux qui se sont illustrés à la guerre, oublier les leçons de l'expérience et proposer les innovations les plus funestes. De ce nombre est sans contredit le projet d'ôter l'arme à feu aux régimens de cavalerie. L'arme à feu est indispensable pour former une ligne de tirailleurs, afin d'arrêter l'ennemi, de connaître sa force, ses intentions, et de donner aux corps de bataille le temps de déboucher. Elle peut être encore d'une plus grande utilité. Je me souviens qu'au combat de Hof, en 1807, la brave infanterie du maréchal Soult, marchant au pas accéléré dans la neige,

7

de Château-Thierry et de Vauchamps, fit trente lieues en deux jours avec sa garde, et arriva à Chaulnes et à Guignes dans la soirée du 16, voulant attaquer le lendemain l'armée de Schwartzenberg. Le 17, au lever du soleil, l'infanterie du duc de Bellune s'étant formée en colonne sur la grande route, flanquée à sa gauche par le 5e corps de cavalerie, et à sa droite, par la division de dragons du général Treillard, on marcha droit sur Mormant. L'avant-garde ennemie qui s'y trouvait isolée, surprise d'une attaque aussi brusque, qu'elle n'avait pas prévue, fut forcée, et se retira en toute hâte et en désordre vers Nangis. La cavalerie légère, passant sous la batterie de retraite de l'ennemi, déborde vivement ses carrés, et chargeant dans la vaste plaine de Guignes à Nangis une ligne de quinze cents chevaux cosaques, lanciers et chasseurs russes, elle les culbute, laissant les dragons s'occuper de l'infanterie, et poursuit la cavalerie russe l'épée

n'avait pu suivre la cavalerie aux ordres du grand duc de Berg (Murat); l'ennemi ne voyant pas de bayonnettes dans la plaine, réunit tous ses escadrons, et les lança sur les Français. Le prince fit avancer au trot les dragons à leur rencontre. A demi-portée de fusil, il arrêta sa colonne. Le premier rang fit haut-le-mousqueton, et une fusillade inopinée et bien nourrie, jeta le désordre dans les régiments russes. Le prince Murat profitant de leur fluctuation, fit avancer par ses flancs les cuirassiers d'Hautpoul, qui enfoncèrent l'ennemi et le taillèrent en pièces. On sait que le maréchal Soult compléta le succès de la journée.

dans les reins, la serrant dans tous les fossés ou obstacles que le terrain présentait, et lui faisant éprouver une perte considérable en tués, blessés et prisonniers. Il en coûta à l'ennemi au moins deux cents hommes, beaucoup de chevaux de main et huit pièces d'artillerie, gagnées de vitesse et prises au défilé du bois, à gauche de Nangis et près de la Maison-Rouge. Nous fûmes obligés de nous arrêter sur ce point pour reformer les régiments et réunir les prisonniers. Cette affaire fit le plus grand honneur au 5ᵉ corps de cavalerie, et particulièrement à la division qui enfonça la cavalerie ennemie, et s'empara de plus de la moitié des pièces, trophées de la victoire. L'ardeur des troupes françaises était extrême; l'armée austro-russe perdit, dans cette journée, plus de six mille hommes, aux deux combats de Mormant et de Valjouan, qui nous rappelèrent encore les beaux jours de notre gloire passée.

Le chef d'escadron Roux, commandant le 3ᵉ de hussards, le major Muteau, commandant le 27ᵉ de chasseurs, les capitaines adjoints à l'état-major, Roucy et Thiéry, le lieutenant aide-de-camp, Guichen, se distinguèrent sous les yeux du général de division. Le général Subervic fit un grand éloge du chef d'escadron Arnaudet et du colonel Robert, commandant le 14ᵉ et le 26ᵉ de chasseurs, ainsi que de beaucoup d'autres officiers, sous-officiers et sol-

dats, pour lesquels on sollicita des récompenses [1].
— Le chef d'état-major reçut deux blessures légères. Le cheval qu'il montait eut le flanc percé d'une
balle.

L'empereur étant arrivé à Nangis, le 5e corps de
cavalerie a l'ordre de se porter rapidement sur
Montereau. Malgré sa lassitude et l'heure avancée,
la division hâte sa marche et arrive à Salins, où
elle trouve le duc de Bellune, auquel l'excessive
fatigue de ses troupes n'avait pas permis d'aller
plus loin [2].

Le 18, pendant la belle attaque de Montereau par

[1] Ne traçant que le journal historique d'une division, je n'ai pu rendre compte des beaux faits d'armes qui signalèrent les autres corps de
l'armée. Voyez les rapports, sur cette affaire, de MM. le duc de
Bellune, le comte de Valmy, le comte de Bordesoulle et le comte
Milhaud. (*Pièces officielles*, numéros 2, 3, 4 et 5.)

[2] Le maréchal Victor, après un combat qui avait duré jusqu'à trois
heures et dans lequel son infanterie avait été harassée, voulut cependant exécuter l'ordre qu'il venait de recevoir de se rendre à Montereau. Étant en marche, il rencontra l'ennemi en force, à Villeneuve-
le-Comte, le combattit et poussa son avant-garde jusqu'à Salins. Il
était nuit close; les généraux prévinrent le maréchal que les soldats
étaient exténués, et que, dans tout état de choses, on ne pourrait
arriver qu'à minuit devant Montereau : il fallut s'arrêter. L'empereur
chargea le prince de Wagram de réprimander le maréchal sur la non-
exécution de son ordre : le duc de Bellune qui considérait ce blâme
comme une injustice, écrivit au major-général en demandant à se
retirer dans ses foyers. Le lendemain 18, sur le champ de bataille de
Montereau et au commencement de l'affaire, le maréchal reçut la

le général comte Gérard, qui venait de prendre le commandement du 2ᵉ corps, la cavalerie légère reçut ordre de remonter la Seine vers Bray et de s'établir à Plessis, en face de cette ville. Mais à peine y était-elle, qu'on lui ordonna de rétrograder sur Montereau, où elle arriva le 19, à cinq heures du matin. Le pont n'étant pas réparé, la cavalerie ne passa la Seine qu'à dix heures. Les blessures du général Pajol s'étaient rouvertes; sa division, composée de détachements de cavalerie de toutes armes, ayant été dissoute, le général Ducoëtlosquet vint prendre le commandement de notre seconde brigade, en ramenant un renfort d'environ deux

---

réponse du prince de Wagram, qui lui annonçait que le comte Gérard le remplaçait dans le commandement en chef de son corps d'armée. Le maréchal s'était déjà mis en route, lorsqu'il apprit que le général Chataux, son gendre et son ami, venait d'être grièvement blessé. Le duc Bellune retournait sur ses pas pour se rendre près de lui, quand il rencontra l'empereur. — « Eh! bien, monsieur le Maréchal, dit Napoléon, vous voulez donc me quitter? — Non, Sire, j'ai suivi Votre Majesté dans toutes ses conquêtes, et ce n'est point au moment où elle défend la Seine que je témoignerai le désir de l'abandonner. Votre Majesté m'a vivement reproché de n'avoir pas fait une chose impossible, j'ai dû croire que mes services ne lui étaient plus agréables. — Allons, reprit l'empereur en souriant, je vois que c'est une boutade, cela se passera. Rendez-vous à Fontainebleau, vous y trouverez un corps de jeune garde qui s'y organise, et vous en prendrez le commandement. » Le maréchal rencontra en effet deux divisions sous les ordres des généraux Charpentier et Boyer de Rebeval, et le 7 mars il fut blessé glorieusement à leur tête, à la bataille de Craone.

cents chevaux aux divers régiments de la division.
Nous continuâmes notre marche forcée en remontant la rive gauche de la Seine, nous dépassâmes Bray, et on s'arrêta à Jaulnes. Pendant cette journée, la cavalerie légère n'eut connaissance de l'ennemi que par les ravages et les incendies dont il avait désolé toutes ces contrées.

Les succès de l'empereur sur la Marne, la défense des maréchaux sur la Seine, avec d'aussi faibles moyens, et, en dernier lieu, les victoires de Mormant et de Montereau avaient découragé les alliés. Ils ne comptaient plus venir à Paris, et l'armée austro-russe, évitant un engagement général, craignant de voir la population en armes sur ses derrières, se retirait vers Troyes, et ne songeait plus qu'à regagner le Rhin.

Le 20, nous poursuivîmes l'ennemi du côté de Troyes, et, traversant Nogent, nous prîmes position à Mornay. Pendant la marche, nous aperçûmes à notre droite une colonne de cavalerie ennemie, qui se retira devant nos éclaireurs.

Le 21, le 5ᵉ corps prit la direction de la vieille route de Troyes. La division éclaira la gauche jusqu'à la hauteur de Saint-Hilaire, sur la nouvelle route. Là, elle reçut ordre de se jeter dans la plaine et d'appuyer à droite vers Ocey-les-Trois-Maisons. Pendant ce temps, la brigade Lamothe de la division l'Héritier, rencontra l'ennemi, qui présentait en ligne quinze cents chevaux couverts par une forte avant-garde. Le 18ᵉ régiment de dragons, peu nombreux, n'ayant pas réussi dans sa première charge, le général Lamothe se place à la tête du 19ᵉ, commandé par le colonel Mermet. Ce régiment enfonce les Russes, les met dans le plus grand désordre, et les poursuit pendant une lieue. La 2ᵉ brigade de dragons et la cavalerie légère étant arrivées, assurèrent le résultat de cette charge, qui coûta aux ennemis cent cinquante cavaliers tués ou blessés sur le champ de bataille, et une centaine de prisonniers. Nos dragons n'eurent que quinze hommes hors de combat. On s'établit le soir à Ocey-les-trois-Maisons.

Le 22, le 5ᵉ corps de cavalerie continua sa marche; la division, qui formait l'avant-garde, fut arrêtée à la hauteur de Pavillon, par un corps de cavalerie russe de toutes armes, montant à trois mille chevaux, commandé par le comte Orlow Denisow. La division n'étant pas en état d'attaquer un corps aussi nombreux, se plaça sur la hauteur en observation, et manœuvra assez habilement, en attendant l'arrivée des deux divisions de dragons, pour éviter de laisser connaître sa faiblesse à l'ennemi, et de s'engager dans un combat qu'elle n'aurait pu soutenir. Les Russes avaient formé leur ligne dans la plaine et n'y faisaient aucun mouvement; le général Piré, s'apercevant que leur chef s'avançait seul, alla aussi seul à sa rencontre, et il s'établit entr'eux un de ces colloques, que la loyauté militaire se permet quelquefois, même au milieu des hostilités. Il apprit que le découragement existait dans l'armée des alliés; qu'ils avaient abandonné le projet de se porter sur la capitale, et que le moment était favorable pour traiter de la paix. Effectivement, la cavalerie légère, après l'arrivée du comte Milhaud, ayant passé la nuit à Pavillon, et s'étant montrée de bonne heure devant Troyes, n'y trouva déjà plus le corps russe de la veille, mais le régiment de hussards autrichiens de l'archiduc Joseph. La ville était fermée et gardée par de l'infanterie; il fallut s'arrêter. Cependant, au moment où on allait engager les tirailleurs avec les hussards autrichiens, le général qui commandait ces derniers s'avança, déclara que la paix avait été signée à Châtillon, et qu'il lui était défendu par son souverain de se battre contre les Français. A peine cette nouvelle se fut-elle répandue, qu'on ne put empêcher les hussards des deux partis de s'embrasser et de trinquer ensemble. On parvint pourtant à rétablir l'ordre. Peu de temps après, le prince Venceslas de Lichtenstein vint en parlementaire, porteur d'une lettre autographe de l'empereur François pour son gendre l'empereur Napoléon. Le prince parla avec tant de chaleur de l'importance de sa mission pour la France, en offrant d'ailleurs de

rester en ôtage à l'armée française tant qu'on voudrait l'y garder, que le général Piré prit sur lui de
l'envoyer au quartier-impérial en le faisant accompagner par son chef d'état-major.

Le colonel Pétiet parcourut dix lieues au galop
accompagné du prince autrichien avant d'atteindre
le quartier de l'empereur à Châtres. Napoléon était
dans ce bourg logé chez un charron. Le chef d'état-
major monte un escalier droit et à jour, semblable
à une échelle qui conduit au seul étage de la maison, situé au-dessus de la boutique. Le colonel
s'introduit dans une pièce où il aperçoit à droite
de la cheminée, l'empereur assis sur une chaise
de paille, en uniforme des chasseurs à cheval de
la garde, l'épée au côté et le chapeau sur la tête.
En face de Napoléon et à l'autre coin de la cheminée, le prince de Neufchâtel est debout et
découvert. Le front de Napoléon est plissé et ses
yeux lancent des éclairs. D'une voix stridente il
témoigne vivement son mécontentement au chef
d'état-major d'avoir fait traverser les rangs de l'armée française à un général ennemi; mais bientôt
cette humeur se calme, le prince Venceslas est
introduit; il remet sa dépêche, et s'il faut en croire
ce qu'il a dit depuis au colonel Pétiet, on posa les
bases d'un traité de paix, d'après lequel la France
conservait l'intégrité de son territoire, c'est-à-dire,
toute la rive gauche du Rhin, à l'exception de

Mayence. L'empereur insista, ajouta ce prince, pour la conservation de cette place, et ce fut avec cette réponse qu'il retourna au quartier-général des alliés.

Ces conditions étaient les mêmes que celles arrêtées antérieurement à Francfort, et Napoléon n'eut pas évité le reproche de n'avoir point accédé à des propositions aussi honorables, dans la fâcheuse position où nous avait réduit la faiblesse numérique des divers corps de l'armée; mais que voulaient les alliés? gagner du temps pour réunir leurs masses, profiter de notre enthousiasme excité par quelques victoires, afin d'arriver à leur but, la conquête de France, en laissant croire qu'ils voulaient immédiatement traiter; tandis que leur projet était arrêté de ne déposer les armes qu'à Paris. Le prince de Lichtenstein et peut-être même l'empereur d'Autriche étaient-ils dans l'erreur à ce sujet.

Le prince de Lichtenstein revint quelques jours après; de nouveaux succès de l'empereur lui firent rejeter toute espèce de transaction. Cependant le comte Flahaut, aide-de-camp de Napoléon, le comte Ducca, aide-de-camp de François, le comte Schouvalow, aide-de-champ d'Alexandre, et le général Rauch, chef du corps du génie du roi de Prusse, se réunirent à Lusigny pour arrêter les conditions d'une suspension d'armes; mais après la seconde mission du prince Venceslas, au quartier impérial français, les commissaires se séparèrent sans s'être entendus sur aucun article.

Dans la soirée, le 5ᵉ corps reçut l'ordre de prendre position à l'Épinne, et il y rencontra une division de cuirassiers autrichiens. La cavalerie légère engagea sur-le-champ le combat ; les cuirassiers, arrêtés par un ravin, eurent beaucoup à souffrir de la vivacité de notre attaque. La nuit étant survenue, l'ennemi en profita pour se retirer, en prenant la direction de Bar-sur-Seine.

Le 24, le 5ᵉ corps de cavalerie, sous les ordres du duc de Tarente et formant son avant-garde, prit la route de Bar-sur-Seine. Il rencontra à la hauteur de Saint-Parre douze cents Autrichiens faits prisonniers par le comte de Valmy, qui nous avait précédés. Nos marchâmes jusqu'à Fouchères sans pouvoir atteindre l'ennemi ; la division s'arrêta dans ce village jusqu'au lendemain.

Le 25, en entrant dans Bar-sur-Seine, nous rencontrâmes une arrière-garde de Cosaques que nos éclaireurs chassèrent. On la poussa du côté de Chatillon et d'Essoyes, en lui mettant bon nombre d'hommes hors de combat. On s'établit le soir à Loches [1].

---

[1] C'est surtout dans cette petite ville que s'est manifestée la haine la plus forte contre l'étranger. Je vais en donner une preuve : A peine

Le 26 , la cavalerie légère et une brigade de la division Brayer se porte à Fontette , observant le chemin qui traverse la forêt de Clairvaux , pour se rendre à La Ferté. L'ennemi couvre le défilé par une grand'garde de deux cents hommes. La division Briche se place à Essoyes , la division l'Héritier sur la route de Chatillon à Mussy, le général Albert à Mussy-l'Évêque, quartier du maréchal Macdonald, commandant en chef. Le parc d'artillerie reste provisoirement à Bar.

Le 27 , les Russes présentent environ six cents chevaux, qui sans doute venaient nous reconnaître. Au même instant, le général Piré, ayant reçu l'avis que l'armée se portait en avant, fait attaquer les six cents chevaux ennemis par sa cavalerie légère , et ils sont enfoncés et culbutés dans la forêt de Clairvaux. En débouchant sur les hauteurs qui couronnent La Ferté-sur-Aube, nous avions déjà fait souffrir à l'ennemi une perte de cent soixante hommes tués , blessés ou prisonniers : affaire bril-

---

étions-nous livrés au repos, qu'une femme d'une mise assez soignée vient nous demander un asile. Cette femme encore jeune et dont la figure exprimait la douceur, nous dit : « Je ne possédais pour tout « bien qu'une maison située à une lieue d'ici ; on y a logé soixante « Cosaques ; au moment où ils venaient de s'endormir, après s'être « enivrés, mon domestique et moi, nous avons incendié ma maison ; « j'ai tout perdu, mais j'ai la satisfaction d'avoir délivré la France de « soixante ennemis ! »

lante, où le 5e régiment de hussards se distingua particulièrement. Nous trouvons l'arrière-garde ennemie en bataille devant La Ferté, et l'armée du prince de Schwartzenberg, formée en plusieurs lignes sur la rive droite de l'Aube. La division Briche et l'infanterie du général Brayer étant arrivées, une forte canonnade s'engage. L'arrière-garde des alliés tient obstinément pendant deux heures, quoique l'avantage de la position soit pour nous et que, placée dans un fond, elle perde à chaque instant des hommes et des chevaux enlevés par nos boulets. Enfin, elle est rejetée dans La Ferté, et, à onze heures du soir, après une fusillade bien nourrie, on parvient à l'en chasser entièrement. La cavalerie légère, qui avait pris une belle part à la gloire de cette journée, occupa Villars, et se garda avec précaution pendant la nuit.

L'empereur venait d'apprendre que le corps de Blücher se séparait encore des Austro-Russes, pour se porter sur la Marne, et menacer de nouveau la capitale. Perdant alors l'espoir de faire accepter la bataille au prince de Schwartzenberg, il laissa pour l'observer les maréchaux ducs de Tarente et de Reggio, et le comte Gérard, avec les corps de cavalerie des généraux Saint-Germain, Kellermann et Milhaud, et poursuivit le feld-maréchal Blücher avec les autres troupes disponibles. Aussitôt que Schwartzenberg fut informé de la diminution de nos forces et de l'absence du grand capitaine, dont il redoutait les talents et la fortune, il arrêta son mouvement de retraite, et se disposa à prendre l'offensive. Il réunit cinquante mille hommes le 27 février, et chassa de ses positions le duc de Reggio, qui voulut se défendre malgré la disproportion de ses troupes. Pendant ce temps, le général de Wrede avait attaqué à Bar inutilement le comte Gérard ; prévenu du mouvement rétrograde des corps d'armée qui le flanquaient, ce dernier prit aussi le parti de se retirer.

Le 28, notre avant-garde, composée des chasseurs et hussards, des dragons du général Briche et de l'infanterie du général Brayer, se forma sur les hauteurs qui couronnent La Ferté, occupant par des détachements le pont à moitié détruit de cette ville et celui de Silvarouvre. Il n'y eut aucun mouvement de part et d'autre jusqu'à dix heures, que les alliés mirent leurs masses en mouvement. Une colonne de cavalerie austro-russe ayant forcé le passage du pont de Silvarouvre, et nous canonnant déjà en flanc, le comte Milhaud se douta qu'il était également tourné par Clairvaux sur sa gauche, et sentit l'impossibilité de lutter avec avantage contre un ennemi aussi nombreux. En conséquence, il se décide à repasser le défilé de la forêt de Clairvaux, défilé extrêmement dangereux dans sa position, et qu'il n'a le bonheur de traverser sans perte, que pour avoir fait ses dispositions de retraite assez à temps. Arrivés à Fontette, nous y trouvons le duc de Tarente; pressé lui-même par les troupes de l'ennemi qui débouchaient par Saint-Usage et Noë, après leur succès contre le duc de Reggio vers Bar-sur-Aube, il était dans la plus grande inquiétude sur notre compte. La cavalerie légère occupa Fontette jusqu'à minuit avec la division Brayer. L'ennemi, quoiqu'en nombre très supérieur, ne chercha point à nous en déloger.

Le 1er mars, avant le jour, on rétrograde vers Bar-sur-Seine; la cavalerie ne l'occupe que quelques heures. Le général Brayer n'en sort qu'à la nuit, et plutôt pour suivre le mouvement général que contraint par l'ennemi. Il y eut néanmoins un combat, mais pas aussi considérable que le prince de Schwartzenberg l'a rapporté. Le général Brayer fit éprouver aux alliés une perte de deux ou trois cents hommes; la sienne ne s'éleva pas au-delà d'une vingtaine de combattants. Nous reprîmes la grande route de Troyes. Le 5e corps de cavalerie, exténué de fatigue, passa la nuit à Rumilly, laissant des postes d'observation à Virey, en face des grands' gardes ennemies.

Bar est situé dans un défilé: nous n'étions pas assez nombreux pour garnir les montagnes qui dominent cette ville. Sans la fatigue des troupes, le duc de Tarente aurait pu se rendre de Bar à Van-

dœuvres ; mais la route de Chatillon restait dégar-
nie, et l'ennemi serait arrivé sans obstacle sur
Troyes par la gauche de la Seine. Le 2, on prit
position à Chappes, en avant de Saint-Parre, des
détachements de cavalerie wurtembourgeoise firent
des reconnaissances, mais sans nous attaquer.

Le 3, le duc de Reggio et le général Gérard ayant
été forcés sur la route de Vandœuvres, et se trouvant acculés sur Troyes, le maréchal Macdonald se
vit dans l'obligation de se retirer en toute hâte vers
cette place. Nous bivouaquons avec l'infanterie du
11e corps au village de Veipoce.

L'armée de Blücher, poussée en queue et en flanc
par les ducs de Trévise et de Raguse, et par Napoléon, se repliait de la Marne sur l'Aisne, tandisque
l'armée de Schwartzenberg continuait son mouvement offensif contre les troupes aux ordres du duc
de Tarente. Ce maréchal, qui n'avait pas plus de
vingt mille combattants, et qui était obligé de
lutter contre un ennemi présentant plus de quatre-vingt mille hommes, s'était retiré sur la Barce.
Le maréchal Macdonald ne pouvant espérer avec
aussi peu de monde de tenir sur la rive droite de la
Seine, passa cette rivière et évacua la ville de
Troyes. L'habileté des manœuvres de l'empereur,
depuis qu'il avait repris le commandement, sup-
pléait au petit nombre de ses soldats qui signalaient
chaque marche par une victoire. Malheureusement

une circonstance imprévue vint déranger un plan si bien concerté. L'officier-général qui commandait à Soissons, rendit le 2 mars cette place aux alliés. Blücher, dont les troupes en désordre étaient chassées par les Français, se retira sur Soissons, et, trouvant un asile derrière l'Aisne, il fit sa jonction avec Woronzow, Wintzingerode et Bulow. Le général prussien, près de mettre bas les armes, se vit donc par cet événement, de vaincu qu'il était, en état de combattre avec avantage.

Le 4, le corps de cavalerie du comte Milhaud prit position à Ocey-les-trois-Maisons, gardant la vieille route de Troyes à Sens, après avoir tourné cette première ville. Une batterie d'obusiers ennemis tirant déjà sur Troyes, et le maréchal Macdonald, voulant sauver cette place d'un incendie, autorisa le comte Gérard à demander un délai pour l'évacuation. Les alliés n'accordèrent qu'une heure, et usèrent sans ménagement de leurs avantages, en se livrant pendant deux jours à toutes sortes d'excès [1].

Le 5, le mouvement rétrograde continua ; mais, l'ennemi ne nous suivant point en force, le 5e corps de cavalerie, qui faisait l'arrière-garde, s'établit à Saint-Aubin, Paraclez et Quinsenay, la cavalerie légère à Longperthe. Les deux divisions de dragons

---

[1] Mémoires de M. Kock sur la campagne de 1814, 2e volume, 1re partie.

réunies formant encore deux mille cinq cents combattants, et la cavalerie légère étant réduite à six cents chevaux, la brigade Ludot de la division Briche fut mise plusieurs fois à la disposition du général Piré aux avant-postes.

Le 6, l'ennemi montre environ deux mille chevaux, du canon et quelques bataillons de chasseurs. L'intention du duc de Tarente n'étant pas de livrer combat sur la rive gauche de la Seine, nous rentrons dans Nogent; qu'on occupe encore tout le jour. Les alliés font des dispositions d'attaque; la place, n'offrant pas de moyens de défense, est évacuée dans la nuit, et le pont rompu.

Le 7, nous reprenons notre ancienne position à Plessis-Mériot, ayant le corps de cavalerie Saint-Germain sur notre gauche à Chalautre et Saint-Nicolas. L'ennemi prend poste à Nogent.

Le maréchal Macdonald, qui avoit fait établir des batteries sur la rive droite devant Bray, conserva le pont, après s'être assuré les moyens de le détruire si cela était nécessaire. Le 8, les alliés paraissant faire des préparatifs de passage en cet endroit, un mouvement de concentration du 5ᵉ corps de cavalerie eut lieu en face de Bray, et la division prit position à Tachy, où elle séjourna jusqu'au 12, fournissant quelques partis pour observer la Seine. Ce repos donné à la cavalerie, qui en avait le plus grand besoin, la disposa à continuer la campagne avec une nouvelle ardeur.

Napoléon venait de battre de nouveau Blücher dans les plaines de Craone. Nos troupes avaient repris Soissons; mais l'empereur, avec sa petite armée, ayant voulu forcer de front la position de Laon, et le duc de Raguse ayant éprouvé un revers à Athies, l'empereur exécuta sa retraite sur Soissons. L'ennemi, dans ces diverses journées, perdit plus de monde que nous; mais rien ne pouvait remplacer, dans la situation où nous étions, les vieux soldats que le feu de l'ennemi nous enlevait.

Reconnaissance sur Sezanne, le 14.

Pendant ce temps, les rapports, parvenus à M. le maréchal duc de Tarente, annonçaient que Wittgenstein et Wrede étaient encore à Pont-sur-Seine et Nogent, attendant les équipages de pont et des convois de vivres pour passer la Seine. Le maréchal, voulant s'assurer de la force et des projets de l'ennemi, ordonna le 13 une reconnaissance sur Villenoxe, par le comte de Saint-Germain, et une autre sur Sézanne, par le comte Treillard. Cette dernière se composa de la division de cavalerie légère et de la division de dragons du général

Treillard, appuyée de quelques bataillons d'infanterie du général Leval. La cavalerie légère quitta
ses cantonnements, près Tachy, et passa la nuit à
Bazot-Saint-Georges. Le 14, s'étant réunie à la hauteur d'Escarbes aux troupes sous les ordres du
comte Treillard, on s'avança sur la grande route
de Courgivaux à Sézanne. Nous ne dépassâmes pas
Chatillon sans rencontrer l'ennemi, et ses avant-
postes s'étant ralliés se retirèrent lentement devant nous. Le général Treillard, qui n'avait pas
l'ordre d'attaquer à fond, s'échelonna, et le général
Piré s'approcha de Sézanne avec sa cavalerie pour
vérifier ce qui s'y trouvait. Quoique l'ennemi eût
plus de quatre mille chevaux, c'est-à-dire, le corps
presqu'entier de Platow, commandé par un de ses
lieutenants, il ne voulut pas tenir en avant de la
ville, s'attendant sans doute à un grand mouvement
d'armée contre le point qu'il occupait. Sur ces entrefaites le maire de Sézanne vint au milieu de nous,
et nous donna tous les détails que nous pûmes désirer. La perte de l'arrière-garde russe, que nous
avions poussée devant Sézanne, était d'une trentaine d'hommes tués ou blessés ; parmi ces derniers
se trouvait un colonel qui ne survécut pas longtemps
à sa blessure. Au bout de deux heures tous les postes
et patrouilles ennemis étant rentrés, le commandant s'aperçut qu'il n'avait affaire qu'à une forte
reconnaissance, et profita de le détermination que le

général Treillard avait prise de ne pas se retirer,
quoiqu'il eût déjà rempli le but qu'il s'était proposé.
En conséquence, rompant ses lignes, et les formant
en colonnes, il tourna rapidement Sézanne par ses
flancs, sans entrer dans la ville, et vint nous attaquer sur les hauteurs. La division, ne pouvant soutenir le choc de forces aussi considérables, se rallia
pour se replier sur les dragons qui étaient restés en
bataille à une lieue en arrière ; mais serrée vivement au défilé de Mœurs, elle ne pût en effectuer
le passage sans perdre quelques hommes de ses
pelotons d'arrière-garde, que les cosaques pourtant
n'abordèrent qu'en éprouvant la valeur de ces vieux
soldats de l'armée d'Espagne. La retraite s'exécuta
ensuite en bon ordre devant les quatre mille chevaux russes, sans qu'ils pussent nous entamer, jusqu'à Chatillon où ils cessèrent de nous suivre. La
cavalerie légère revint prendre position à Bazot-
Saint-Georges.

Les alliés jetèrent trois ponts sur la Seine, dans
la nuit du 13 au 14, et défilèrent à Pont-sur-Seine et
au-dessus, pendant plusieurs heures. Le duc de Tarente ordonne la réunion de ses troupes, pour marcher à l'ennemi avec douze mille hommes de toute
arme. Le 15, nous nous dirigeons vers Provins ; la
division, en arrivant à Saint-Martin, où elle avait
passé l'avant-veille, trouve ce village occupé par un
pulk de cosaques, qui y étaient venus pendant la nuit.

Nous pouvions les surprendre tous ; mais notre avant-garde leur ayant imprudemment donné l'éveil en les attaquant trop tôt, ils eurent le temps de se sauver au galop sur la route, dans la direction de Villenoxe. Nous leur faisons cependant une quarantaine de prisonniers. Ces cosaques étaient chargés d'or, fruit de leurs rapines dans la campagne de France. En revenant, ainsi qu'on en avait reçu l'ordre, nous faillîmes, vers une heure après-midi, être victimes d'une de ces méprises, qui n'ont guère d'exemples sur un champ de bataille, qu'au milieu de la nuit. Un bataillon de la jeune garde qui occupait Fontenai, était depuis le matin sous les armes, parce qu'il avait aperçu les reconnaissances des cosaques que nous venions de chasser de Saint-Martin. Nous voyant déboucher du même point, ce bataillon nous prend pour l'ennemi, et nous essuyons une fusillade très vive, malgré tous nos signaux. Nous sommes forcés de nous porter en arrière, et nous avons beaucoup de peine à faire cesser le feu. La division s'établit à Lubois.

Le 16, l'armée austro-russe, par une avant-garde de quatorze mille hommes, avait prévenu le duc de Tarente au moment où il allait se porter sur Saint-Martin de Chenestron ; l'action s'engage, et nous ne perdons d'abord qu'un peu de terrain à notre gauche, conservant notre droite à l'Échelle ; mais l'ennemi nous déborde et occupe Lahous-

saie , Saint-Martin-des-Champs et l'Échelle. La cavalerie légère bivouaque avec l'infanterie du 11e
corps à Provins.

Le 17 , l'ennemi resta en présence , et ne fit aucune démonstration. Le général Kellermann, malade , quitta l'armée ; le comte Milhaud eut le commandement en chef des trois corps de cavalerie, réunis à la gauche de la ligne du maréchal. La division
prit poste à Rouilly.

Le lendemain , les trois corps de cavalerie se
portent sur Saint-Martin de Chenestron , éclairant
les routes de Laferté-Gaucher et de Sézanne. Le
comte Milhaud apprend des habitants que l'infanterie ennemie avait rétrogradé le 17 et le 18 , se
dirigeant vers Villenoxe et Courtavent. Le maréchal se dispose à suivre les traces des alliés , leur
retraite inopinée lui annonçant de nouveaux succès
de l'empereur.

En effet, après avoir chassé de Reims le corps
de Saint-Priest , débloqué Épernay, vaillamment
défendu par soixante gardes nationaux , qui résis-
tèrent à à toutes les sommations, Napoléon marcha
en deux colonnes d'Épernay sur Troyes, pour exécuter sa jonction avec les troupes de Macdonald. Le
mouvement de l'empereur fut marqué par les combats de Plancy et de Mery (les 18 et 19,) qui mirent
en notre pouvoir un grand nombre de prisonniers
et un équipage de treize pontons.

Le 18 au soir, le maréchal duc de Tarente est informé que Napoléon se dirige vers Arcis-sur-Aube, et il se met en marche le lendemain sur Villenoxe pour le rejoindre. La cavalerie légère, après avoir traversé Saint-Martin de Chenestron, arrive à Villenoxe évacué par l'ennemi, et envoie quelques reconnaissances vers Pont-sur-Seine. Nous apprenons que les alliés y ont passé la rivière, et que vraisemblablement il ne leur reste plus que des partis sur la rive droite, puisqu'ils viennent de détruire le pont qu'ils y avaient eux-mêmes jeté. Le général Subervic fait savoir de Conflans au maréchal Macdonald, que l'empereur est à Plancy, et le comte Gérard lui mande de Nogent que le gros de l'armée ennemie se retire sur Troyes.

Le 20, la division formant la tête de colonne de l'armée du duc de Tarente, continue à remonter la rive droite de l'Aube, et, traversant Anglure, elle va s'établir à Plancy avec une brigade de dragons.

Le 21, à sept heures du matin, la division se réunit à Arcis aux troupes qui avaient accompagné l'empereur. Elle traverse rapidement le pont, et se forme sur les hauteurs en avant et à gauche de la ville. Nous découvrons une ligne d'une cinquantaine d'escadrons, appuyée par plusieurs batteries. En arrière, on voit distinctement des masses de la grande armée alliée. D'après les dispositions que Napoléon paraît prendre, tout indique une bataille générale, aussitôt que l'infanterie du maréchal Macdonald sera arrivée. Mais l'empereur, qui, depuis la veille à la bataille d'Arcis-sur-Aube, a, malgré sa victoire, reconnu la supériorité des alliés sur le peu de forces qui lui reste, se décide tout-à-coup en parcourant notre front, à évacuer Arcis et à se porter sur les derrières de l'ennemi. Les documents historiques déjà publiés ont prouvé que cette manœuvre, qui a été si fatale aux troupes françaises, aurait cependant eu pour résultat d'éloigner les alliés de Paris et de les rejeter sur le Rhin, si la dépêche qui en informait l'impératrice n'était pas tombée dans les mains de l'ennemi. Cette dépêche fut interceptée au moment où les souverains, dans un grand conseil, avaient déjà projeté de se retirer sur les frontières de la Suisse et de l'Allemagne. La lettre, et plus encore peut-être les renseignements qui leur furent donnés (si l'on en croit quelques écrivains) par un personnage célèbre, alors retiré des affaires, leur firent changer de résolution et les déterminèrent à marcher sur la capitale. Quoiqu'il en soit, l'armée française ayant pris la route de Vitry, le 5e corps de cavalerie suivit également cette direction, et acheva cette pénible journée, en s'établissant à Métiercelin, dont les habitants montraient beaucoup de zèle pour la défense commune.

Le 22, le 5e corps de cavalerie se met en marche à six heures du matin, et reprenant le chemin de

Vitry, se dirige vers cette place. En arrivant sur la Marne, nous trouvons l'empereur qui nous avait précédés avec une partie de sa garde. Il ordonne au comte Milhaud de passer la rivière à gué, de se mettre en bataille avec ses dragons vis-à-vis de Vitry, qui était occupé par une garnison russe, de sommer le gouverneur de se rendre, en le prévenant que s'il s'y refusait, il serait enlevé de vive force. Ce gouverneur ne se laissa pas intimider. Cependant les colonnes de l'armée arrivaient successivement ; Napoléon fait appeler le général Piré, lui dit de joindre à sa division une brigade de dragons et une demi-batterie d'artillerie légère, puis, malgré l'heure avancée et la longueur du chemin, de se rendre avant la nuit à Saint-Dizier, de s'emparer de cette ville et d'en chasser l'ennemi qui y avait établi un grand dépôt. L'empereur prévient en même temps le général Piré que la cavalerie sous ses ordres formera la tête de colonne, et qu'il sera immédiatement soutenu par les généraux Defrance et Saint-Germain.

Surprise de Saint-Dizier.

La division passe le gué de la Marne, se jette sur la grande route de Vitry à Saint-Dizier, et marche avec célérité sur cette dernière ville. Un officier d'état-major, qui nous rejoint à quelque distance, arrête la brigade Ludot par ordre supérieur. Nous regrettons beaucoup les deux braves régiments qu'on nous ôte ; mais nous continuons notre entreprise avec la même ardeur et la même confiance. Les renseignements que nous recueillons en route et particulièrement à Perthe, nous font connaître que l'on ne nous attendait pas à Saint-Dizier, et que nous avons toute certitude d'y surprendre l'ennemi. Un bataillon russe et un bataillon prussien, appuyés d'un certain nombre de cosaques composaient la garnison de la ville. Un équipage de pont du général russe comte de Langeron venait d'en partir pour Joinville, et tous les débouchés de Saint-Dizier étaient encombrés de voitures russes, de vivres et de bagages. Le général Piré, qui connaissait bien les localités, se décide à risquer une charge dans la ville ; il en fait prévenir le général Defrance, et l'avertit qu'environ deux cents chevaux d'attelage ou de cosaques sont occupés à fourrager sans aucune précaution à Haute-Fontaine et Ambrière-sur-Marne, villages à une demi-lieue à droite de la route. Il l'engage à couper leur retraite sur Saint-Dizier, et à tâcher de s'en rendre maître. La charge s'exécute avec succès dans la ville, aux acclamations des habitants ; les deux bataillons ennemis attaqués au moment où ils essaient de se former, sont entièrement sabrés ou pris, et on s'empare de deux à trois cents voitures. Le colonel Lebailly, commandant la place pour les Prussiens, reste au nombre des morts. Son adjudant et le commissaire des guerre sont faits prisonniers : nous prenons encore neuf cents hommes, trois cents chevaux et les magasins. La division poursuit les Cosaques dans la direction de Ligny et de Joinville. On atteint aussi quelques fuyards ainsi que l'équipage de pont. Le général Subervie s'empare, sur la route de Joinville, de six charrettes chargées de pain. Les paysans, qui avaient beaucoup souffert des excès de l'ennemi, arrivèrent en foule, firent des prisonniers et se jetèrent sur les bagages et l'équipage de pont qu'ils pillèrent et brûlèrent avant qu'on pût y mettre ordre. D'un autre côté, le général Defrance avait fait de si bonnes dispositions, qu'il enleva les deux cents fourrageurs ennemis. Le général comte Saint-Germain s'était arrêté à Perthe. Les généraux Piré et Defrance, avec leur cavalerie, occupèrent Saint-Dizier en se gardant sur tous les points, la campagne étant remplie des partis de l'armée alliée. Les habitants de Saint-Dizier nous reçurent avec la plus vive allégresse, et s'empressèrent de donner à nos troupes tous les secours et vivres qui leur furent nécessaires.

L'empereur, dont le quartier-général était à Frignicourt, ayant reçu le rapport de cette affaire, en fait témoigner sa satisfaction par le major-général.

Il détache aussitôt la division du 5e corps de cavalerie ; informe le général Piré des mouvements de
troupes qu'il projette pour les jours suivants, et lui
enjoint de marcher sur Joinville et de jeter des partis sur la route de la Lorraine et de Chaumont.
Nous sommes chargés de détruire les nombreux
dépôts de l'ennemi établis dans ces diverses
contrées et surtout d'intercepter ses communications ; c'était la conséquence de la marche qu'on
venait de faire et qui avait coupé sa ligne d'opération.

La division ne comptait plus que quatre cent cinquante chevaux fatigués par une campagne fort
active. Nous ferons connaître comment elle exécuta
ces instructions avec si peu de monde.

Le 23, à six heures du matin, on rallie les régiments ; nous suivons le chemin de Joinville. Nous
y arrivons sans obstacle. L'officier autrichien qui
commandait cette place s'enfuit à notre approche
avec une soixantaine de cavaliers, mais si précipitamment, qu'il n'a pas le temps de faire prévenir
un détachement de quatre-vingt gardes-du-corps
prussiens, cantonnés au village de Mathons, à deux
lieues de la ville. Ces jeunes gentilshommes arrivaient de Prusse pour rejoindre leur armée. Un
parti des 5e de hussards et 26e de chasseurs, commandé par le colonel Robert, se porte sur le champ
vers le point indiqué. Les Prussiens, dans la plus

parfaite sécurité, sont pris dans les diverses maisons du village, sans faire aucune résistance. Ame-
nés à Joinville, cent chevaux de race sont répartis
dans la division, et cette remonte double le prix de
notre succès. Le général comte de Saint-Germain,
qui nous avait suivi, s'était posté avec son corps de
cavalerie à Eurville. Vingt-cinq hommes de la
garde nationale conduisirent les prisonniers à
Saint-Dizier. Dans la nuit nous reçûmes l'ordre de
revenir sur Doulevent et d'y précéder l'armée qui
devait s'y rendre dans la journée du 24.

Nous marchons jusqu'à la hauteur de Courcelle,
sans avoir de nouvelles de l'ennemi. Notre escadron
d'avant-garde l'ayant rencontré sur le chemin de
Doulevent, prend une centaine de Bavarois, des
officiers supérieurs, des voitures richement chargées et quelques beaux chevaux de main. Ce détachement bavarois se rendait au dépôt général des
alliés à Nancy. Les habitants de Doulevent nous indiquent les établissements de l'ennemi, et nous
préviennent que nous pourrons lui faire beaucoup
de mal, parce qu'il ne soupçonne pas notre présence. On nous informe qu'il a un grand dépôt à
Chaumont ; que quatre cent cinquante voitures de
vivres et de fourrages sont réunies à Colombé-les-
deux-Eglises, sur le chemin de Bar-sur Aube à Chaumont ; enfin, que des officiers d'état-major vraisemblablement blessés ou malades, se trouvent avec

leurs chevaux de main, et leurs équipages dans les
villages sur la route de Doulevent à Bar-sur-Aube,
et dans la vallée de Cirey. Nous envoyons aussitôt
des patrouilles dans ces directions, et le grand
quartier-général étant arrivé à Doulevent, la division se place à Daillencourt, en passant par Cirey.
Les éclaireurs rentrent en ramenant des prisonniers,
des chevaux et des voitures. Un grand nombre de
lettres particulières de l'ennemi tombent en nos
mains, et nous font connaître combien les étrangers sont irrités contre la France, et surtout contre
Napoléon.

Le 25, tandis que la division Henrion, de la jeune
garde, occupait Bar-sur-Aube, nous nous séparons
de nouveau de l'armée, qui rétrogradait sur Saint-
Dizier. L'empereur, avec le peu de forces qui lui restait, avait espéré éloigner de la capitale le théâtre
de la guerre, en donnant de l'inquiétude aux alliés
sur leurs communications avec le Rhin. Ceux-ci
n'avaient fait suivre l'armée française que par le
corps de Wintzingerode, et s'étaient dirigés en
masse vers Paris. D'après les dispositions de Napoléon, les maréchaux ducs de Trévise et de Raguse,
placés sur la Marne, devaient venir nous joindre
avec leurs troupes à Saint-Dizier ; mais ils rencon-
trèrent l'ennemi en force supérieure, qui les fit
replier avec perte sur la capitale. Les rapports des
prisonniers ayant fait soupçonner à l'empereur le

véritable mouvement des alliés, il rétrograda pour
s'en assurer, et poussa une forte reconnaissance sur
Saint-Dizier.

Pendant ce temps, la division de cavalerie légère prend la route de Chaumont par Colombé-les-
Deux-Églises. Nous nous emparons, chemin faisant,
d'une soixantaine de fourrageurs, parmi lesquels se
trouvent des officiers russes. Nous apprenons que
l'ennemi a occupé Vignory la veille avec cinq cents
chevaux qui en sont partis le matin pour se retirer
à Chaumont. La plus grande confusion régnait dans
cette dernière place depuis vingt-quatre heures;
à la nouvelle de notre approche, on s'était hâté
d'évacuer sur Langres les troupes et le matériel. Ces
détails nous furent confirmés à notre arrivée à Ju-
zennecourt par un postillon de Chaumont, expédié
à cette poste comme estafette avec le paquet de la
correspondance des alliés. Le général de division
envoya ce paquet par un aide-de-camp au major-
général. Nous entrâmes à Chaumont, qui ne nous fut
point disputé. Une de nos reconnaissances dirigée
sur Langres rendit compte que l'ennemi s'y retran-
chait et qu'il y réunissait quelques troupes. L'empereur d'Autriche avait quitté Bar la veille, peu de
temps avant l'arrivée des Français, et s'était rendu
à Dijon. Les autres patrouilles rapportèrent que
l'esprit du pays était excellent, qu'elles avaient été
reçues partout avec enthousiasme, qu'on leur don-

nait avec empressement tous les renseignements possibles, et que les habitants, indignés de l'oppression des troupes étrangères, demandaient des armes et voulaient combattre avec nous.

La journée du 26 est employée à envoyer des partis et des estafettes sur tous les points. Le bruit de notre arrivée s'étant rapidement répandu dans le pays, les maires des communes les plus rapprochées s'empressent de nous adresser des courriers, pour nous faire part des bonnes dispositions des habitants. Ils nous offrent leurs services et sollicitent leur armement, afin de chasser les alliés dont la conduite, dans cette partie de la France, a exaspéré tous les esprits. On envoie ces renseignements au quartier-impérial, en même temps qu'un nouveau paquet de la correspondance de l'ennemi. Le maître de poste de Clemont, qui nous l'apporte, nous remet aussi une circulaire de M. le comte d'Alopéus, gouverneur de la Lorraine pour les Russes. Cette circulaire prescrit aux maîtres de poste sur la ligne, de tenir prêts vingt chevaux pour le passage de personnages importants, qui doivent partir de Nancy le 26 au matin, pour se rendre près des souverains alliés.

Pendant que nous cherchions à deviner quels pouvaient être *ces personnages importants*, et qu'on se perdait en conjectures, un exprès de Neufchâteau nous instruisit que les voyageurs venaient d'y arriver; c'étaient des agens diplomatiques, et on tâchait par toutes sortes de moyens, de leur cacher notre présence à Chaumont. L'exprès ajouta que leur intention étant de partir le lendemain pour cette ville, ils ne pouvaient manquer d'être pris. D'après ces renseignements, un détachement du 27ᵉ de chasseurs se mit en marche par la traverse pour se rendre à Prey, en laissant Andelot sur la gauche. L'officier avait l'ordre le plus formel de veiller à la sûreté des voyageurs, et de les amener le plus promptement possible au quartier-général de la division ; mais déjà une troupe nombreuse de paysans, armés pour la défense de leur territoire, s'était réunie à Morvilliers et s'y était placée en embuscade. Le corps diplomatique parti de Neufchâteau sans aucune défiance le 27 dans la matinée, et occupant cinq voitures, dont deux à six chevaux, fut arrêté par ce rassemblement, en entrant à Morvilliers. Il y eut d'abord un grand tumulte ; cependant le convoi se mit en marche pour Chaumont, sans avoir éprouvé aucun mauvais traitement. Le détachement de chasseurs qui se trouvait à Prey, le prit sous son escorte, et il entra à Chaumont à huit heures du soir. Ces agens diplomatiques, accompagnés d'une douzaine de domestiques, étaient au nombre de huit, savoir : pour l'Autriche, M. le baron de Wessemberg, ministre plénipotentiaire à Londres, et M. le comte de Palfi, secrétaire d'ambassade, arrivant tous les deux d'Angleterre; pour la Suède, M. le lieutenant-général de Skiœldebrand, porteur d'une lettre autographe du prince royal de Suède pour l'empereur Alexandre; un ministre du roi de Prusse venant de Francfort; deux officiers de la garde impériale russe porteurs de dépêches de Saint-Pétersbourg, et deux autres envoyés ou secrétaires d'ambassade des cours allemandes.

Le baron de Vitrolles, envoyé du comte d'Artois, se trouvait avec les ambassadeurs; sa présence d'esprit le fit sortir d'une position qui aurait pu avoir pour lui les suites les plus funestes. Redoutant d'être reconnu, il conçut le projet, qu'il exécuta à la tombée de la nuit, de se revêtir d'une des capotes de livrée de l'ambassadeur d'Autriche, et il put sur la route et sans se faire remarquer du groupe nombreux et tumultueux qui entourait les voitures, lacérer successivement les papiers qui pouvaient le compromettre. A Chaumont, placé au milieu des domestiques, le baron de Vitrolles fit partie d'une troupe de prisonniers dont il s'évada le lendemain.

Les ambassadeurs remettent les portefeuilles contenant leurs dépêches et instructions au général Piré qui les confie à son chef d'état-major pour les porter à l'empereur. Le corps diplomatique se place sur un grand char-à-bancs qui avait amené les domestiques. Attelée de quatre chevaux de poste, escortée par cinquante hussards, la voiture part vers onze heures du soir pour Saint-Dizier; à Joinville, le détachement est relevé par une escorte de gardes d'honneur. Le lendemain 28 à neuf heures du matin, les postillons s'étaient arrêtés au pont de Saint-Didier sur lequel passait un long convoi d'artillerie, le colonel Pétiet leur prescrit de prendre le gué le long du pont; ils venaient d'obéir, quand une petite roue de la voiture se détache et tombe dans la rivière. De l'autre côté de ce pont se trouvait la maison occupée par l'empereur qui, en ce moment, la lorgnette à la main, placé à une fenêtre, voyait défiler le convoi d'artillerie; les uniformes étrangers dans une voiture de poste engagée dans la rivière, frappent naturellement ses regards. Napoléon donne aussitôt l'ordre de débarrasser le pont, et le colonel Petiet livre les prisonniers et leurs portefeuilles à l'empereur au moment où l'armée était déjà en marche pour revenir à Paris par Bar-sur-Aube et Troyes.

Il paraît que Napoléon trouva des renseignements très précieux dans les papiers des agents diplomatiques. Il en parla plusieurs fois avec vivacité, soit au prince de Wagram, soit au duc de Bassano, et il s'empressa de faire repartir le baron de Wessemberg, en le chargeant pour l'empereur François, d'une lettre, dont il espérait le résultat le plus avantageux.

Pendant les journées des 25, 26 et 27, que la division passa à Chaumont, le terrain, à quinze lieues à la ronde, avait été parcouru et occupé par nos hussards et chasseurs. De nombreux équipages appartenant à des généraux russes et autrichiens avaient été saisis. Des correspondances s'étaient formées par estafettes avec les maires de la Bourgogne et de la Lorraine, provinces au pouvoir de l'ennemi. Un mouvement général se préparait dans ces contrées, et on ne craint pas d'affirmer d'après les rapports positifs qui nous parvinrent à cette époque, qu'on aurait organisé sur les derrières des alliés une insurrection tellement considérable, que toutes leurs communications se seraient trouvées interceptées. Un rapport très détaillé à ce sujet fut adressé à l'empereur, et on lui proposait d'employer la division de cavalerie légère à fomenter, organiser et soutenir ce mouvement national. Mais Napoléon, préoccupé des événements qui menaçaient Paris, dont le danger lui avait été démontré par la défaite de Wintzingerode qu'aucun corps ennemi ne soutenait, ne songea plus qu'à rétrograder sur la capitale, et négligea le meilleur moyen, peut-être, d'en rendre l'invasion inutile et momentanée.

Le 28, le général de division, informé par une dépêche du major-général du retour de nos troupes

par la Champagne, évacua Chaumont, et se porta
à Vignory pour réunir ses détachements et couvrir
le flanc gauche de l'armée. Il reçut bientôt une
autre dépêche du prince de Wagram, qui lui prescrivait de ne s'arrêter que le temps nécessaire pour
rafraîchir les chevaux, jusqu'au moment où il
aurait repris l'avant-garde.

Dans la nuit, la cavalerie légère se mit en
mouvement par Colombé-les-deux-Églises, Bar-sur-
Aube et Vandœuvres, et ne s'arrêta qu'à Daudes, le
29 au soir. Cette marche forcée continua le lendemain par Troyes et la route de Sens jusqu'à Paizi-
Caudon. Tout ce pays entièrement ravagé par la
guerre dont il avait été plusieurs fois le théâtre, ne
présentait plus de ressources, et nous eûmes beaucoup de peine à nous procurer des vivres et des
fourrages.

Le 31, après avoir traversé Villeneuve-l'Archevêque, Thaurigny, Pont-sur-Yonne, Villeneuve et
Moret, la division arriva à Saint-Mamert-sur-Seine,
ayant parcouru cinquante et une lieues en trois
jours.

Les troupes françaises qui étaient entrées à
Vienne, à Berlin, à Madrid, à Lisbonne, à Mos-
cow, frémissaient de rage en songeant à la possi-
bilité de l'invasion de notre capitale. Espérant
encore prévenir l'ennemi sous ses murs, elles

oubliaient leur fatigue, leur nombre. Chaque soldat paraissait avoir une querelle particulière à venger, et jurait au fond du cœur, s'il ne pouvait vaincre, de mourir en vendant chèrement sa vie; mais à Saint-Mamert, nous eûmes la douleur d'apprendre que nos efforts pour défendre Paris étaient désormais superflus; que l'empereur, qui nous précédait en poste, avait trouvé au village de la Cour-de-France, les troupes des ducs de Raguse et de Trévise évacuant la capitale d'après une capitulation conclue avec les alliés. Cette nouvelle répandit la consternation dans l'armée : cependant on attendait avec confiance les ordres de l'homme avec lequel les souverains de l'Europe ne voulaient plus traiter.

Le 1er avril, la division, réduite à trois cent cinquante chevaux, c'est-à-dire, ayant à peine le cadre de ses régiments, par suite de ses combats continuels et de ses marches forcées, séjourne à Saint-Mamert. Le lendemain nous allons à Fontainebleau pour y être passés en revue par l'empereur. Cette revue n'a pas lieu, et nous recevons l'ordre de prendre des cantonnements à Monceaux en arrière d'Essone où le duc de Raguse était établi avec ses troupes.

Le 3, la division bivouaque autour du château de Sainte-Radegonde. Étonnés de nous trouver en seconde ligne pour la première fois, depuis le commencement de la campagne, nous nous livrons à un repos bien nécessaire pendant les journées du 3 et du 4.

Napoléon, à son arrivée à Fontainebleau, avait envoyé le duc de Vicence faire à l'empereur de Russie des propositions de paix favorables aux étrangers; mais le duc était revenu sans avoir pu se faire écouter des souverains alliés. Les lettres et les journaux qui nous parvinrent, nous apprirent que le Sénat avait déposé Napoléon Bonaparte, et organisé un gouvernement provisoire. En même temps nous fûmes informés qu'aussitôt que les troupes françaises seraient réunies, l'intention de l'empereur était de marcher sur la capitale pour en chasser l'armée des alliés. Chacun dans cette entreprise était disposé à faire son devoir, mais on gémissait en songeant aux conséquences d'une bataille sanglante sous les murs de Paris.

Les alliés, instruits de notre mouvement, furent effrayés du résultat d'une bataille que le désespoir pouvait rendre heureuse pour nos armes. Ils se déterminèrent à évacuer la capitale et à prendre position à Meaux. Cet ordre allait être exécuté lorsque le prince de Schwartzenberg rendit compte de ses pourparlers avec le duc de Raguse. Ce maréchal avait consenti à quitter sa position d'Essone et à se retirer par Versailles, sur un point en deçà du théâtre de la guerre, entre les autres troupes françaises et la ligne de l'ennemi [1].

Sur ces entrefaites, les maréchaux s'étant réunis, se rendirent chez l'empereur et l'engagèrent à abdiquer. Napoléon se détermina à renoncer au trône en faveur de son fils, l'impératrice conservant la régence. Les ducs de Tarente et de Vicence et le prince de la Moscowa furent chargés de porter aux souverains alliés cette abdication.

Les commissaires reçurent un accueil plus favorable de l'empereur Alexandre, que du gouvernement provisoire. Les maréchaux crurent même avoir atteint l'objet de leur mission, quand ils virent Alexandre ajourner sa décision au lendemain; mais le mouvement du duc de Raguse détermina l'empereur de Russie à exiger l'abdication absolue de Napoléon, en lui accordant pour retraite, une principauté indépendante, où il lui serait libre d'emmener une partie de sa garde [1].

Tous les matins, au point du jour, le général Piré envoyait une patrouille pour s'informer si les

[1] Mémoires de M. Koch, pour servir à l'histoire de la campagne de 1814. — Tome 2°. — Seconde partie.
Ephémérides militaires. — Mois de mars.
[2] Mémoires de M. Koch, pour servir à l'histoire de la campagne de 1814. — Tome 2°. — Seconde partie.

troupes, avec lesquelles il devait se lier, n'avaient
point sans le prévenir changé de position. Le 5,
elle annonça que le corps entier du duc de Raguse
avait quitté Essone, et qu'il ne se trouvait plus un
seul régiment entre l'ennemi et nous. A cette
nouvelle inattendue, la division prend les armes et
se porte sur Essone : les troupes du duc de Trévise
y arrivent aussi ; la cavalerie légère fournit des
piquets de service sur la ligne, et s'établit à Plessis-
Chenet où elle reste jusqu'au 8 inclusivement.

D'après de nouvelles dispositions, le 9 et le 10,
elle fit une marche de flanc, et se rendit au château
de Guigneville. Le lendemain, Napoléon ayant signé
son abdication pleine et entière, tous les corps de
l'armée envoyèrent à Paris leur adhésion [1] aux

[1] Le prince de Wagram, vice-connétable, qui depuis la chute de
Napoléon était devenu la première autorité de l'armée, fit connaître
en ces termes son adhésion et celle des troupes au nouveau gouvernement.

Messieurs et sénateurs,

L'armée essentiellement obéissante n'a pas délibéré ; elle a manifesté
son adhésion quand son devoir le lui a permis. Fidèle à ses serments,
l'armée sera fidèle au prince que la nation française appelle au trône
de ses ancêtres.

J'adhère pour moi et pour mon état-major aux actes du Sénat et à
ceux du gouvernement provisoire.

Fontainebleau, le 11 avril 1814.

Le prince vice-connétable, major-général,

ALEXANDRE.

actes du gouvernement provisoire. L'armée apprit que ce gouvernement allait traiter de la paix avec les alliés, et que la dynastie des Bourbons était replacée sur le trône de France.

La division se réunit au 5e corps de cavalerie, les dépôts de ses régiments se joignirent aux escadrons de guerre, et nous cantonnâmes dans les départements d'Eure-et-Loir et de la Sarthe, jusqu'au 21 juin, époque où le 5e corps fut dissous, et les régiments répartis dans diverses garnisons.

PIÈCES OFFICIELLES.

No Ier.

Rapport du maréchal duc de Bellune, sur le combat de Brienne, le 29 janvier.

Hier, les troupes du 2e corps d'infanterie et du 5e de cavalerie se sont mises en marche de Longeville, à huit heures du matin, pour se diriger sur Brienne. La cavalerie légère de Piré et les dragons de Milhaud, formant l'avant-garde. Les troupes arrivées à Maizières ont rencontré les postes ennemis qu'elles ont poussés au-delà du défilé qui est entre Brienne et Maizières. Arrivé au débouché, le général Grouchy, qui commandait cette cavalerie, a vu celle de l'ennemi rangée en bataille devant Brienne, au nombre de trois mille chevaux. N'ayant pas assez de force pour l'attaquer, il s'est fait joindre par les divisions Lefebvre-Desnouettes et Krasinski, et a disposé quelques batteries pour soutenir l'attaque qu'il voulait faire de la manière suivante : La cavalerie légère de Lefebvre et Krasinski sur la droite, les dragons de L'Héritier au centre avec une batterie, Piré sur la gauche avec une autre batterie. C'est dans cet ordre que la cavalerie se porta en avant pour charger ; mais l'ennemi ne nous a pas attendu, il s'est mis en ordre de colonne, et s'est dirigé sur Brienne qu'il a traversé pour se former de l'autre côté de cette ville sur la route de Bar. Cependant, Grouchy saisissant une occasion heureuse, a fait charger par les dragons les divers escadrons ennemis ; mais trois bataillons russes s'étant formés en carrés pour les soutenir, et ayant fait un feu meurtrier ont forcé nos dragons à se retirer. On ignorait encore qu'il y eût de l'infanterie à Brienne : celle qui venait de se montrer, faisant penser qu'elle était soutenue par d'autres, on a jugé convenable de faire des dispositions pour attaquer Brienne. L'infanterie du 2ᵉ corps commença à déboucher, la cavalerie et plusieurs batteries ont été établies à cheval sur la route. Dès ce moment la canonnade a commencé de part et d'autre. Notre infanterie était formée en colonne à mesure qu'elle arrivait. L'attaque générale allait commencer lorsque Sa Majesté parut. Elle a dirigé elle-même une colonne par la route, et une autre à gauche, tandis qu'une troisième, commandée par le général Chataux, avait ordre de se porter à droite sur le château de Brienne, par le derrière du plateau sur lequel il est situé. Les deux premières colonnes ont attaqué l'ennemi avec vigueur, mais la résistance qu'elles éprouvèrent fut vive, et elles furent obligées de se replier. Les généraux et officiers supérieurs y ayant rétabli l'ordre, les ont reportées en avant, et cette nouvelle attaque s'est soutenue jusqu'à nuit close malgré l'opiniâtreté de l'ennemi, et les pertes considérables que nous éprouvions. C'est dans ce moment que le général Chataux s'est mis en marche pour exécuter l'ordre qu'il avait reçu de s'emparer du château de Brienne. Cette opération s'est faite avec intelligence ; Chataux ayant dérobé sa marche à l'ennemi, s'est emparé de cette position sans coup férir, et après y avoir établi quatre cents hommes des 37e et 56e, sous les ordres du chef de bataillon Henders ; il s'est ensuite porté sur la ville avec l'autre partie de sa troupe, et a forcé l'ennemi de l'abandonner. Les généraux Krasinski et Lefebvre Desnouettes arrivaient en même temps, ils ont tenté une charge qui n'a pas réussi, et leur retour entraînant l'infanterie du général Duhesme, celui-ci s'est vu dans la nécessité de sortir à son tour de la ville, mais la position supérieure de Brienne était fortement gardée. Une demi-heure après cet événement, l'infanterie du 2e corps étant en partie ralliée, a attaqué de nouveau Brienne par diverses issues. Cette attaque a été repoussée, et mes troupes harassées et considérablement réduites ont pris position à la droite de Maizières où elles ont passé la nuit.

Ce matin, vers quatre heures, l'armée ennemie a évacué Brienne, et nos troupes y sont entrées aussitôt. Sa retraite peut être attribuée à l'occupation du château. Notre perte en tués et blessés n'est pas encore connue. Les généraux Forestier et Jamin ont été blessés ainsi que le colonel Delahaye. Le colonel Duverger a été tué. C'était un vaillant officier.

DE BELLUNE.

N° 2.

Rapport du maréchal duc de Bellune, sur l'affaire de Mormant, le 17 février 1814.

Les troupes de mon commandement étaient en bataille, ce matin à cinq heures, devant le village de Pequeux. Au point du jour elles se sont mises en mouvement sur trois colonnes. Celle de droite était composée de la 1re division d'infanterie (Chataux), celle du centre du corps de réserve du général Gérard, et celle de gauche de la division Duhesme. Chacune de ces deux divisions était flanquée par une division de dragons. Toutes ces troupes marchant dans cet ordre sur Nangis, ont rencontré l'ennemi à une demi-lieue de Mormant, fort de douze escadrons, de deux mille hommes d'infanterie et de deux pièces de canon. Il a voulu résister ; mais se voyant bientôt débordé, il s'est replié en toute hâte sur sa réserve qui l'attendait en avant du village de Bailly. Sa Majesté connaît ce qui s'est passé sur ce point et le résultat de l'attaque brillante qui a été faite par nos dragons. La moitié du corps de Pahlen a été prise avec dix à douze pièces de canon. Le reste a fui dans la direction de Provins ; cette affaire terminée, j'ai continué ma marche, par ordre de l'empereur, pour me rendre à Montereau ; arrivé à Villeneuve-le-Comte, nous avons vu un corps ennemi assez considérable rangé en bataille. Je l'ai fait attaquer par le général Gérard et par la cavalerie qui était avec moi. C'était la division L'Héritier, et quatre cents chevaux cuirassiers et chasseurs aux ordres du général Bordesoulle. Cette attaque a été faite avec beaucoup de résolution ; mais l'ennemi fort de son nombre, a opposé une résistance opiniâtre. Cependant les bonnes dispositions du général Gérard le forcèrent à la retraite.... Le général Bordesoulle a fait une charge qui a coûté trois à quatre cents hommes aux hulans de Schwartzenberg, ce qui a forcé plusieurs bataillons à jeter bas les armes et à s'enfuir dans les bois.... L'ennemi a beaucoup souffert, et j'estime sa perte à deux mille hommes.

La nuit tombait lorsque cet engagement a cessé ; les soldats étaient très fatigués, et il ne nous était plus possible de nous rendre à Montereau. J'ai néanmoins porté les deux divisions du 2ᵉ corps et les dragons à Salins, la réserve et la cavalerie Bordesoulle à Marigny-Laucoup, où je suis moi-même...

DE BELLUNE.

Nᵒ 3.

Rapport du comte de Valmy sur l'affaire de Mormant.

La division Treillard, forte de deux mille chevaux, s'étant à peu près formée, le 4ᵉ régiment de dragons étant en tête de la colonne, attaqua la cavalerie ennemie près de Mormant, et la culbuta; elle tomba ensuite sur les deux bataillons, auxquels elle fit mettre bas les armes après leur avoir enlevé plusieurs pièces de canon. Laissant ses prisonniers et l'artillerie derrière elle, elle poursuivit l'ennemi qui se retirait en pleine déroute. Apercevant une colonne d'infanterie assez forte qui cherchait à s'éloigner, je la fis charger en flanc droit et en queue pendant que le corps du général Mihaud se précipitait sur la gauche. Tout fut sabré ou mit bas les armes, sans qu'aucun homme s'échappât. Dès ce moment le corps du général Milhaud et la division Treillard poursuivirent l'ennemi à course de cheval jusques vers la Maison-Rouge. De fatigue on s'arrêta. Sans ce contre-temps, je pense qu'on eût été d'une traite à Provins. Après avoir repris haleine on se remit en marche, mais le corps de Milhaud ayant pris une autre direction, il fut impossible de serrer l'ennemi qui avait alors une cavalerie supérieure; on la suivit pas à pas jusqu'au delà du village de Vallaine où le corps fit halte. Le 4ᵉ de dragons eut ordre ne pas quitter l'ennemi qu'il ne fût nuit, ou qu'il n'eût dépassé Provins.

10

La perte du général Treillard ne s'élève pas au-delà de cent hommes.

Le général comte de VALMY KELLERMANN.

N° 4.

Rapport du général Bordesoulle, joint au précédent.

En exécution des ordres de Votre Excellence, j'ai appuyé le mouvement de son infanterie sur le village de   par un escadron de jeunes hussards et chasseurs qui, après y être entré en le tournant par la gauche, y a sabré quelques centaines d'hommes. Il a ensuite chargé un escadron de hussards et quelques hulans, les a culbutés et poursuivis jusque dans le bois où il les a sabrés de nouveau. Un bataillon d'infanterie les a sauvés. Il a donné sur ce bataillon, et lui a tué du monde, mais n'a pu l'entamer à cause de l'épaisseur du bois. Bien que cette infanterie fût dans le plus grand désordre, et se soit sauvée en jetant ses armes au moment où j'ai lancé un escadron de cavalerie légère sur le village, je me suis porté avec mes deux escadrons de cuirassiers sur six cents hulans de Schwartzenberg et hussards de Joseph II. Cette cavalerie me voyant arriver, a repassé sur le côté gauche de la route où elle a formé une ligne de cinq escadrons. Mes cuirassiers, la plus grande partie recrues de quinze jours, ont franchi la route et sont tombés sur cette ligne, l'ont culbutée dans le bois auquel elle était adossée, et en ont fait un grand massacre. Plus de trois cents ont été sabrés et sont restés sur le champ de bataille...

Je n'ai eu qu'un homme tué et douze blessés.

Comte BORDESOULLE.

N° 5.

Rapport du général comte Milhaud, sur l'affaire de Mormant.

De Salins, le 17 février.

Hier, à midi, le 5ᵉ corps de cavalerie qui avait détaché la division l'Héritier sur la droite de la route de Nangis, par ordre du duc de Bellune, marchait sur la gauche de cette route avec la division Briche et la division Piré. Un aide-de-camp de l'empereur lui vint porter l'ordre de pousser devant lui avec ses deux divisions, tout ce qui était dans la plaine, et de tourner le flanc droit de l'ennemi. Ce mouvement s'exécuta sans hésiter. La brigade de cavalerie légère du général Subervic, fit un mouvement à droite et sabra les tirailleurs de l'infanterie ennemie qui s'étaient avancés dans la plaine, tandis que le général Piré, avec l'autre brigade, marchait sur quinze escadrons ennemis, ayant en seconde ligne derrière lui, la division de dragons Briche. La cavalerie ennemie fut renversée, et son infanterie et son artillerie furent débordées. Pendant ce mouvement très rapide et décisif, la cavalerie Kellermann chargeait sur la route et la droite de la route. Une colonne d'infanterie voulut envain faire sa retraite en quittant la route pour gagner un village et un marais, la cavalerie légère Piré, et la brigade de dragons Ludot enfoncèrent les quinze escadrons ennemis qui furent obligés d'abandonner l'infanterie, et au moment où deux escadrons du 16e de dragons et du 4e commandés par le général Kellermann, entraient par la queue du bataillon carré, un escadron du 13e de dragons, et un poloton du 6e pénétrèrent par la tête, et c'est au milieu du carré prisonnier que les généraux Kellermann et Milhaud se sont embrassés.

La cavalerie légère et la division Briche continuèrent de poursuivre l'ennemi l'épée dans les reins, et tuèrent ou prirent plus de cent chevaux ennemis, et sabrèrent beaucoup de hulans, et des Cosaques au défilé près du bois à gauche de Nangis et près de la Maison-Rouge. Douze pièces de canon ont été abandonnées par l'ennemi et au-delà de trois mille prisonniers ont été le résultat des charges combinées des deux corps de cavalerie.

C'est un sapeur du 6e dragons qui a pris les décorations du général ennemi au milieu du carré. Son nom a été remis à un aide-de-camp de sa Majesté, et les décorations ont été envoyées à M. le maréchal duc de Bellune.

J'aurai l'honneur de faire connaître le nombre des braves militaires qui se sont le plus distingués.

Le général commandant le 5e corps de cavalerie.

                                        Comte de MILHAUD.

P. S. La division l'Héritier qui avait été détachée sur la droite de l'armée a eu deux engagements avec les hulans autrichiens et les houzards du prince Joseph; elle a tué ou pris une cinquantaine d'hommes et de chevaux, et a pris deux officiers.

N° 6.

Ordre pour M. le général comte Saint-Germain.

A Frignicourt, le 22 mars 1814.

Le général Saint-Germain, le général Defrance et le général Piré se rendront à Saint-Dizier. Le général Saint-Germain, comme le plus ancien, commandera.

Le général Saint-Germain fera garder le pont et y fera mettre du canon. La cavalerie aura soin de se bien garder.

Le général Saint-Germain enverra des partis sur Bar-sur-Ornain pour en chasser l'ennemi. De Bar-sur-Ornain, l'officier qui commandera enverra des courriers à Verdun et à Saint-Mihiel. Le général Saint-Germain enverra également des partis sur Vassy et Doulevent.

Le général Piré enverra des partis sur Joinville, et le général Defrance en enverra sur Montierender. Ils me feront part des nouvelles qu'ils apprendront.

Le général Piré, par sa position devant arriver le premier à Saint-Dizier, aura soin de bien faire garder le pont, et d'y placer du canon.

Les généraux Saint-Germain, Defrance et Piré, exécuteront les dispositions du présent ordre, chacun en ce qui le concerne.

Le prince vice-connétable, major-général.

ALEXANDRE.

Nº 7.

Au château le Plécy, le 22 mars 1814.

Huit heures et demie du soir.

M. le général Piré, je viens de lire votre rapport à sa Majesté qui est très satisfaite de tout ce que vous avez fait à Saint-Dizier. Je vous envoie le duplicata d'un ordre que je vous ai expédié à cinq heures du soir. Donnez-en connaissance au général Saint-Germain et au général Defrance. Sa majesté est très fâchée que vous ayez fait brûler les pontons ; il n'y avait aucun danger puisque l'armée arrive. S'il est temps encore, qu'on les conserve ; c'est ce qui est le plus précieux pour nous, parce que nous en manquons.

Le prince vice-connétable, major-général.

ALEXANDRE.

Nº 8.

De Plécy, le 22 mars 1814.

Neuf heures du soir.

M. le général Piré, l'empereur ordonne que vous vous portiez avec toute votre division sur Joinville ; que de là vous pous-

siez de forts partis dans toutes les directions pour faire le plus
de prises possibles à l'ennemi. On doit trouver beaucoup de
choses à Joinville, et sur les directions qui y aboutissent. Par-
tez donc demain avant le jour, et marchez vivement. Toute
l'armée vous suit. Prévenez le général Saint-Germain de l'ordre que je vous donne.

Le prince vice-connétable, major-général.

ALEXANDRE.

Nº 9.

Saint-Dizier, le 23 mars 1814.

A une heure après midi.

M. le général Piré, l'intention de l'empereur est que vous
fassiez connaître, de municipalité en municipalité, à Chaumont et à Neufchateau, notre arrivée, et que vous donniez
l'ordre au district de Neufchateau de se lever en masse.

Le prince vice-connétable, major-général.

ALEXANDRE.

N° 10.

Saint-Dizier, le 23 mars 1814.

Quatre heures de l'après midi.

M. le général Piré, le général Saint-Germain commandant le 2ᵉ corps de cavalerie, se porte avec sa division de cuirassiers et son artillerie, à deux ou trois lieues de Saint-Dizier, sur la route de Joinville, pour vous soutenir. Vous serez sous les ordres de ce général.

L'empereur me charge de vous faire connaître qu'il est très important que vous poussiez des partis sur Doulevent, route de Bar-sur-Aube et Brienne, et sur Chaumont.

Le général Defrance se porte à Void, et mille chevaux de cavalerie légère se portent sur Saint-Mihiel.

L'armée ennemie s'était appuyée d'Arcis-sur-Aube, sur Lesmont. L'empereur s'attend à avoir des nouvelles de son mouvement, par vous qui êtes à Joinville. Vous pouvez, si cela était nécessaire, demander au général Saint-Germain de vous appuyer. Envoyez des paysans sur Brienne, Chaumont et Bar-sur-Aube, pour connaître les mouvements de l'ennemi.

Le prince vice-connétable, major-général.

ALEXANDRE.

N° 11.

Saint-Dizier, le 23 mars 1814.

Onze heures du soir.

M. le général Piré, l'intention de l'empereur est que vous vous dirigiez par le plus court chemin, sur la route de Saint-Dizier à Bar-sur-Aube. Comme vous êtes à Joinville, vous pourrez joindre à Doulevent où vous nous attendrez, nous partons d'ici, demain au jour.

Le prince vice-connétable, major-général.

ALEXANDRE.

N° 12.

Doulevent, le 23 mars 1814.

Quatre heures du matin.

M. le général Piré, l'empereur ordonne que vous vous rendiez sur Chaumont, et que vous poussiez quelques partis sur Langres, afin de donner à sa Majesté des renseignements sur la facilité qu'il y aurait de s'emparer de cette ville qu'on assure que l'ennemi a fortifiée.

Je charge M. l'ordonnateur Daure, d'envoyer sur-le-champ un commissaire des guerres à Bar-sur-Aube, pour y faire des vivres, et d'en envoyer un également à Chaumont.

Le prince, major-général.

ALEXANDRE.

N° 13.

Doulevent, le 25 mars 1814.

Onze heures du matin.

M. le général Piré, je reçois votre lettre datée de Daillancourt. Cinq cents hommes de cavalerie ont eu l'ordre de partir de Saint-Dizier pour se rendre à Joinville, ce qui vraisemblablement fera évacuer les troupes ennemies que vous dites être à Sommaucourt. D'après tous les renseignements qui nous parviennent, Chaumont paraît être évacué, nous occupons Bar-sur-Aube. Tout ce qui était dans cette ville s'est retiré sur Chatillon-sur-Seine, nous attendons de vos nouvelles.

Le prince, major-général.

ALEXANDRE.

N° 14.

Doulevent, le 26 mars 1814.

Quatre heures et demie du matin.

M. le général Piré, l'empereur se rend sur Saint-Dizier pour faire repasser la Marne à l'ennemi. Nous avons eu toute la journée d'hier un poste de cavalerie à Joinville. Nous avons la division Henrion de la jeune garde à Bar-sur-Aube. Prévenez le commandant de tout ce qu'il y aura de nouveau : continuez d'intercepter les courriers de l'ennemi, et à lui faire le plus de mal possible, et d'organiser la garde nationale à Chaumont. Envoyez un parti pour communiquer avec celui qui est à Joinville. Envoyez de forts partis sur Langres. L'empereur part avec sa garde pour Vassy. Vous nous donnerez de vos nouvelles.

Le prince, vice-connétable, major-général.

ALEXANDRE.

N° 15.

De Chaumont, le 26.

A onze heures du matin.

Monseigneur,

J'ai l'honneur de vous adresser l'estaffette ennemie arrivant de Nancy. Il est porteur d'un ordre, daté de Nancy et signé de M. d'Alopéus, gouverneur de la Lorraine, par lequel on ordonne aux maîtres de posté de tenir prêts vingt chevaux pour le passage de voyageurs de considération qui doivent partir de Nancy le 26 mars (aujourd'hui) à huit heures du matin. Il paraît d'après cela qu'à Nancy on ignorait encore hier, vingt-cinq, que nous avons intercepté les communications. Je vais faire partir un détachement pour aller au-devant de ces voyageurs, et tâcher de m'en emparer. Je l'espère d'autant plus, qu'une centaine de chevaux vurtembourgeois, venant de Neuf-chateau, sont venus jusqu'à Mendres, ignorant l'occupation de Chaumont par nos troupes. Malheureusement ils ont été averti par l'indiscrétion d'un paysan; mais il n'est pas sûr qu'ils puissent se sauver, car il n'y a plus de sûreté pour les petits partis ennemis à plus de dix lieues à la ronde; les habitants sont tous en mouvement, et ils attaquent tout ce qu'ils rencontrent lorsque cela est possible. Ils m'ont amené aujourd'hui une centaine de prisonniers dont vingt-deux cavaliers vurtem-bourgeois montés. J'attends demain un convoi de bœufs qu'ils ont arrêté à sept lieues d'ici. On m'assure que pendant que l'arrière-garde du général Reigecourt se mettait en bataille devant ma reconnaissance de ce matin sur Langres, les habi-tants des communes voisines de cette ville se sont jetés sur la queue de son convoi de bagages, et l'ont enlevé, en assommant les conducteurs.

Le maire de Montigny écrit à M. le préfet par intérim, qu'il croit que l'intention de l'ennemi est d'évacuer Langres, ce qui serait contraire au dernier rapport, je m'en assurerai demain matin.

Une cinquantaine d'officiers ou soldats Français échappés des prisons de l'ennemi, se sont réfugiés près de moi, je les ferai conduire demain à Bar-sur-Aube avec mes prisonniers. Plusieurs de ces militaires appartiennent à la garde impériale. Je viens de communiquer avec Joinville, il est important que ce point ne soit abandonné dans aucun cas, sans que j'en sois averti, et je prie Votre Altesse d'avoir la bonté d'en donner l'ordre à l'officier supérieur qui y commande.

Je suis avec un profond respect, etc.

Le baron de PIRÉ.

N° 16.

Saint-Dizier, le 27 mars 1814.

Dix heures du matin.

M. le général Piré, j'ai reçu toutes vos lettres. L'empereur est satisfait de toutes vos dispositions. Continuez à faire le plus de mal que vous pourrez à l'ennemi. Tâchez d'avoir du pain et de nous en envoyer ici.

Hier, le corps de Wintzingerode et de Tettenborn suivait notre arrière-garde sur Vassy. Il y avait deux divisions d'infanterie et six mille chevaux. L'empereur les a attaqués, les a culbutés au-delà de la Marne, que nous avons passée pêle-mêle avec eux. La retraite sur Vitry leur a été coupée; ils ont été poursuivis jusqu'à Bar-sur-Ornain. Nous avons fait deux mille prisonniers, dont quatre cent cinquante hommes de cavalerie, pris dix-huit pièces de canon. Le duc de Reggio doit être dans ce moment à Bar. Le quartier-général est ici. L'empereur fait prendre de vive force la place de Vitry. Nous occupons Joinville. La division du général Henrion est à Bar-sur-Aube. Le général Souham est à Troyes.

Le prince, vice-connétable, major-général.

ALEXANDRE.

N° 17.

Saint-Dizier, le 27 mars 1814.

Onze heures du soir.

M. le général Piré, j'ai reçu vos lettres du 26 et du 27, et les lettres interceptées de Nancy. Comme je vous l'ai mandé, nous avons battu hier à Saint-Dizier, et presque détruit, le corps de Wintzingerode. Nous nous portons demain sur

Doulevent, ce qui nous approche de vous. C'est sur ce point qu'il faut m'envoyer vos dépêches.

Le prince, vice-connétable, major-général.

ALEXANDRE.

N° 18.

A une demi-lieue de Doulevent, à Courcelle-sur-Blaise, le 28 mars 1814.

Quatre heures du soir.

M. le général Piré, je reçois vos deux lettres du 28. Dans l'une vous me prévenez que vous vous portez sur Vignory. L'intention de l'empereur est que demain vous reployiez sur vous les cent hommes de gardes d'honneur qui sont à Joinville; avec votre division et ces cent chevaux, vous vous porterez entre Bar-sur-Aube et Colombé pour couvrir notre gauche. L'empereur sera ce soir à Bar-sur-Aube.

Le prince, vice-connétable, major-général.

ALEXANDRE.

N° 19.

Doulevent, le 29 mars 1814.

A trois heures du matin.

M. le général Piré, je reçois votre lettre, de Vignory, à huit heures du soir. Je vous ai mandé hier qu'avec les cent hommes qui étaient à Joinville, vous deviez manœuvrer aujourd'hui pour vous porter dans la direction entre Colombé et Bar, pour couvrir notre flanc gauche. Nous continuons notre mouvement par Bar-sur-Aube sur Troyes. Donnez-nous des nouvelles. L'empereur aurait bien désiré que les vivres et les souliers qui se trouvent à Chaumont nous arrivassent. Comment le pays ne peut-il pas fournir des chevaux et des voitures? Ordonnez tout ce que vous jugerez convenable pour que ces objets puissent nous parvenir. Chaque hussard aurait pu prendre et porter quatre à cinq paires de souliers.

Le prince, vice-connétable, major-général.

ALEXANDRE.

N° 20.

Troyes, le 30 mars 1814.

Dix heures du matin.

M. le général Piré, à votre arrivée à Troyes, suivez la route de Villeneuve-l'Archevêque, Sens et Fontainebleau pour nous rejoindre le plutôt possible.

L'empereur couchera ce soir à Villeneuve-l'Archevêque.

Le prince, vice-connétable, major-général.

ALEXANDRE.

N° 21.

Fontainebleau, le 2 avril 1814.

Quatre heures du matin.

M. le général Piré, l'empereur ordonne que votre division se mette en marche ce matin avec les trois divisions de cavalerie de la garde, aux ordres du général Sébastiani, pour arriver à Fontainebleau, de manière à ce que sa Majesté puisse en passer la revue à dix ou onze heures du matin dans la cour du Cheval-Blanc.

Aussitôt après la revue, vous continuerez votre marche avec votre division pour aller vous cantonner du côté de Monceaux, à une lieue derrière Essonne, et vous prendrez les ordres du duc de Raguse, si ce maréchal était attaqué.

Le prince, major-général.

ALEXANDRE.

1815.

—

WATERLOO.

AVERTISSEMENT.

« Ce qui rend le souvenir de Napoléon cher au peuple,
c'est qu'il est pour lui l'idéal de l'indépendance et de la force
nationale, ce n'est pas seulement l'homme de Marengo et
d'Austerlitz qu'il révère, c'est surtout l'homme de Waterloo.
Quel est l'enfant du pays pour lequel Waterloo ne soit une
plaie du cœur, une douleur aussi poignante que la plus vive
douleur de famille ! »

Aussitôt sa publication, je lus avec avidité le *Mémorial de
Sainte-Hélène*, qui contenait encore les vastes pensées de l'Empereur, et le jugement que ce grand homme portait du lieu de
son exil, et qu'il fesait entendre comme la voix de la postérité sur les hommes de l'empire, et particulièrement sur ses
généraux.

Quelques jours après cette lecture, je rencontrai chez lady
Hutchinson le général Foy, que je connaissais depuis la
campagne de 1800, avec lequel j'avais fait pendant longtemps
la guerre, et qui m'honorait de son amitié. Cet homme illustre,

appelé en l'année 1819 à la chambre des députés, venait de compléter sa gloire par le développement de ce talent si remarquable de tribune qui a augmenté les regrets de ses concitoyens, quand une mort prématurée est venu le frapper. Je dis au général que j'avais lu dans le *Mémorial*, qu'il était l'un des lieutenants-généraux que Napoléon voulait élever à la dignité de maréchal de l'empire. Le général Foy s'écria : — « Que n'a-t-il mis à exécution ce projet, avant de commencer la campagne de 1815, il eut gagné la bataille de Waterloo ! »

Le général Foy me vit sourire et crut sans doute s'apercevoir que ces paroles n'étaient reçues par moi que comme l'expression de la conviction personnelle qu'il avait de son mérite. Foy se hâta alors d'ajouter :

« Vous m'avez mal compris, si vous avez pensé que ma réponse pouvait être taxée d'individualité. Si le champ de bataille du 18 juin n'avait été soumis qu'aux opérations des maréchaux Gérard, Clausel, Foy et Lamarque, oui, je le répète encore, les Français auraient triomphé. *Avec des choses nouvelles, il faut des hommes nouveaux.* »

C'est alors qu'avec une éloquence que je ne puis reproduire, il traça à grands traits et avec des termes pittoresques les fautes commises dans cette campagne. Il rappela les soupçons de trahison qui ébranlaient la discipline et rendaient chaque chef indépendant et téméraire, afin qu'on ne pût suspecter la pureté de ses intentions, tandis qu'une conduite diamétralement opposée, aurait assuré l'homogénéité si indispensable dans l'armée, doublé nos forces et amoindri nos revers. Le général Foy termina ainsi : Napoléon disait : Partout où je ne suis pas, mes généraux ne font que des sottises. Pendant longtemps une pareille assertion m'a paru dictée par un sentiment injuste et égoïste. Je n'ai plus les mêmes idées aujourd'hui. — Cette opinion erronée, dictée sans doute par son enthousiasme pour la mémoire du souverain déchu, pourrait aussi faire taxer le général Foy d'injustice ; car dans les campagnes précédentes et même pendant les journées de 1815, la plupart des anciens compagnons de gloire de Napoléon furent dignes de sa renommée.

Le général Foy voulut connaître les notes que je m'étais assujetti à tracer chaque jour pendant la campagne de 1815, pour graver dans ma mémoire les faits importants dont j'ai été le témoin ou que j'avais pu connaître avec exactitude au quartier-général de l'empereur. Le général Foy m'assura, en me les rendant, que le récit sommaire des opérations de cette campagne se rapportait parfaitement avec ses souvenirs, puis il ajouta : « Vous êtes jeune, général, laissez encore dormir ces notes pendant vingt ans. Dans vingt ans, ce sera de l'histoire ; dans vingt ans les haines de l'esprit de parti seront éteintes ; dans vingt ans on élèvera des autels à l'homme exceptionnel, aujourd'hui méconnu, sur lequel s'acharne la méchanceté. Enfin, dans vingt ans la France ira, s'il le faut, les armes à la main, arracher à l'Angleterre la dépouille mortelle du martyr de Sainte-Hélène, aux acclamations de l'Europe entière ! »

Une partie des prédictions du général Foy s'est accomplie. Sans avoir recours à *l'ultima ratio* des rois, deux grandes nations se sont entendues pour que la remise de ce cercueil puisse effacer la longue et profonde haine qui a divisé l'Angleterre et la France. Mais le moment est-il venu de dire toute la vérité sur une campagne dont le souvenir est encore palpitant ? A Dieu ne plaise que j'aie l'intention d'écrire l'histoire de 1815 ; je n'en ai ni la prétention ni les moyens. D'ailleurs, jusqu'à ce jour, que possédons-nous sur Waterloo ? des relations copiées presque servilement sur les précédentes, ou qui se ressentent toutes de l'influence politique. Et pourtant, que d'erreurs vont être consacrées dans ces documents, quand le temps leur aura donné une marque indélébile !

chaque témoin, pour éclairer ce grand drame qui est venu
comme la foudre briser le maître du monde, chaque témoin
devrait signaler ce qu'il a vu ; c'est alors que les fautes des
hommes, que le désordre des éléments, que le hasard, que
l'ignorance, que la faiblesse, que la trahison même, seraient
justement appréciés et que l'on aurait la clé de la chûte de l'empire et de la dynastie de Napoléon.

Le récit que je vais essayer d'esquisser n'est donc ni une
histoire, ni même un journal de la campagne de 1815. Je me
contenterai de rapporter ce qui me paraît strictement nécessaire pour le but que je me propose ; c'est-à-dire la reproduction
de ce qui m'a le plus frappé dans les Cent-Jours. Là peut-être
se trouvent les causes et l'origine de cette révolution si rapide,
de cette invasion de la France avec huit cents hommes qui ne
brûlèrent pas une amorce. Quelques autres faits expliqueront
peut-être aussi le renversement presque immédiat d'un trône
qui avait été si miraculeusement relevé. C'est donc dans l'espoir que l'historien pourra trouver dans ce récit des renseignements utiles que je l'ai entrepris : si un pareil résultat
est obtenu, ma tâche aura été convenablement remplie.

CAMPAGNE DE 1815.

Seuls de leur classe, les membres de l'ancienne
noblesse qui sont restés en France, ont compris la
révolution. Le malheur n'a pas éclairé les autres, et
comme l'a si bien dit M. de Talleyrand ; *ils n'ont rien
oublié ni rien appris*. Napoléon avait enchaîné la
liberté, et Louis XVIII qui lui succédait, nous pro-
mettait un gouvernement représentatif. Mais il commit la faute *d'octroyer* et non d'offrir au libre con-
sentement de la nation, la charte qui assurait le
droit du peuple. Le projet de détruire cette garantie

entre le trône et le peuple fut connu en même temps
et précéda sa publication. Cet acte, pendant toute
l'année 1814, fut constamment violé; la liberté de
la presse que la charte assurait, fut repoussée, le
domaine extraordinaire fut gaspillé; on ôta aux am-
putés leurs dotations pour la donner aux émigrés;
des pensions militaires pour des grades supérieurs
furent accordées dans un nombre considérable à
des gens qui n'avaient pas quitté leur château ou
qui n'avaient fait la guerre que contre la France.
Le paiement intégral de la Légion-d'Honneur que
maintenait la charte, fut réduit à moitié par une
ordonnance; un nombre immense de promotions
eut lieu pendant les six derniers mois de 1814, dans
lesquels il fut créé plus d'officiers-généraux que le
dernier gouvernement n'en avait nommé pendant
les dix premières années de son existence militaire.
Les croix de la Légion-d'Honneur furent données par
milliers et quelques-unes furent vendues pour une
misérable somme de 200 francs, sous le ministère de
M. de B....., bien moins, on serait tenté de le supposer, dans le but d'honorer ceux à qui l'on donnait ces grades et ces distinctions, que d'humilier
ceux qui ne les tenaient que d'une source estimable.
En 1810, Napoléon écrivait à l'archiduc Charles, en
lui envoyant la croix de légionnaire : « Agréez l'aigle
» d'argent que je porte avec vingt mille soldats mu-
» tilés, comme un double hommage rendu au génie

» du grand général et à la rare valeur du plus brave
» soldat de l'armée autrichienne. » — Mais la politique nouvelle repoussait de pareils sentiments ;
qu'on ne s'étonne point alors si les militaires français, outragés dans ce qu'ils avaient de plus cher,
réunissaient en 1814 leurs vœux et leur espoir vers
l'île d'Elbe, et se hâtaient de cacher le ruban rouge
obtenu sur d'illustres champs de bataille ; enfin, les
acquéreurs de biens nationaux étaient inquiétés,
menacés. Quelques-uns, pour assurer leur avenir,
avaient cru nécessaire de contracter des transactions
avec les anciens propriétaires, en leur donnant des
sommes considérables, malgré la charte qui garan-
tissait et confirmait la vente de ces biens.   .

Le duc de Berry cherchait à s'attacher l'armée ; il
passait souvent des revues, accueillait avec bienveillance tous les officiers et surtout les généraux. Ce
prince serait parvenu à s'en faire aimer, son nom
serait même devenu populaire, s'il n'avait eu la
maladresse de gâter tous ses moyens de séduction
par quelques paroles qui prouvaient qu'il n'était pas
de bonne foi. Un jour, à une revue, étant entouré
d'officiers-généraux qui admiraient la tenue des
hommes de la vieille garde devenus grenadiers
royaux et qui désiraient connaître l'opinion du duc
de Berry : le prince dit brusquement : « Ces soldats
ont une uniformité militaire, mais leur tenue n'est
rien auprès de celle des troupes anglaises. » Ce mot

anti-national fut retenu et blessa au cœur des guerriers français.

A une de ses audiences, le duc de Berry dit au
lieutenant-général Lamarque, l'un des officiers les
plus distingués de l'ancienne armée : — Le soldat
français doit être content aujourd'hui, ses longues
guerres sont terminées, nous avons la paix. —
Monseigneur, répondit le général Lamarque, nom-
mez-vous la paix une halte dans la boue ? — C'est à
ce mot piquant, qu'on attribua l'exil du général, qui
eut lieu quelques mois après.

Enfin le mécontement était extrême ; les fautes
d'un ministère imbu des préjugés de l'ancien régime
faisait désirer à la majorité de la nation de le voir
renversé. On jetait ses regards sur l'homme de la
révolution qui était toujours à l'île d'Elbe ; on
oubliait son despotisme, son amour de la guerre ;
la haine qu'on ressentait contre les émigrés et les
nobles faisait vivement désirer son retour ; l'orage
grondait, il devait bientôt éclater.

Sous le règne de Louis XVI, les ordres de Saint-
Louis, de Saint-Jean de Jérusalem, de Malte, de
Saint-Michel, du Saint-Sépulcre avaient été abolis.
A la restauration tous ces ordres reparurent, quoi-
que la charte ne reconnut que la Légion-d'Honneur,
et qu'aucune loi, ni ordonnance, signée par
Louis XVIII, ne rétablit ces décorations suppri-
mées. La croix de Saint-Louis, instituée par

Louis XIV, qui avait été créée pour récompenser des services réels rendus sur le champ de bataille fut bien accueillie par la génération nouvelle, mais les autres furent l'objet de railleries de toute nature. On laissa pourtant à quelques intrigans, qui croyaient se donner plusieurs quartiers de noblesse, l'innocent plaisir de payer quelques cent francs pour être chevaliers de Malte. On se plut à voir le Père Elisée, confident intime du pavillon Marsan, étaler au théâtre des Variétés son cordon de Saint-Michel, et on pardonna aux vieillards de montrer le ruban du Saint-Sépulcre.

Madame et le duc d'Angoulême partirent à la fin de février pour se rendre à Bordeaux, où les habitants se disposaient à célébrer l'anniversaire du 12 mars, époque de l'entrée du prince dans cette ville en 1814. Le duc et la duchesse ne devaient être que pendant quinze jours absents de la capitale. Pouvaient-ils supposer, en montant en voiture, qu'il ne leur serait permis de retourner à Paris que dans le mois de juillet, après avoir fait un voyage forcé en Angleterre ?

Une dépêche télégraphique ayant appris que le 1er mars Napoléon était débarqué à Caunes, le comte d'Artois reçut l'ordre du roi de se rendre aussitôt à Lyon pour y rassembler des troupes. Le 6, le roi, par une proclamation, convoque les chambres et fait paraître une ordonnance dont les deux premiers articles étaient ainsi conçus :

1. Napoléon Bonaparte est déclaré traître et rebelle pour s'être introduit à main armée dans le département du Var. Il est enjoint à tous les gouverneurs, commandants de la force armée, gardes nationales, autorités civiles et mêmes aux simples citoyens de l'arrêter et de le traduire incontinent devant un conseil de guerre qui, après avoir reconnu l'identité, provoquera contre lui l'application des peines prononcées par la loi.

2. Seront punis des mêmes peines et comme coupables des mêmes crimes, les militaires et les employés de tout grade qui auraient accompagné ledit Bonaparte dans son invasion du territoire français, à moins que dans le délai de trois jours, à compter de la publication de la présente ordonnance, ils ne viennent faire leur soumission entre les mains de nos gouverneurs, commandants de divisions militaires, généraux ou administrations civiles.

Sans s'arrêter aux termes insolites appliqués à l'homme qui avait gouverné si longtemps la France et qui depuis sa déchéance était reconnu souverain de l'île d'Elbe, cette proclamation révolutionnaire donna la certitude que les bruits qui circulaient sur le débarquement de Napoléon étaient fondés. On ne pouvait croire que l'ex-empereur n'eut avec lui qu'une poignée d'hommes, on le supposait de connivence avec l'Autriche, et soutenu par l'Angleterre. Cependant l'événement détruisit ces conjectures.

Le maréchal duc de Dalmatie ayant donné sa démission de ministre de la guerre, le duc de Feltre le remplaça le 11 mars. Le duc de Berry prit le commandement de l'armée, et plaça le comte Maison à la tête de l'un des corps qui furent immédiatement formés. Voici comment était organisée l'armée sous les ordres du prince :

Le comte Belliard, major-général.

Le 1er corps commandé par le comte Maison.

Le 2e par le comte Rapp.

Le comte de Valmy était à la tête de la cavalerie, le comte Ruty de l'artillerie, le baron Haxo du génie.

Dans l'adresse de la garde impériale, de l'île d'Elbe, à l'armée française, datée du golfe Juan, du 1er mars, on trouve ce paragraphe :

« Un Vioménil insulte au vainqueur de Zurich (Masséna) en le naturalisant français, lui qui avait besoin de trouver dans la clémence de la loi pardon et amnistie.. Un Brulart chouan, sicaire de Georges, commande nos légions ! »

Cette adresse répandue avec profusion dans les campagnes, concourut à applanir le chemin de Napoléon en France.

Le comte d'Artois étant arrivé à Lyon, alla visiter les établissements publics ; se trouvant à l'arsenal, il dit en montrant un fusil au lieutenant-général Albert commandant la division : — Ah! général, que de fusils semblables nous avons perdus. — Ah! monseigneur, répondit ce brave, que de canons nous avons perdus d'un trait de plume. [1] Les gentilshommes de la chambre présents à ce discours furent indignés de la franchise du général.

Des rapports parvenus à Monsieur lui ayant fait savoir que les troupes envoyées contre Napoléon avaient suivi l'exemple du colonel Labédoyère, en passant du côté de l'exilé, il fut également instruit de l'approche de l'armée de l'île d'Elbe des murs de Lyon. Le comte d'Artois convoqua immédiatement un conseil de guerre où se trouvait le duc d'Orléans. Le général Albert étant interrogé sur les moyens militaires qu'on devait employer contre l'invasion du souverain de l'île d'Elbe, dit : Qu'en suivant les mêmes principes que pour une guerre ordinaire, il ne fallait compter sur aucune chance de succès; qu'une ligne de tirailleurs français fraterniserait encore, comme elle avait fait jusqu'à ce moment avec des soldats de la même nation ; mais il conseilla de se retirer sans coup férir, de prendre une position mi-

---

[1] Le comte d'Artois, en rentrant en France, céda aux étrangers cinquante deux places fortes armées.

litaire et de là envoyer du canon dans les rangs
ennemis. Aussitôt, ajouta-t-il, qu'un coup de canon
aura été tiré, les soldats ne verront plus leur ancien
empereur qui vient reprendre sa couronne, mais un
aventurier qui vient porter la guerre dans son pays.
A ces mots, le comte d'Artois s'écrie : Nous pouvons
aller jusqu'à Paris, nous y trouverons dix-huit mille
gentilshommes qui sauront défendre le roi. —
Monseigneur, répondit Albert, que feront vos gentilshommes contre cent mille paysans comme moi ?

Les populations des villes et des campagnes, qui
recevaient par acclamations leur ancien souverain,
hâtèrent encore la marche de Napoléon sur Paris.
Le 19, nos chevaux furent sellés toute la journée,
notre quartier-général fut établi un moment à Ville-
juif. Le duc de Berry donnait des ordres et con-
trordres toutes les heures.

Le duc de Berry qui croyait trouver plus de dévouement à sa cause dans la cavalerie que dans les
autres armes, avait, pendant la journée du 18, passé
la revue de quelques régiments de chasseurs. Les
officiers de chaque corps étaient nommés devant le
prince. Déconcerté par les noms de *Lefebvre, Si-
mon, Leblanc,* etc., qui résonnaient mal à ses oreilles,
le duc de Berry ne put s'empêcher de s'écrier en levant les épaules : *Que puis-je faire avec des noms
nouveaux ?* Les hommes nouveaux qui allaient combattre pour défendre la dynastie et les classes privi-

légiées renversées par la révolution de 1789, virent clairement le résultat de la lutte : ils sentirent que leurs efforts seraient en opposition directe avec les vœux de la nation et la tranquillité de la patrie.

Le 20 mars, à trois heures du matin, nous nous mettons en marche pour Saint-Denis, et nous apprenons que le roi, les princes et la cour sont partis en poste à une heure du matin pour Lille. La veille, l'état-major du comte Maison était composé au moins de cinquante individus, en y comprenant les officiers des corps sans commandement qui s'y étaient joints. Le lendemain, à Saint-Denis, nous n'étions pas trente ; notre nombre devait encore considérablement diminuer ; il était réduit à onze à Beaumont.

La journée s'avançait. Le général Maison ne voyant point déboucher ses troupes, nous donne l'ordre d'aller toujours en avant nous établir au logement de Beaumont ; c'est alors que la défection commence à s'opérer visiblement dans l'état-major. Des officiers se mettent en route, et hors de la ville, tournent les murs et rentrent à Paris.

Il était six heures du soir quand le général Maison nous rejoignit. Le général nous donna ainsi l'explication de ce long retard : La compagnie de grenadiers de garde près de lui, et quelques lanciers d'ordonnance, se trouvaient à la maison où il s'était arrêté à Saint-Denis. Ne voyant point paraître ses

troupes, et dans la vive impatience qu'il éprouvait
en les attendant, le général Maison s'était placé à
la porte de la rue, lorsque le corps des officiers à
demi-solde qui avait été armé la veille, voulut le
forcer à se rendre au devant de l'empereur, en lui
annonçant que son corps d'armée tout entier était
passé sous les drapeaux de Napoléon. Le comte Maison répondit, comme il le devait, à une semblable
violence, et dit à ses soldats, voyant que les officiers
se mettaient en mesure de l'y contraindre. « Gre-
» nadiers, qu'on se place devant ma porte, et prou-
» vez que vous savez défendre et faire respecter votre
général. » — A ces mots, le poste se met en bataille;
plusieurs sentinelles s'établissent en avant, et aussitôt le rassemblement tumultueux de ces officiers se
dissipe ; mais bientôt le général a la certitude qu'il
ne lui reste pas d'autres soldats de son armée que
ceux formant sa garde, dont l'esprit est déjà tra-
vaillé. Un moment après, il est prévenu que les
officiers à demi-solde, se rendent par les issues
de son jardin, pour le faire prisonnier et le conduire à Napoléon, et il n'a que le temps de s'élan-
cer sur un cheval de lancier, et de nous rejoindre.

Nous venions à peine de nous retirer, lorsque le
colonel Balthazar, sous-lieutenant des gardes-du-
corps, se rend chez le général, pour lui annoncer
que des troupes de *l'usurpateur* marchent de Paris
sur Beaumont. Le comte Maison, à cette nouvelle,

nous fait dire que, n'ayant plus d'armée, il va se rendre en poste près des princes, et les prévenir de son intention de se retirer dans sa terre en Belgique; puis il engage les officiers de son état-major à suivre à cheval la colonne des gardes-du-corps, et des compagnies rouges. Tout en n'accordant que peu d'importance à cette marche de troupes annoncée par Balthazar, aucun de nous n'avait l'intention de quitter la France et de traiter en ennemis ses compatriotes. En conséquence, nous nous rendons aussitôt chez le général Maison, et nous faisons à son chef d'état-major notre profession de foi. Cet officier nous dit, au nom du général, qu'il conçoit parfaitement notre situation et qu'il nous conseille de rentrer dans nos foyers. Le lendemain soir nous étions à Paris.

Napoléon avait retouvé au château des Tuileries les mêmes personnes qui y occupaient des emplois, lorsqu'il avait été renversé du trône en 1814. Aides-de-camp, chambellans, dames du palais étaient à leur poste. Rien ne paraissait changé, à l'exception du maître qui serrait dans ses bras tout ce qui l'entourait, et qui affichait les principes les plus libéraux. Cependant ses anciens ministres n'étaient pas aimés, et quand on apprit qu'il venait de nommer le duc de Bassano ministre secrétaire d'état, le duc Decrès, ministre de la marine, de placer Cambacérès à la justice et le duc de Rovigo à la tête de la gendar-

merie de France, on *crut* voir revenir le despotisme
dont on pensait être délivré, sans avoir confiance au
gouvernement franchement constitutionnel qui était
promis. Le premier acte qui fut publié dans les journaux annonçait pourtant un retour vers l'amour
de la liberté. Mais il ne touchait pas assez essentiellement les Français, pour qu'on n'en comprît la valeur. Le résultat de cet acte n'était qu'une mesure
politique extérieure, qui compromettait particulièrement l'Angleterre; Napoléon venait de signer, le
29 mars, un décret abolissant la traite des noirs.

Néanmoins, pour donner une garantie à la nation contre l'aristocratie et le retour de l'ancien
régime, qu'il avait naguère ramené en France, Napoléon place dans son ministère les républicains
Fouché et Carnot. Le premier de ces conventionnels,
qui avait autrefois, avec tant d'adresse, administré
la police pour Napoléon, en prenant de nouveau
ce portefeuille, s'empresse de transmettre à Gand
ses rapports journaliers, à Louis XVIII. Le général
Carnot, de meilleure foi que son collègue, met tous
ses soins à faire triompher la cause qu'il a embras-
sée, et, dans le peu de temps que le ministère de
l'intérieur est sous son administration, ses travaux
sont immenses. Après avoir renouvelé les préfec-
tures, nommé à tous les emplois vacants, il organise, fait armer les gardes nationales, pour la
défense du territoire, presse l'achèvement des éta-

blissements publics commencés, s'occupe en même temps des sciences et des arts, et c'est sous son ministère qu'est institué, en France, *l'enseignement mutuel*, éducation primaire d'après la méthode de Lancaster. C'est à Carnot que l'on doit l'emploi de ce moyen si heureux de vaincre les premières difficultés de l'instruction pour les enfants. Depuis, ce mode d'enseignement a été répandu dans l'univers entier.

L'empereur avait promis une nouvelle constitution à la France, dont les bases devaient avoir une grande analogie avec celle de 1791. Les partisans du gouvernement représentatif, et ils étaient nombreux, attendaient avec impatience cette preuve évidente du changement de système de Napoléon. Mais l'étonnement, le désappointement furent extrêmes lorsque Napoléon se contenta de faire publier un acte additionnel aux constitutions de l'empire, soumis à l'acceptation des citoyens dans toute l'étendue de la France. Chacun se dit : *Il n'est point changé!* et la confiance et l'enthousiasme que la nation éprouvait commencèrent à s'altérer. Cependant un grand nombre d'individus, par opposition ou par prudence, s'abstinrent de signer sur les registres; quelques-uns mirent *non* ; d'autres, qui sentaient le besoin qu'on éprouvait de son génie, se résignèrent à voir prendre la dictature à ce grand capitaine, pour repousser les étrangers qui con-

voitaient le morcellement de la France. Ils approu-
vèrent donc cet acte et regardèrent néanmoins l'a-
venir avec inquiétude.

Cependant, le duc d'Angoulême est parvenu, dans
le midi, à armer des Français contre leurs frères.
Le général Grouchy a mis tant de célérité dans ses
opérations, qu'il fait assez rapidement cesser la
guerre civile pour que Napoléon puisse, à la fin
d'avril, disposer des troupes qui forment son
corps d'expédition, et les porter vers Laon et Soissons. Le duc d'Angoulême, prisonnier, mis en liberté par ordre de l'empereur, s'embarque à Cette,
pour se rendre en Angleterre, tandis que le général
Clausel procède également à Bordeaux à l'embarquement de la duchesse, qui n'avait pu attirer à sa
cause les régiments de la garnison. Pendant ce
temps, le général Lamarque a des succès dans la
Vendée, et doit bientôt l'amener à la pacification.

Napoléon mettait le matériel en état et pressait
surtout la confection des armes, tandis qu'il com-
plétait en même temps les cadres des régiments. Ses
corps de cavalerie manquaient de chevaux. Il avait
de vieux et bons cavaliers, mais pour faire la guerre,
des chevaux dressés sont indispensables. L'empereur
donne six cents francs à chaque gendarme, et d'un
coup de baguette les régiments de cuirassiers, de
dragons et de lanciers sont portés au complet par
les chevaux de la gendarmerie de France. Cepen-

dant, quelques communes, quelques fonctionnaires, offrent spontanément des cavaliers armés, et équipés; mais Napoléon ne retrouve pas, en 1815, l'élan unanime de 1792 ; l'esprit de parti a passé par là au préjudice de l'amour de la patrie.

L'armée n'était pas nombreuse, mais elle avait rempli l'Europe de ses hauts faits et brûlait d'en venir aux mains. Néanmoins on y redoutait la trahison, et cette défiance, que rien ne put vaincre, eut des résultats funestes. Déjà plusieurs officiers subalternes de cavalerie avaient quitté leurs drapeaux, et semblaient être les précurseurs de militaires d'un grade plus élevé ; la perspective des malheurs de l'émigration n'arrêtait point certaines ambitions créées par les événements. Le voyage de Gand devait avoir lieu avant, pendant et après la lutte qui se préparait. Si ce n'était la ligne la plus droite, ce fut la plus courte pour arriver aux emplois.

Le maréchal duc de Dalmatie, après être resté quelque temps à sa terre de Villeneuve-l'Etang, est nommé major-général de l'armée qui se réunit sur la frontière du nord. Sur la demande du maréchal, je fais partie de son état-major ; j'accepte avec plaisir l'honneur de me retrouver aux coups de fusil, près d'un si grand capitaine, surtout en ayant la certitude que tous les efforts des Français ne tendent qu'à défendre le pays de l'invasion des étrangers, et qu'il n'y aura, dans leurs rangs, aucun Français à combattre.

Le 1er juin, je me rends au champ-de-Mars avec le collége électoral du département de l'Yonne, pour assister à la cérémonie du champ-de-Mai. La messe est célébrée par l'archevêque de Tours, qu'assistaient le cardinal de Bayanne et quatre évêques. Dans le discours de la députation des colléges électoraux, prononcé d'une voix forte par M. Dubois d'Angers, doué d'un bel organe, on remarque la phrase suivante qui fait une vive impression : « Leur présence (des Bourbons) a détruit toutes les illusions qui s'attachaient encore à leur nom. *Ils ne pourraient* plus croire à nos serments, *nous ne pourrions* plus croire à leurs promesses. »

Lorsque l'empereur répond à ce discours, on l'écoute avec la plus profonde attention. Le passage suivant excite l'émotion d'un grand nombre d'électeurs :

« Français, vous allez retourner dans vos départements. Dites aux citoyens que les circonstances sont grandes... dites-leur que les rois étrangers que j'ai élevés sur le trône ou qui me doivent la conservation de leur couronne, qui tous, au temps de ma prospérité, ont brigué mon alliance et la protection du peuple français, dirigent aujourd'hui tous leurs coups sur ma personne. Si je ne voyais que c'est à la patrie qu'ils en veulent, je mettrais à leur merci cette existence contre laquelle ils se montrent si acharnés. »

L'archevêque de Bourges, premier aumônier, faisant les fonctions de grand-aumônier, s'approche du trône, présente à genoux les saints évangiles à Napoléon qui prête le serment d'être fidèle à la constitution. L'empereur distribue ensuite les aigles à la garde nationale et à la garde impériale, et parle à ces troupes d'une voix animée. Cinquante mille hommes, dont moitié de gardes nationales, défilent aux cris de *Vive l'Empereur*. Ainsi se termine cette cérémonie, qui réunit au champ-de-Mai une multitude de spectateurs, plus considérable encore qu'à l'époque de la fédération.

Le grand quartier-général de l'armée s'établit à Laon. Pendant les trois jours qui précèdent l'arrivée de l'empereur dans cette ville, les derniers corps la traversent pour se mettre en ligne aux frontières. Quand le 10e régiment, qui avait combattu avec dévouement sous les ordres du duc d'Angoulême, fait son entrée à Laon, les soldats, voulant peut-être témoigner qu'ils sont encore attachés au roi, au lieu de prononcer le nom de l'empereur, criaient hautement *Vive le roi... de Rome !* Ces acclamations ironiques, que répétaient tant d'hommes armés, semblaient être d'un mauvais présage pour la campagne ; c'est ainsi du moins que s'exprimaient quelques habitants, qui ignoraient la fascination puissante que la présence seule de Napoléon exerçait toujours sur son armée.

Le 10 juin, le grand quartier-général est transféré à Marles, le 11 à la Capelle. Le 12, nous nous rendons à Avesnes, et y séjournons le 13. Le lendemain, 14, le grand quartier-général est établi à Beaumont.

Le 14, on a marché sur Charleroi. En arrivant à Beaumont, l'armée du nord avait fait sa jonction avec celle des Ardennes, commandée par le lieutenant-général Vandamme, dont le quartier était établi à Fumay. L'armée de la Moselle, sous les ordres du général Gérard, partie de Metz à marche forcée, débouchait en même temps par Philipeville et se mettait également en ligne. Ainsi l'armée du nord se trouvait composée de cinq corps d'infanterie commandés par les lieutenants-généraux, savoir : Le premier d'Erlon, le deuxième Reille, le troisième Vandamme, le quatrième Gérard (le cinquième était à Strasbourg), et le sixième de Lobau. La cavalerie, sous les ordres du maréchal Grouchy, est partagée en quatre corps, commandés par les généraux Pajol, Excelmans, Milhaud et Kellermann.

La garde impériale, forte de vingt mille hommes, formait le noyau de cette belle armée, que suivait un matériel considérable d'artillerie bien attelé et dans le meilleur état, ainsi que plusieurs équipages de pont. Indépendamment des batteries attachées à chaque division , tous les corps d'armée avaient leur parc de réserve ; la garde , surtout , possédait une excellente artillerie , presque entièrement composée de pièces neuves. Ces troupes , brûlant du désir de rencontrer l'ennemi , pouvaient donner un effectif de cent mille combattants, dont quinze à vingt mille de cavalerie, ayant à leur suite trois cents bouches à feu.

L'armée se trouvant réunie et en ligne sur l'extrême frontière , la proclamation suivante fut mise à l'ordre et lue à la tête de chaque corps.

« Soldats ,

« C'est aujourd'hui l'anniversaire de Marengo et de Friedland, qui décida deux fois du destin de l'Europe. Alors, comme après Austerlitz , comme après Wagram , nous fûmes trop généreux. Nous crûmes aux protestations et aux serments des princes que nous laissâmes sur le trône. Aujourd'hui cependant, coalisés entre eux , ils en veulent à l'indépendance et aux droits les plus sacrés de la France. Ils ont commencé la plus injuste des agressions. Marchons donc à leur rencontre. Eux et nous , ne sommes-nous plus les mêmes hommes?

« Soldats! à Jena, contre ces mêmes Prussiens , aujourd'hui si arrogants , vous étiez un contre trois, et à Montmirail , un contre six.

» Que ceux d'entre vous qui ont été prisonniers des Anglais, vous fassent le récit de leurs pontons et des maux affreux qu'ils y ont soufferts.

» Les Saxons, les Belges, les Hanovriens, les soldats de la confédération du Rhin, gémissent d'être obligés de prêter leurs bras à la cause des princes ennemis de la justice et des droits de tous les peuples. Ils savent que cette coalition est insatiable. Après avoir dévoré douze millions de Polonais, douze millions d'Italiens, un million de Saxons, six millions de Belges, elle devra dévorer les états du second ordre de l'Allemagne.

» Les insensés ! un moment de prospérité les aveugle. L'oppression et l'humiliation du peuple français sont hors de leur pouvoir : s'ils entrent en France, ils y trouveront leur tombeau.

» Soldats ! nous avons des marches forcées à faire, des batailles à livrer, des périls à courir ; mais, avec de la constance, la victoire sera à nous ; les droits, l'honneur et le bonheur de la patrie seront reconquis.

» Pour tout français qui a du cœur, le moment est arrivé de vaincre ou de mourir. »

Le 15, au point du jour, l'armée s'ébranle pour entrer en Belgique. Le deuxième corps attaque les avant-postes prussiens qui lui sont opposés et les poursuit avec vigueur jusqu'à Marchienne-au-Pont.

La cavalerie de ce corps a l'occasion de charger plusieurs carrés d'infanterie qu'elle enfonce et à qui elle fait plusieurs centaines de prisonniers. Les Prussiens se hâtent de repasser la Sambre. Pendant que de nombreux tirailleurs défendent l'approche du pont de Charleroi, les sapeurs et les marins de la garde s'y portent ; j'entre avec eux dans la ville. Ces braves marins font prisonnier un bataillon belge. Après avoir rendu compte de ces résultats à l'empereur, je porte l'ordre au général Pajol de pénétrer dans Charleroi avec sa cavalerie, d'y balayer l'ennemi et de le poursuivre sur la route de Fleurus.

Les Prussiens qui ne nous attendaient pas sitôt, surpris d'une attaque aussi brusque, se retirèrent sur Fleurus où leur armée se concentrait [1]. Napoléon ayant dépassé Charleroi et voulant occuper dans la soirée les belles positions en puissance de l'ennemi, fit charger plusieurs fois ses escadrons de service sur l'infanterie prussienne du corps de Ziethen. Ce fut dans une de ces charges qui enfoncèrent les carrés ennemis, que le lieutenant-général Letort, major des dragons de la garde, fut atteint d'une blessure mortelle.

---

[1] Ayant appris par les habitants de Charleroi que des officiers prussiens, en garnison dans cette ville, qui ne nous attendaient pas sitôt, n'avaient eu que le temps de se sauver sans culotte, je le racontai à l'Empereur : cette anecdote le fit rire aux éclats.

L'empereur, ayant laissé le troisième corps sur la
route de Namur et le deuxième à Gosselies sur celle
de Bruxelles, revient avec son état-major général à
Charleroi. Le reste des troupes occupe les villages
environnants.

Si l'armée vit, avec peine, l'illustre maréchal
Mortier retourner à Paris, sous le vain prétexte
d'un accès de goutte à la main, l'arrivée du maréchal
Ney, du brave des braves, fit oublier cet événement.
Le commandement de l'aile gauche, composée des
deux premiers corps d'infanterie et de quatre divisions de cavalerie, lui fut donné. Il reçut l'ordre
de marcher par Gosselies et Frasnes sur la route
de Bruxelles. Le centre, où se trouvaient les 3e et
4e corps, le 6e et la garde placée en réserve, ainsi
qu'une nombreuse cavalerie, se dirigea sur Fleurus.
Le maréchal Grouchy avec la cavalerie Pajol et
quelques bataillons d'infanterie manœuvraient vers
le village de Sombref, sur la route de Namur.

Ainsi, le 16, dès trois heures du matin, les colonnes de l'armée française qui se trouvaient encore
sur la rive droite de la Sambre, s'étaient mises
en mouvement, pour effectuer leur passage, après
lequel l'armée entière s'était portée en avant.

Plusieurs historiens ont reproché au maréchal
Ney de ne s'être pas emparé, le 15, de la position
des Quatrebras qui n'était alors défendue que par des
forces inférieures. Dans la relation de la campagne

de Waterloo, le général Heimès, son ancien aide-de-camp, a fait, pour ainsi dire, un procès-verbal de cette journée du 15. Le maréchal, à dix heures du matin, resté en arrière, faute de moyens de transport, achetait deux chevaux ; à sept heures du soir, il recevait un commandement ; à huit heures il battait l'ennemi et lui faisait des prisonniers ; à dix heures, il avait franchi cinq lieues avec sa troupe et prenait position en avant de Frasnes; à minuit, il rendait compte à Charleroi des dispositions qu'il avait prescrites. L'empereur le recevait à souper et lui faisait part de ses projets et de ses espérances pour la journée du lendemain. Napoléon n'a donc pu exiger du maréchal qu'il exécutât une attaque de nuit pour déloger des Quatrebras dix bataillons soutenus d'artillerie.

Napoléon supposait que l'intérêt personnel était le seul mobile des hommes. Depuis son retour, en France, le mépris qu'il paraissait concevoir pour le genre humain, prenait de nouvelles forces dans son esprit. Entouré de généraux qui risquaient en prenant sa cause de perdre une belle existence, Napoléon croyait être entouré de traitres ; aussi, dans la campagne qui venait de s'ouvrir, il ne voulait qu'aucun officier général put s'attribuer la gloire de ses dipositions militaires. L'empereur apprend que le général Bourmont, a, le 14, quitté sa division pour passer à l'étranger, ainsi que son chef d'état-

major et un autre officier supérieur. Quoique ce
général parti de Metz, après avoir remis le commandement de sa division au plus ancien général de
brigade, ne puisse connaître les mouvements pro-
jetés et les plans de la campagne, cette nouvelle
a fortement irrité Napoléon. Le général Vandamme
l'ayant contredit sur le nombre des Prussiens dont
les masses principales paraissent en colonnes ser-
rées, Napoléon lui répond avec aigreur. Enfin
le général Vandamme, élevant la voix, reprend :
« Mais, sire, j'étais à la bataille de Fleurus, je ne
» puis me tromper, je connais toutes les positions ;
» le général Fouler qui s'y trouvait comme moi a
» vu de la même manière. » — Fouler, dit Napoléon avec dédain, je l'enverrai garder mes chevaux.

Le lieutenant-général Fouler avait repris près de
l'empereur ses fonctions d'écuyer ; mais sous la restauration, en 1814, il avait été officier des gardes
de Louis XVIII. Cette circonstance suffisait en ce
moment pour exciter la défiance du maître. Les
longs services de ce brave officier et son dévouement pour Napoléon auraient dû le mettre à l'abri
de tout soupçon.

L'armée prussienne couronnait les plateaux qui
environnent le moulin de Bussy ; elle s'étendait en
amphithéâtre sur toute la longueur d'un côteau,
devant lequel se trouvait un ravin profond garni de

bouquets boisés et qui couvrait sa ligne. Sa droite
était appuyée au village de Saint-Amand, son centre à Ligny, et sa gauche s'étendait vers Sombref
et se prolongeait sur Gembloux et sur la route de
Namur. Ses forces n'étaient pas entièrement réunies ; l'armée prussienne attendait un de ses corps
qui était en marche, et une colonne anglaise. Cette
dernière fut arrêtée par le maréchal Ney, et combattit contre lui aux Quatre-Bras.

L'empereur me donna l'ordre de prescrire au
maréchal Soult de se rendre près du maréchal
Grouchy pour reconnaître la position et prendre les
dispositions nécessaires pour l'attaque. Peu de temps
après, Napoléon le rejoignit. Ils montèrent tous les
trois l'échelle étroite d'un moulin qui dominait sur
la campagne. On assure que le jour de la bataille de
Fleurus, Jourdan fit dans le même moulin ses
observations sur l'armée qui lui était opposée.
L'empereur suit avec sa lorgnette les mouvements de l'ennemi. Préoccupé de l'idée que les
troupes qu'il voit déboucher font partie d'un corps
prussien qui veut faire sa jonction, Napoléon s'é-
crie : *Ils vont être pris en flagrant délit.* Plusieurs
généraux et colonels avaient accompagné l'empereur et les maréchaux. (J'étais du nombre de ces
officiers qui s'étaient arrêtés au pied du moulin.) Je
tenais mon cheval par la bride et je causais à voix
basse avec le colonel Michal, à pied comme moi,

lorsque le général comte Gérard et non le maréchal Ney, comme l'ont rapporté quelques historiens, vint prendre les ordres de Napoléon.

— Eh! bien, Gérard, s'écrie Napoléon du haut du moulin, vous m'aviez répondu de Bourmont sur votre tête, vous voyez ce qu'il vient de faire. — Sire, le général Bourmont a combattu sous mes yeux avec honneur, il a versé son sang pour la cause de Votre Majesté, j'ai dû le croire irréprochable et dévoué. — Bah! dit l'empereur, un homme qui a été blanc ne deviendra jamais bleu et un bleu ne sera jamais blanc.

Le coup-d'œil d'aigle de Napoléon lui a bientôt fait reconnaître que les masses prussiennes qui se mouvaient à l'horizon, loin de former un corps isolé, se composaient d'une armée toute entière qui manœuvrait pour prendre sa ligne et ne combattre que le lendemain, tandis que les Français, en lui laissant réunir ses forces, seraient très inférieurs en nombre. Napoléon résolut donc d'attaquer sur-le-champ. Mais comme il avait un changement de front assez considérable à exécuter, et qu'il voulait peut-être donner le temps au maréchal Ney de se porter sur les derrières de l'armée alliée, le mouvement offensif n'eut lieu qu'à trois heures après midi.

Pendant son séjour à l'île d'Elbe, l'embonpoint de Napoléon avait fait de rapides progrès. Sa tête avait acquis un grand volume, elle était enfoncée dans ses épaules et l'abdomen offrait une rotondité peu habituelle à un homme de quarante-cinq ans. Aussi remarquait-on, pendant cette campagne, qu'il restait beaucoup moins longtemps à cheval que dans les précédentes. Quand il mettait pied à terre, soit pour examiner ses cartes, soit pour envoyer ou recevoir des renseignements, les gens de sa suite plaçaient devant lui une petite table en bois blanc et un siége grossier de la même nature, sur lequel il restait longtemps assis.

Le 3ᵉ corps se dirige en colonne d'attaque sur le village de Saint-Amand; le 4ᵉ (Gérard) s'avance vers Ligny, soutenu par la garde, le 6ᵉ corps et une nombreuse réserve de cavalerie commandée par le général Milhaud. Le 3ᵉ corps commence le feu en attaquant le village de Saint-Amand, où il trouve une résistance opiniâtre. Il l'enlève à la bayonnette; mais il en est néanmoins chassé après en avoir occupé une partie. Le 4ᵉ corps se précipite à son tour sur Ligny, en même temps que les deux ailes engageaient successivement le combat, la gauche à Frasne et la droite sur Sombref. En peu d'instants, l'affaire devint générale, et une forte canonade qui augmentait graduellement se fit entendre sur toute la ligne.

Le général Vandamme venait de prévenir Napoléon de la présence d'une colonne de cavalerie prus-

sienne qui se montrait au loin à la droite de Ligny,
et qui n'était autre qu'un détachement d'infanterie
du 1er corps que l'empereur n'attendait point par
cette direction, plus efficace sans doute pour opérer
sa jonction avec nous, mais non pour parvenir
au but désiré de tourner la droite de Blücher. Ce
mouvement dut nécessairement avoir lieu après la
mission du colonel Laurent près du maréchal Ney.
Après cette nouvelle, l'empereur m'envoie près du
général Milhaud pour lui faire quitter sur-le-champ
sa position avec son artillerie, afin de se porter sur
le point menacé. Je rends compte à mon retour au
major-général que l'artillerie légère qu'on déplace,
ayant fait taire ou démonté les pièces dirigées
contre la division Girard, je crois que le départ de
cette réserve compromettra notre infanterie. Napoléon debout, vis-à-vis de sa petite table, placé près
du major-général, m'avait entendu et avait approu-
vé mon observation. Je retourne au général Milhaud
aussi vite que mon cheval peut courir, mais l'artillerie était déjà engagée dans le ravin et ne pouvait
plus faire volte-face. La cavalerie française était en
colonne de route, l'ennemi profita de ce faux mouvement. Les villages qui étaient le théâtre de l'action sont pris et repris plusieurs fois après un affreux carnage. Ceux de Saint-Amand et de Ligny sont
surtout disputés avec une invincible obstination. Le
général Girard blessé à mort, sa division est un

instant repoussée dans le plus grand désordre. Napoléon me prescrit ainsi qu'à Labedoyère, de la rallier et de réunir les brigades. Le général Labedoyère disait avec feu : « Soldats, ne rougissez-vous pas » de reculer devant les mêmes hommes que vous » avez vaincus tant de fois, qui ont jeté leurs armes » à vos pieds en vous demandant grâce à Auster- » litz, Iéna, Friedland. Marchez en avant, vous les » verrez fuir de nouveau et vous reconnaître encore » pour leurs vainqueurs. » — La noble voix de ce brave jeune homme fut entendue ; les fantassins se rallient, parviennent à se loger dans le cimetière de Saint-Amand et à s'y maintenir, malgré les efforts réitérés des Prussiens pour les chasser.

L'empereur, ayant voulu assurer le succès de la bataille et obtenir un résultat décisif, avait envoyé au maréchal Ney, qui commandait l'aile gauche, le colonel d'artillerie Laurent, pour lui donner l'ordre de s'emparer des Quatre-Bras et de faire un mouvement par sa droite en suivant la route de Namur pour tourner la position de l'ennemi qui disputait encore le terrain. Cet ordre n'arriva au maréchal Ney que lorsqu'il commençait les hostilités avec l'armée anglaise. Le maréchal Ney, d'après le rapport du colonel, répondit en recevant le message : — L'empereur est sur sa chaise, il ne peut voir ce qui se passe ici, les Anglais sont devant moi et je vais les battre. — En effet, l'aile gauche, vivement engagée contre l'armée anglaise, ou pour mieux dire contre le corps du général Picton et du duc de Brunswick, eut un assez brillant avantage, et l'ennemi fut chassé de Frasne jusqu'à la ferme des Quatre-Bras. Cependant l'empereur, ayant besoin de forces et mécontent de la réponse du maréchal Ney, envoie en toute hâte chercher le 1er corps, et le maréchal ne l'apprend que lorsqu'il est en marche. Mais le comte d'Erlon, parvenu à la moitié de son trajet, reçoit l'ordre du maréchal Ney de rétrograder. Le comte d'Erlon arrête aussitôt les deux dernières divisions Douzelot et Marcognet qui pourtant, en retournant sur leurs pas, ne peuvent arriver qu'à neuf heures du soir pour se placer en seconde ligne, en arrière des troupes du maréchal. Quant aux deux autres divisions Alix et Durutte, elles continuèrent leur marche et n'atteignirent Saint-Amand que quand l'empereur avait quitté ce village pour poursuivre les Prussiens. De façon que le 1er corps, par ces ordres et contre-ordres, ne put prendre ce jour-là qu'une faible part aux opérations de l'armée.

Les Anglais ayant reçu des renforts du prince d'Orange, attaquent de nouveau, et malgré la valeur héroïque des divisions Jérôme, Foy et Bachelu, le combat de ce côté devient sans résultats. Cependant le nombre des morts de l'ennemi fut plus considérable que celui de Ney, et les troupes écossai-

ses furent taillées en pièces. Wellington n'apprit que
le lendemain matin la défaite de l'armée prussienne.

L'empereur dirige sa garde et toute sa réserve sur
le village de Ligny. Ce mouvement hardi, dont ce
qui s'était passé à la gauche avait retardé jusqu'alors
l'exécution, avait pour but d'isoler entièrement du
reste de leur armée la droite des Prussiens qui se
trouvaient derrière Saint-Amand et de leur fermer
la retraite sur Namur.

La bataille fut gagnée, mais les trophées de ce
jour glorieux se réduisirent à une vingtaine de
pièces d'artillerie et à quelques drapeaux. On s'était
battu avec acharnement de part et d'autre. L'armée
française se mit en devoir de poursuivre ses succès;
la nuit qui survint et les fatigues de la journée l'en
empêchèrent. On se contenta de passer le ravin et
de s'emparer des positions de l'ennemi. A dix
heures, le feu avait cessé sur toute la ligne et l'armée occupait ses bivouacs. Le maréchal Blücher eut
un cheval tué sous lui au commencement de la retraite et, culbuté par la chute de ce cheval, il resta
au milieu des cuirassiers français et ne dut son salut qu'à l'obscurité de la nuit qui empêcha nos
cavaliers de le reconnaître. Le champ de bataille
était jonché de cadavres prussiens; leur perte fut
immense. Nous recueillîmes un grand nombre de
blessés, mais ce furent les seuls prisonniers qui tombèrent en notre pouvoir.

A notre gauche, les Anglais perdirent aussi beaucoup de monde, et les deux partis restèrent sur le terrain et sur la position qu'ils occupaient au commencement de l'action. Le général anglais Hill fut tué, ainsi que le duc de Brunswick qui périt par le feu de la division commandée par Jérôme Bonaparte [1] qui l'avait déjà détrôné. Les cuirassiers, dans une charge brillante sur les bataillons anglo-belges, enlevèrent un drapeau. L'absence du 1er corps ne permit pas au maréchal Ney de se maintenir aux Quatre-Bras, dont il s'était emparé avec des forces bien inférieures à celles de l'ennemi.

Chacun s'accordait à dire que Napoléon avait atteint le but qu'il s'était proposé, et qu'ayant séparé entièrement les deux armées anglaise et prussienne, il avait coupé entr'elles toute communication. Cet avantage paraissait très précieux et d'autant plus grand qu'il suffisait d'un corps très faible pour observer et poursuivre les Prussiens après les pertes qu'ils venaient d'essuyer ; ce qui donnait à l'armée française la facilité de se porter tout entière contre les Anglais. Cependant, il n'en fut point ainsi, puisque l'empereur crut nécessaire de lancer à la pour-

---

[1] Le lieutenant-général Guilleminot était chef d'état-major de Jérôme. M. de Cubières, du 1er léger, colonel d'avant-garde du prince, fut blessé dans cette affaire, et ne voulut point quitter son régiment. Le colonel Trezel, aide-de-camp de Guilleminot, perdit un œil d'un coup de feu.

suite de Blücher une armée de trente et quelque mille hommes.

Le 17, au point du jour, Napoléon passe la revue des troupes qui ont combattu, et fait enlever du champ de bataille les blessés français et prussiens; puis, laissant les 3e et 4e corps d'infanterie, ainsi que la cavalerie du général Pajol sous les ordres du maréchal Grouchy, en y ajoutant encore la division d'infanterie, reste du 6e corps[1] et la cavalerie légère d'Excelmans, l'empereur prescrit à Grouchy de suivre et de presser les Prussiens en se tenant toujours en communication avec lui. Le bruit se répandit au quartier général, que le major-général avait représenté à Napoléon qu'il y aurait du danger à diminuer ses forces pour vaincre l'armée anglaise, enfin que le détachement de Grouchy était trop considérable; mais l'empereur, habitué à l'obéissance passive de Berthier, ne voulut sans doute rien entendre; d'ailleurs, l'armée prussienne, battue la veille, était encore très considérable, et en ne laissant devant elle qu'un faible corps, Napoléon courait la chance d'attirer Blücher sur ses derrières avant d'en être venu aux mains avec l'armée de Wellington. Quoi qu'il en soit, les dispositions de Napoléon fu-

---

[1] Quant à la division d'infanterie Girard, qui avait beaucoup souffert à la bataille de Ligny, elle resta en réserve à Fleurus, pour faire enlever les blessés, et compta au nombre des troupes placées sous le commandement du maréchal Grouchy.

rent maintenues et il marcha de sa personne vers
les Quatre-Bras avec sa réserve, le 6e corps (Lobau)
et le corps de cuirassiers du général Milhaud ; la division de cavalerie légère du général Domon formait
l'avant garde[1], le général Subervic suivait l'empereur avec sa division, composée de la brigade de lanciers Alphonse Colbert et du 11e de chasseurs,
Napoléon n'ayant près de lui que les escadrons de
service de la garde. Il était alors onze heures du
matin ; les reconnaissances rentrées annonçaient
que les Anglais étaient encore aux Quatre-Bras ; cependant quand nous parvinmes à cette position,
l'ennemi l'avait déjà évacuée pour effectuer sa retraite.

Le temps était à l'orage ; déjà quelques averses
successives avaient dégradé les routes secondaires
qui offraient des difficultés à la marche de l'artillerie. Les Anglais avaient manœuvré de manière à
nous masquer une retraite déterminée sans doute
par l'affaire de Ligny. Les troupes que l'on voit sur
les plateaux ne sont qu'une forte arrière-garde destinée à protéger ce mouvement qu'elle suit lorsqu'il
est complétement exécuté. Napoléon se met aussitôt à leur poursuite avec sa cavalerie, et l'armée
accélère sa marche sur Bruxelles. On rencontre de

---

[2] La division Durutte, du 1er corps, avait reçu l'ordre de rejoindre
le comte d'Erlon, par Villers-Perruin.

distance en distance, sur la route, des caissons anglais abandonnés et des voitures dont les roues sont
brisées. On traverse le champ de bataille des Quatre-Bras, couvert de toutes parts de cadavres anglais
et écossais, dont le nombre considérable prouve que
leurs pertes sont supérieures aux nôtres. L'empereur
s'arrête ainsi que le 6e corps pour laisser prendre la
tête de colonne aux 1er et 2e corps sous les ordres
du maréchal Ney qui arrivent en même temps que
nous aux Quatre-Bras. Le tonnerre gronde avec violence ; la pluie d'orage tombe avec tant de force
qu'elle rompt les agraffes du chapeau de Napoléon
qui se trouve avoir sur la tête une coiffure semblable
à celle de Basile, dans le barbier de Séville. Avec ce
chapeau clérical qui aurait pu prêter au ridicule,
l'empereur place son cheval devant la chaussée pour
voir défiler une partie de l'infanterie du comte
d'Erlon. Les acclamations unanimes des soldats
témoignent de l'enthousiasme que sa présence inspire toujours aux troupes.

Si les vingt mille hommes du 1er corps avaient
pu arriver assez à temps la veille pour déborder les
Prussiens, les résultats de la victoire de Ligny auraient été immenses ; d'un autre côté, si ces vingt
mille hommes étaient restés à la disposition du maréchal Ney, il y a tout lieu de penser qu'il aurait bivouaqué aux Quatre-Bras et poursuivi l'armée anglo-belge l'épée dans les reins ; mais d'après la force

numérique de l'armée française, il y avait peu de chances de gagner à la fois deux batailles le même jour. Les événements du 18 nous prouvèrent d'ailleurs, la vérité de ce vieux dicton populaire : *Dieu protège les gros bataillons !* L'attaque du maréchal Ney contre les Anglais eut toujours cet immense avantage d'empêcher Wellington d'opérer sa jonction avec Blücher par une marche de flanc sur Ligny.

Cependant, malgré le mauvais temps et surtout les heures précieuses de la journée qui ont été perdues, l'empereur poursuit avec vitesse l'arrière-garde anglo-belge. Notre artillerie la force bientôt d'accélérer sa retraite ; le général Alphonse Colbert, commandant la 1re brigade de la division Subervic, reçoit l'ordre de se porter en avant pour reconnaître l'ennemi qui semble s'être arrêté pour occuper une belle position en arrière de Gennape ; la brigade se rend vers ce bourg au grand trot et à travers champs. L'empereur était déjà à l'entrée de Gennape, observant les mouvements des Anglais ; la pluie en ce moment redoublait d'intensité. Aussitôt que le général Colbert est à sa portée, Napoléon lui ordonne de former les pelotons et d'attaquer l'ennemi. Ce mouvement s'opère au galop en défilant devant l'empereur ; bientôt le 1er de lanciers, commandé par le colonel Jacquinot, se trouve engagé avec la cavalerie anglaise qui a elle même pénétré dans le bourg

au-devant des Français. Le pêle mêle est terrible,
c'est un combat corps à corps qui dure plus de vingt
minutes et dont le résultat est glorieux pour nos
armes ; les Anglais ont cent hommes hors de combat ;
parmi les tués se trouve le major Hodge, officier
fort estimé, et parmi les prisonniers, onze officiers
qui furent conduits par [1] l'aide-de-camp de Colbert
au quartier impérial. Le général Flahaut, aide-de-
camp de l'empereur, traduisit les papiers trouvés sur
le major Hodge et qui étaient signés de Wellington.

Au commencement de ce mouvement, le général
Alphonse Colbert avait envoyé l'ordre au colonel
Sourd, qui commandait le 2e de lanciers, de suivre
la direction du 1er régiment; mais il est séparé de sa
colonne par l'arrivée du 1er corps, et surtout par
l'artillerie qui a pénétré trop tôt dans la rue de Gennape. Le colonel Sourd, impatient de la contrainte
où il se trouve, parvient pourtant à se dégager des
caissons qui encombrent le passage et il atteint l'ennemi avec quelques hommes seulement de sa compagnie d'élite qui ont pu le suivre. Entouré par les
Anglais, le brave colonel Sourd est blessé d'une manière tellement grave, que le docteur Larray est
forcé de lui faire, le soir même, l'amputation du
bras droit.

L'effet des lances fut terrible dans cette rencontre

---

[1] Mon frère, le capitaine Pétiet.

et la bravoure des lanciers au-dessus de tout éloge ;
quelques beaux chevaux tombèrent en leur pouvoir.
Dans les bagages pris aux Anglais, se trouvaient
plus de soixante parapluies dont les officiers se servaient encore sur le front de leur ligne avant la
charge. Les cadavres ennemis étaient couverts de
boue, au point qu'on ne pouvait plus distinguer la
couleur des uniformes. La perte des Français se ré-
duisit à quelques blessés.

Ecoutons maintenant Wellington dans son rapport au comte de Bathurst. « L'ennemi ne fit aucune
« tentative pour inquiéter notre arrière - garde,
« quoique notre retraite s'opérât en plein jour : il
« se contenta de faire suivre par un gros corps de
« cavalerie, tiré de son aile droite, la cavalerie sous
« les ordres du comte d'Uxbridge ; ce qui fournit
« l'occasion à lord Uxbridge de faire une charge à
« la tête du premier régiment des gardes, au mo-
« ment où l'ennemi débouchait du village de Gen-
« nape ; sa seigneurie se loue de la conduite de ce
« régiment dans cette occasion. » Mais le prince
d'Orange trouve sans doute que Wellington fait encore aux Français la part trop belle : voici tout ce
qu'il se contente de dire dans son rapport au roi des
Pays-Bas, sur les engagements de cavalerie de Gennape. « La cavalerie ennemie, suivant les mouve-
« ments de l'armée, fut repoussée plusieurs fois
« avec grande perte par celle des Anglais. »

Ecrivez-donc l'histoire avec les bulletins !...

Cependant lord Uxbridge se dispose à venger cet
échec ; mais notre artillerie, malgré les difficultés
du terrain, s'est mise en batterie et foudroie ses
troupes ; la division de cavalerie légère du général
Domon, marche à la droite de Gennape. Le colonel
Marbot, commandant le 7ᵉ de houzards, profite avec
rapidité de la position qu'il occupe dans la colonne
pour exécuter une charge de flanc sur les Anglais,
qui fait tomber en son pouvoir de nombreux chevaux de main. Les Anglais se retirent et n'arrêtent
plus notre marche, jusqu'à ce qu'ils soient établis
en arrière de Planchenoit, sur les hauteurs qui
couvrent la forêt de Soignes.

Il était six heures du soir, le maréchal Ney fait
ranger ses troupes en bataille, les cuirassiers de
Milhaud exécutent le même mouvement. L'empereur, impatient d'arriver à Bruxelles et qui compte
encore sur deux heures et demie de jour, donne
l'ordre de se porter en avant ; mais l'ennemi se dé-
ploie et montre qu'il attend la bataille adossé à la
forêt de Soignes, la gauche s'étendant vers le village
de Mont-Saint-Jean et la droite appuyée au bois
d'Hougmont. Ses batteries nous font déjà éprouver
des pertes considérables ; notre armée, fatiguée
d'une marche pénible, dans un chemin fangeux,
n'est point réunie. Napoléon fait retirer les troupes
et l'on se dispose à passer la nuit parallèlement à

l'armée ennemie, en arrière et en avant du village de Planchenoit.

Le quartier impérial est placé à la ferme du Caillou, sur la route de Charleroi à Bruxelles, non loin de Planchenoit. Pendant la soirée et la nuit entière, la pluie qui continue à tomber par torrents fait cruellement souffrir les troupes bivouaquées au milieu de la boue, et détruit les blés jonchés sur la terre par l'orage et ce déluge fatal. L'armée anglo-belge, arrivée de bonne heure à sa position, avait ses vivres assurés; aussi nos ennemis purent sécher leurs vêtements et réparer leurs forces. Les soldats français, sans vivres, firent encore des marches et des contre-marches pour parvenir aux lieux fixés pour leurs bivouacs. L'obscurité, par cette pluie battante, étendit ses voiles sur nous plutôt qu'on ne le supposait; les hommes isolés cherchant leurs régiments, trouvèrent, après de vaines courses, un abri dans les maisons et se livrèrent à quelques désordres.

14

18 JUIN.

Je le répète : je n'écris point l'histoire de la campagne de 1815, qui est encore à faire, mais je retrace mes souvenirs dans un aperçu rapide. En conséquence, la plupart des événements militaires qui ne se sont point passés sous mes yeux ou dont je n'ai eu connaissance qu'imparfaitement, sont négligés dans ma narration. J'aurais désiré, comme mes camarades, que ce jour funeste du 18 juin prit le nom de Mont-Saint-Jean, chétif hameau devenu aujourd'hui célèbre , que nous avons enlevé aux Anglais et qui a fini par nous coûter si cher !...

Le jour ayant paru , l'armée française prend les armes au nombre de soixante-cinq mille combattants et non de cent-vingt mille, comme on l'a dit beaucoup trop légèrement. L'ennemi qui a eu , y compris l'arrivée des Prussiens, une force égale à ce dernier nombre, s'est plu à confirmer cette version pour rehausser sa gloire. On apercevait vers le centre , en arrière de Mont-Saint-Jean, de fortes masses d'infanterie anglaise qui couronnaient un vaste plateau au-devant duquel on crut distinguer des redoutes , la terre paraissant d'une couleur différente de celle du sol. Mais le général du génie Haxo, qui s'en approcha, et dont le coup-d'œil était si sûr , rendit compte à l'empereur qu'il n'avait aperçu aucune trace de fortification. Ce plateau qui se prolongeait des deux côtés le long de la lisière de la forêt était couvert de batteries.

L'ennemi ne faisant aucun mouvement , on était tenté de croire que la journée se passerait en reconnaissances , les routes détrempées ne permettant ni à l'artillerie de se mouvoir ni à la cavalerie d'agir. Mais à neuf heures du matin, un vent assez violent sèche un peu les champs et les routes, les ordres du major-général parviennent aux divers corps et font connaître que l'attaque est résolue.

A onze heures l'armée, sur plusieurs lignes, avait

occupé les positions prescrites. Le corps du général
Reille était à notre gauche entre la chaussée de Ni-
velles et celle de Charleroi ; la division de Jérôme,
près du bois d'Hougoumont, puis celle du général
Foy et le général Bachelu, dont les troupes se prolongeaient à la route de Charleroi, près la ferme de
la Belle-Alliance. Le corps du comte de Lobau était
placé derrière la seconde ligne du 2e corps, le long
et sur la gauche de la chaussée de Charleroi. La
cavalerie légère du général Jacquinot et la division
Subervic se trouvaient à notre extrême droite
pour communiquer avec les troupes du maréchal
Grouchy, auquel l'empereur avait prescrit, la veille,
de diriger ses mouvements sur Wavres, afin de se
rapprocher de l'armée par Mont-Saint-Lambert, en
ne négligeant pas de lier ses communications avec
nous. Le 1er corps, commandé par le comte d'Erlon,
était à cheval sur la grande route et formait notre
centre. La cavalerie était répandue sur divers points
de la ligne, la garde impériale était en réserve sur
les hauteurs du centre ; enfin 80 pièces de canon se
disposaient à battre les positions ennemies.

L'empereur parcourut les lignes de l'armée et fut
reçu comme toujours avec acclamations. Il descendit de cheval et se plaça sur un tertre assez élevé,
près de la *Belle-Alliance*, d'où l'on découvrait le
champ de bataille et les deux armées prêtes à en
venir aux mains. Napoléon avait étendu une carte

sur sa petite table et, en l'examinant, il paraissait
enseveli dans de profondes combinaisons stratégiques. Au pied de ce tertre où j'étais placé, mes yeux
ne pouvaient se détacher de l'homme extraordinaire que la victoire avait si longtemps comblé de
ses dons. Son embonpoint, son visage d'un blanc
mat, sa démarche lourde, le rendaient bien différent du général Bonaparte que j'avais vu, au commencement de ma carrière, pendant la campagne
de l'an 8 en Italie, dans un état de maigreur si effrayant qu'aucun soldat de son armée ne pouvait
comprendre qu'un corps si frêle et d'une apparence
si maladive put résister à tant de fatigues!.......
Hélas! ses souffrances, ses tourments n'étaient pas
terminés, le martyre de Saint-Hélène devait encore
exercer son courage.

La seconde lettre du major-général, adressée aux
généraux, commandant les corps d'armée, faisait
connaître que, vers une heure après midi, le maréchal Ney commencerait l'attaque sur le village de
Mont-Saint-Jean, à l'intersection des routes, et donnait lieu de croire que le projet de l'empereur était
de rendre libre la route de Bruxelles et de faire une
fausse attaque à la ferme de Hougoumont, afin d'y
attirer successivement les forces des Anglais et de
séparer le centre de l'armée anglo-belge de ses ailes.
Napoléon, en séparant le centre des Russes de leur
gauche, avait gagné la bataille d'Austerlitz. Le

même projet aurait pu réussir contre les Anglais,
si les cataractes du ciel, plus fatales encore que les
mouvements de Grouchy, avaient permis d'attaquer
plus tôt. Il fallait d'ailleurs, au 18 juin, attendre neuf
heures du soir pour que la nuit fut close, ce qui
donnait toute facilité à Bulow de devenir un nouveau
Desaix dans cette nouvelle bataille de Marengo, en
faisant sa jonction avant l'heure des bivouacs.

Le prince Jerôme commence le feu par l'attaque
de la ferme d'Hougoumont, sur laquelle se précipite
sa brigade d'infanterie légère (1er et 2e légers); cette
ferme avait été crenelée, les fenêtres nous faisaient
face, l'entrée de la maison était de l'autre côté,
fermée par une grande porte cochère barricadée.
Le colonel Cubières du 1er léger avait perdu beaucoup de monde et s'impatientait de ne pouvoir
changer l'inégalité du combat. Néanmoins, à force
d'efforts et de soldats, la première brigade s'est
emparée du petit bois et le reste de la division, après
un combat acharné, enlève le jardin, les Anglais
se jetant dans les bâtiments de la ferme d'où ils ti-
rent à couvert sur nos troupes. Le général Piré
s'était rapproché avec sa division de cavalerie légère de la position d'Hougoumont et avait exécuté
plusieurs charges heureuses sur les bataillons anglais qui se portaient sur notre flanc gauche.

Le colonel Cubières réunit une avant-garde dont
il donne le commandement au sous-lieutenant Bou-

cher, brave de l'armée d'Espagne, qui avait été fait
officier par le maréchal Suchet en arrivant le premier sur la brèche de Tarragone. Ce détachement
va tourner le bâtiment de la ferme, briser la porte
charretière et s'introduire dans la cour ; le 1er léger
marche sur ses pas. Boucher frappe à coups redou-
blés l'ouverture latérale à la porte charretière, la
jette à bas, pénètre dans la cour, d'où l'on tire à
bout portant d'une galerie élevée sur lui et les
siens... Tous y trouvent la mort! Cubières, le bras
en écharpe, suit son avant-garde, son cheval tombe
frappé d'une balle. Le colonel se relève et allait
s'éloigner rapidement, quand il s'aperçoit que le
feu a cessé. Il se retourne et voit devant leurs soldats des officiers anglais qui se découvrent devant
l'officier français blessé et démonté. Cubières rend
le salut et se retire avec le débris de ses troupes. Ce
temps d'arrêt au milieu du combat ne rappelle-t-il
pas la politesse des Anglais à Fontenoy, qui, en ôtant
leurs chapeaux, criaient : « Messieurs des gardes
» françaises, c'est à vous de tirer! »

La ferme et les jardins sont repris par les Anglais,
malgré l'opiniâtreté de la division Jérôme engagée
tout entière et presque détruite; le prince lui-même,
blessé de la veille, dirigeait ses troupes avec intrépidité : les efforts de la division Foy n'ayant pu
parvenir à débusquer l'ennemi, le général Reille ordonne à ce général de réunir une batterie d'obusiers

et d'incendier la ferme. Ce dernier moyen réussit, et les Anglais sont forcés d'abandonner leurs blessés au milieu des flammes.

Le maréchal Grouchy avait fait connaître à l'empereur, qu'instruit que l'ennemi s'était dirigé sur Wavres, il partirait au point du jour pour le presser dans cette direction ; sa lettre était datée de 2 heures après minuit de Gembloux ; elle donnait lieu de croire que le maréchal serait au moins à midi devant Wavres et qu'il aurait reçu le premier ordre par lequel la veille au soir on le prévenait de la bataille. Mais pendant les attaques d'Hougoumont, on apperçut au loin à l'horizon, du côté de Saint-Lambert, l'avant-garde de Bulow. Un officier fut envoyé au maréchal Grouchy, pour l'informer de ce fait important, en lui donnant l'ordre de se rapprocher de nous et d'écraser Bulow. Puis, l'on se mit aussitôt en mesure d'arrêter les Prussiens ; en attendant que le maréchal Grouchy arrivât sur les derrières de ce corps, le général Domon se porta avec trois mille chevaux à la rencontre de Bulow, et le comte de Lobau, avec son corps d'armée, alla reconnaître un champ de bataille, derrière la cavalerie. Napoléon prescrivit ensuite au maréchal Ney d'attaquer la Haie-Sainte, où était appuyé le centre de l'ennemi; il était environ une heure après midi.

Pendant trois heures, sur le plateau de Mont- St-

Jean, se concentrent les efforts des deux armées ;
au-delà, les bâtiments de la Haie-Sainte sont pris
et repris trois fois par Ney, qui a, dans ces diverses
attaques, cinq chevaux tués sous lui ; 80 pièces de
canon mitraillent les Anglais, qui cherchent un
abri dans la forêt de Soignes. Notre infanterie avait
besoin d'être contenue, tant elle courait avec ardeur
et enthousiasme au-devant de l'ennemi ; cependant
une charge de cavalerie, ayant porté quelques désordres dans une des colonnes du 1er corps, l'empereur monte à cheval et se porte au galop sur le
terrain. Il donne des ordres au brave lieutenant-
général Devaux, commandant l'artillerie de l'armée;
cet illustre officier-général est enlevé par un boulet.
L'état-major de l'empereur était considérable et formait un facile point de mire ; nous recevons l'ordre
de diviser ce corps compact en trois ou quatre
groupes différents et placés à distance, mais à portée
de pouvoir recevoir et transmettre aux divers corps
les instructions de Napoléon ou du maréchal Soult.

Cependant, on n'avoit aucune nouvelle du corps
du maréchal Grouchy, tandis que les troupes de
Bulow arrivaient en présence de nos lignes, en débordant la droite du comte de Lobau, à la hauteur
de la *Belle-Alliance*; ; le 6ᶜ corps fut immédiatement
renforcé de la division de la jeune garde, commandée par Duhesme, que Napoléon fit suivre de deux
batteries. Bulow cherchait par ses boulets à détruire

la cavalerie française qui faisait un si grand ravage dans ses colonnes ; le lieutenant-général Jacquinot montra un sang-froid et une force d'âme stoïques, dans un événement qui aurait pu être bien douloureux pour lui. Cet officier-général, commandait une division de lanciers, un boulet vient prendre en flanc le 1er de lanciers que commandait son frère, emporte la tête du chef d'escadron Dumanoir, traverse le corps du cheval du colonel Jacquinot, et coupe les deux jambes du cheval du chef d'escadron Trentignant ; les trois officiers supérieurs tombent à la fois, la confusion se met dans les rangs ; le général Jacquinot, l'épée à la main, commande lui-même l'alignement d'une voix ferme, et ce n'est qu'après avoir rétabli l'ordre, qu'il se baisse, pour s'assurer s'il doit pleurer son frère, qui heureusement n'avait aucun mal.

La prise du hameau de la Haie arrête le mouvement de Bulow, qui se trouve tourné par sa droite. C'est alors que le maréchal Ney s'élance sur le plateau de la Haie-Sainte avec douze mille cuirassiers de Milhaud et de Kellerman, et suivi de la cavalerie de réserve de la garde impériale. Ces braves enfoncent les lignes de l'ennemi, et s'emparent de 60 pièces de canon, qu'ils ne peuvent enlever, faute de chevaux. Nous regardons avec inquiétude cette charge admirable ; car toute notre réserve de ca-

valerie est engagée , et la bataille est loin d'être à
son terme. Voici comment le général Heymès ,
explique ce fait qui , sur son apparence téméraire,
fut généralement blâmé.

« On apprit alors que ce mouvement spontané
de notre cavalerie avait eu lieu , parce que les réserves placées à plus d'une demi lieue du champ de
bataille, ne pouvant bien juger de ce qui s'y passait,
avaient vu cependant l'ennemi abandonner sa position ; on le crut en retraite ; ce bruit d'ailleurs se
répandit , et le mouvement en avant d'une brigade
de cavalerie , demandée par le maréchal , vint le
confirmer. Cette troupe exécuta son mouvement au
trot ; mais on ne sait par quel vertige elle fut suivie
de toutes les réserves , sans excepter celles de la
garde qui n'obéissaient jamais qu'à ses propres officiers , ou aux ordres de l'empereur qui les mé-
nageait. »

Wellington avait perdu dix mille hommes ; les
équipages de son armée fuyaient vers Bruxelles ;
le général de l'armée anglo-belge attendait avec
anxiété la jonction des Prussiens et croyait tout
perdu, si Blücher n'arrivait pas.

Les lanciers rouges de la garde , commandés par
le lieutenant-général Edouard Colbert , enfoncèrent
la brigade anglaise Ponsonby ; ce général , percé de
sept coups de lance fut tué. Edouard Colbert, blessé

au bras, ne quitta point son poste ; le prince d'O-
range, blessé grièvement, faillit être pris; les Français en ce moment se crurent vainqueurs.

Mais les Prussiens gagnent du terrain ; c'est alors
que Napoléon, qui ne peut plus ignorer que Blücher
s'est dérobé aux mouvements de Grouchy et a fait
sa jonction par la traverse d'Ohain à l'aile gauche
de Wellington, a le tort de faire répandre sur toute
la ligne que les boulets qui se croisent sur nos têtes
avec ceux des Anglais, viennent du corps d'armée
du maréchal Grouchy, qui a placé l'armée ennemie
entre deux feux ; cette nouvelle produisit aussitôt
un effet incommensurable, en exaltant le courage
et la vigueur de nos troupes ; mais plus tard, en se
la rappelant, la retraite devint une déroute ; le soldat ne croyant plus à la parole jusques là si vénérée
de Napoléon !...

Vers huit heures, les Prussiens forcent notre
droite et menacent les derrières du 6e corps ; quatre
bataillons de la garde sont envoyés par l'empereur
au maréchal Ney, pour arrêter l'ennemi. Guidés
par les braves généraux, Friant, Michel, Cambronne et Petit, leurs succès se ralentissent; des vétérans de nos grandes guerres se font tuer plutôt
que de reculer, ou de se rendre, d'autres troupes
de la garde les suivent, se forment en carrés par
bataillon et éprouvent bientôt le même sort ; dans
cette lutte inégale, le général Pelet, entouré, se fait

jour l'épée à la main. Les escadrons de service qui chargent avec fureur sont culbutés par la division de cavalerie ennemie ; cernés de toutes parts, par des forces supérieures, le désordre se met dans les rangs ; on crie à la trahison, on n'écoute plus la voix des chefs, l'armée anglo-belge et prussienne s'avance réunie. Presque tous nos généraux sont blessés ; parmi les morts se trouvent Michel, Jamin et Depenne ; les généraux de Lobau, Cambronne, Duhesme, Durrieu, également blessés, tombent au pouvoir de l'ennemi. Le lieutenant-général Barrois, frappé d'une balle, évite ce malheur; ses soldats l'emportent. L'armée française quitte ses positions et se précipite comme un torrent; les troupes de toutes armes sont mêlées et confondues et nous portent sur la route de Gennape, où quelques soldats crient que les cavaliers anglais nous ont déjà débordés ; on espérait pouvoir s'arrêter sur ce point pour y passer la nuit; mais quelques escadrons ennemis s'étant montrés, la déroute devint complète; on marche avec une vitesse incroyable jusqu'au jour pour passer la Sambre, où nous voulons encore nous arrêter, pour recevoir des ordres ; mais il n'y a plus de commandement; les généraux, perdus dans la foule, sont entraînés par elle et séparés de leur troupe. On dit que l'empereur a été tué, que le major-général est prisonnier ; on parle de trahison, mais non de lieu de ralliement, le

capitaine de la garde, David [1], avait prêté son cheval
au maréchal Ney démonté, ce qui lui permit de
rejoindre la route et de gagner Marchiennes au pont
où il retrouva ses équipages.

Pendant la nuit entière, les soldats de tous les
corps continuèrent pêle mêle leur retraite; la lune
qui éclairait la terre, rendait leur marche encore
plus rapide; le cheval que je montais avait reçu
une balle dans le ventre; quoiqu'il fut très vi-
goureux, il avait perdu beaucoup de sang; je m'attendais à chaque instant à être démonté; une charge
de cavalerie prussienne m'avait séparé de mon
domestique, vieux soldat d'Egypte, je le croyais
pris avec mes chevaux; le désordre régnait toujours
sur la route; les conducteurs d'équipages, frappés
de terreur panique, coupaient les traits de leurs
chevaux et laissaient piller les voitures. Je demandai
des ordres à Avesnes, les autorités militaires refusèrent de m'en donner; j'arrivai à la Chapelle; là,
mon cheval ayant succombé, je me vis dans l'o-
bligation de me rendre en poste à Paris, afin de me
diriger sur le lieu désigné pour la réunion des
débris de l'armée.

---

[1] Pendant la Restauration, le capitaine David était à demi-solde.
Cet officier travailla à la rédaction d'un journal libéral, et il fut tué
en duel comme responsable d'un des articles de cette feuille, dont il
n'était pas l'auteur.

L'empereur était déjà dans la capitale. Il avait
résisté pendant quelque temps aux conseils qu'on
lui avait donné d'aller à Paris, jugeant que sa place
était beaucoup plus utile à l'armée, et désirant
d'ailleurs rejoindre le corps de Grouchy, et arrêter
par une attaque de flanc le succès des alliés; mais
il paraîtrait qu'on lui fît une peinture si grave des
intentions de la chambre des représentants, n'attendant qu'une occasion favorable pour proclamer
sa déchéance, qu'il se détermina à détruire par sa
présence, les mauvaises dispositions du parti oli-
garchique, sur lequel on fixait avec tant d'instance
son attention.

Le maréchal Grouchy, se soumettant à la lettre
de ses instructions, n'avait pas voulu suivre le
conseil du général Gérard de marcher au canon
que l'on entendait distinctement, le 18 juin à midi,
à Sarra-Wallin. Quand le maréchal reçut de l'empereur cet ordre itératif et explicite, il était six
heures du soir; son éloignement du champ de bataille de Mont-Saint-Jean ne lui permettait pas
d'arriver assez à temps pour nous être utile. Le 19,
au point du jour, les Prussiens l'attaquèrent,
ils furent repoussés, les hauteurs de Wavres furent
emportées. Le maréchal Grouchy se disposait à
marcher sur Bruxelles, lorsqu'il apprit nos revers.
Le maréchal se retira par Namur, avec ordre et
célérité, en forçant l'ennemi par sa contenance à ne

le suivre qu'avec circonspection. Le 24 son corps d'armée était à Rhetel, et le 26, il se trouva réuni à Laon, aux troupes en retraite de Waterloo sous le commandement du maréchal de Dalmatie. Le maréchal Grouchy remplaça le major-général, à Soissons, dans ses fonctions de général en chef, ayant été nommé à cette haute position par le gouvernement provisoire. Mais les mouvemens rapides de l'ennemi obligèrent bientôt l'armée française à se mettre en ligne devant Paris.

Depuis quelques mois, on s'occupait de fortifier Paris et d'établir des batteries sur les hauteurs de Montmartre ; mais ces travaux avaient été négligés ; au retour de l'empereur, ils redoublèrent d'activité, et les moyens les plus efficaces furent employés pour l'organisation d'une nouvelle armée sous les murs de la capitale.

Le 22 juin, la chambre des représentants s'expliqua sur la disposition où elle était de prononcer la déchéance de Napoléon, s'il ne consentait pas à abdiquer. L'empereur était à l'Elysée, où il venait de convoquer un conseil des ministres : il reçut la lettre suivante sans signature qu'il lut avec la plus grande agitation.

« La nature avait beaucoup fait pour vous ; la fortune fit davantage. Né dans le siècle héritier des siècles du génie et de la philosophie, héritier vous-même de toutes les révolutions comprises dans la révolution française, vous deviez fonder l'époque toujours désirée où le génie emploierait les révolutions pour infuser la philosophie dans la politique et pour conduire la nation à la félicité. Cette félicité est dans la stabilité et la dignité du gouvernement légitimés par la possession consentie par un libre choix ; elle est dans l'indépendance des nations et dans les libertés de leurs citoyens. Indépendance sans conquêtes, libertés sans licence, propriétés sans privilèges, jouissance des droits honorés par l'exercice des devoirs, voilà les bienfaits que la France et l'Europe attendaient de votre raison, de vos talens, de votre reconnaissance. La France demandait un gouvernement qui, démocratique dans sa source et monarchique dans son usage, tempérât par des institutions mixtes, l'aristocratie de ses corps intermédiaires ; l'Allemagne réclamait un nœud plus fort, qui joignit sous un centre d'action plus uniforme, les membres énervés de son corps gigantesque. L'Italie exigeait qu'une fédération religieuse réunît sous le joug sacré d'une même opinion, ses peuplades divisées par la législation, mais déjà rapprochées par la langue, le goût et les mœurs. La Suisse voulait le repos de ses montagnes ; la Hollande la protection de son commerce, l'Espagne, alliant à l'amour de la liberté politique des préjugés que la sévère philosophie combat, et que la politique plus accommodante ménage et utilise, l'Espagne invoquait à la fois le maintien de son culte, la restauration de sa Monarchie, l'affranchissement de ses citoyens. Il en était à peu près de même du reste de l'Europe. La lumière qui l'éclaira dans les dernières années du 18e siècle, fut comme un incendie flamboyant et terrible. Une lueur douce, venue du nord, avait donné le signal d'une régénération progressive, sans secousses et sans réactions ; au lieu de vous en emparer pour le salut de tous, qu'avez-vous fait ?

» Le résultat mécanique d'un instinct que la prudence seule peut transformer en génie, s'est dilaté dans votre tête. Vous avez compris que l'énergie de votre caractère, se fortifiait encore de l'énergie des circonstances, et ces deux instrumens se prêtant un mutuel secours, vous avez donné au monde attentif le spectacle d'une ambition dévorante et jamais assouvie.

» Aux peuples remués par notre révolution, vous avez promis l'indépendance et la liberté; aux rois la dignité de leurs trônes et la restauration de leurs gouvernemens; aux religions un rang et du respect; au commerce de l'argent, des matières premières, la liberté, la protection; aux propriétaires des lois, des garanties; aux prolétaires, vous avez permis des désirs et l'espérance. Ainsi, parlant aux principes, éveillant les paradoxes, caressant les

passions, vous avez réuni les esprits les plus opposés, vous avez concilié les intentions les plus di-
vergentes ; chacun cherche le bonheur, vous l'avez
promis à tous.

» A qui l'avez-vous donné ? — à personne. Au
simulacre de la liberté qui enchanta la première
période de la révolution, vous avez substitué le
fantôme de la gloire. On tua sous les drapeaux de
l'une ; pour atteindre l'autre qui fuyait toujours,
on courut se faire tuer. De ces théories brillantes,
le résultat le plus évident, c'est la mort.

» Que vous importait cependant, pourvu qu'à
votre nom la terre se tût dans le silence ? Que vous
importait pourvu que l'Europe, partagée à vos frères,
fût comme un champ de blé divisé à ses héritiers ?
votre système fédératif a été le moyen de morcellement, l'abaissement de l'Angleterre en fut le
motif ; car enfin, je ne vous refuse ni un patriotisme égoïste, ni une ambition cosmopolite, qu'a-
t-il donc manqué à votre génie ? *le bon sens.*

» Oui, le sens droit a délaissé votre intelligence
comme la sensibilité a manqué à votre âme, douée de
l'un ou de l'autre ; vous auriez compris, vous auriez
senti qu'en opérant sur des hommes, vous ne tra-
vailliez pas sur une matière brute. Qu'est-il résulté
de ce mépris pour votre espèce ? Que la minorité a
pu rester votre complice, mais que la majorité
qui, d'abord, vous avait suivi, a préféré devenir

votre victime ; c'est ce que prescrivait l'honneur.

» Mais si l'honneur défend quelquefois d'appeler des secours , souvent il prescrit d'en profiter. C'est là ce que viennent de faire vos ennemis. Les puissances de la terre ont armé les bras de leurs soldats pour se défendre, nous nous en servirons pour vous punir.

» Toutefois le châtiment d'un héros (car si Attila , Gengis et Tamerlan furent des héros, vous l'êtes aussi), consiste dans sa chute. La vôtre est résolue ; et pour que l'histoire la trouve légale, autant que les contemporains la croiront légitime, c'est l'autorité publique qui va la prononcer. Vos complices ne pourront crier qu'elle est l'ouvrage des bayonnettes des Kalmouks, et pourtant vous pouvez la prévenir. Réservez-vous de descendre du trône quand on peut vous en arracher. C'est le conseil d'un ennemi loyal, qui vous admira souvent , ne vous craignit jamais, et qui, au prix de son sang, eut voulu révérer en vous le sauveur du monde , dont vous avez été le fléau. Cet ennemi ne peut quitter celui que son génie et la volonté nationale avaient fait souverain , sans lui dire ce que ne devrait pas lui taire son ami, s'il lui en reste : *Abdiquez.* »

Les Barrère, les Garreau , les Lafayette qui dirigeaient l'assemblée vers la république, n'avaient qu'une idée fixe, la crainte d'être renversés par les bayonnettes de l'Empereur. Cependant le dictateur, l'ex-souverain absolu , n'osa pas dissoudre une chambre qui s'occupait de faire une constitution nouvelle, tandis que l'ennemi était à ses portes, amenant Louis XVIII avec ses bagages. On assure pourtant que Lucien s'en était franchement expliqué avec son frère, aussitôt son retour de l'armée, en lui déclarant que s'il hésitait, la chambre prononcerait sa déchéance.

Napoléon avait à peine achevé la lecture de cette lettre anonyme , qui fut attribuée à Fouché, qu'une communication officielle de la chambre des représentans (le général Solignac portant la parole) lui fit connaître qu'il devait abdiquer en faveur de son fils. Mécontent des refus qu'on opposait aux mesures efficaces qu'il avait proposées depuis son arrivée à Paris , persuadé qu'il était trahi par les hommes qu'il était forcé d'employer, et désirant ardemment assurer le trône à sa dynastie , l'empereur consentit à abandonner le pouvoir suprême. Il se retira le 23 juin à la Malmaison, entouré des membres de sa famille et d'un petit nombre d'amis voués à sa fortune.

Le même jour où avait eu lieu le message de la chambre des représentans, Lucien écrivit, sous la dictée de Napoléon, la déclaration suivante au peuple français :

« En commençant la guerre pour soutenir l'indépendance nationale, je comptais sur la réunion de tous les efforts, de toutes les volontés, et le concours de toutes les autorités nationales. J'étais fondé à en espérer le succès, et j'avais bravé toutes les déclarations des puissances contre moi.

» Les circonstances me paraissent changées ; je m'offre en sacrifice à la haine des ennemis de la France. Puissent-ils être sincères dans leurs déclarations, et n'en avoir voulu réellement qu'à ma personne. Ma vie politique est terminée, et je proclame mon fils, sous le titre de *Napoléon* II, empereur des Français.

» Les ministres actuels formeront provisoirement le conseil du gouvernement. L'intérêt que je porte à mon fils, m'engage à inviter les chambres à organiser sans délai la régence par une loi.

» Unissez-vous tous pour le salut public et pour rester une nation indépendante.

NAPOLÉON.

Elysée, ce 22 juin 1815.

Un gouvernement provisoire est immédiatement organisé, composé de Fouché, Quinette, Caulaincourt, Carnot et Grenier ; Fouché a la présidence. Le maréchal Grouchy quitte toute espèce de commandement, et le maréchal Davoust se place à la tête de l'armée, en laissant le portefeuille de la guerre à son secrétaire-général l'ordonnateur Marchand. Le Prince d'Eckmühl établit son quartier-général à la Villette, où je remplis près de lui les fonctions que j'avais à l'état-major-général du duc de Dalmatie.

L'armée réunie sous les murs de Paris, y compris vingt-sept à vingt-huit mille hommes qui n'avaient pas succombé à Mont-Saint-Jean, dix mille hommes de la garde et la garnison de Paris tirée des dépôts, est forte d'environ quatre-vingt mille hommes. Les fédérés de Paris, demandent tous à s'y réunir, rivalisant de zèle avec les soldats de la ligne, sollicitant des armes et voulant partager les dangers et la gloire des défenseurs de la patrie. Montmartre, Belleville, Menilmontant et la Villette, sont défendus par des positions retranchées que la garde nationale peut occuper au besoin, et beaucoup de ses membres se montrent tous les jours en tirailleurs comme de vieux soldats.

Le comité du gouvernement, s'occupant fort peu du descendant de Napoléon, et redoutant peut-être de mettre en évidence ce nom avec lequel les puissances étrangères ne voulaient point traiter, publiait ses actes au nom du peuple français. Des discussions, dignes du Bas-Empire, avaient lieu chaque jour à la chambre des représentans et même à celle des pairs, tandis que les Anglais et les Prussiens seuls engagés dans la lutte et arrivés à marche forcée devant Paris, n'avaient qu'une faible armée, harassée et diminuée encore par cette course rapide. Napoléon, descendu du trône, n'était pas spectateur étranger aux événemens militaires et politiques, qui occupaient la France. Quand il sut que le reste des armées ennemies qui s'étaient battues à Waterloo, avait eu la témérité de s'approcher de la capitale, en renonçant à l'appui des armées Russe et Autrichienne, qui marchaient vers notre frontière, Napoléon envoya près du gouvernement provisoire, le lieutenant-général Becker, pour lui porter l'offre de se mettre à la tête des forces réunies pour la défense de Paris. Je profiterai, disait-il, du faux mouvement de l'ennemi pour remporter une victoire éclatante dont j'ai l'assurance. J'agirai seulement comme général et je prends l'engagement de me démettre du commandement, à la première réquisition du gouvernement provisoire. — Cependant la crainte que le grand capitaine ne ressaisit l'autorité impériale, contribua à faire rejetter sa proposition par la plupart des membres du cabinet et surtout par Fouché, qui avait d'autres projets. Napoléon, instruit que les armées ennemies approchaient, et n'ignorant pas que le gouvernement et les chambres désiraient le voir s'éloigner, prit enfin ce parti, et alors les Prussiens s'étaient si fort avancés que l'on jugea nécessaire de brûler le pont de Chatou près de la Malmaison.

Le général Blücher passe la Seine et vient braver l'armée française, supérieure en nombre, jusques dans les lignes de Montrouge ; le maréchal Davoust veut faire repentir l'ennemi qui est parti d'Argenteuil, de la hardiesse de ce mouvement ; le maréchal ordonne au général Vandamme de diriger sur Versailles la cavalerie de l'aile gauche, composée de six mille chevaux et commandée par le général Excelmans. Ce corps qui se met en marche de Montrouge, doit être appuyé par le 4e corps d'infanterie, fort d'environ quinze mille hommes, que commande le général Vichery, et qui doit déboucher par le pont de Sèvres ; la cavalerie de l'aile droite où se trouve celle de la garde impériale, avec son infanterie et cinq mille hommes du corps du comte d'Erlon, doivent pénétrer par le pont de Neuilly, et agir de concert avec le mouvement qui se fait par la gauche, le prince d'Eckmulh s'était réservé le commandement de cette colonne. Après tous ces préparatifs, il n'y a pourtant que le général Excelmans qui exécute son mouvement et qui s'engage, croyant être soutenu ; aussi est-il réduit à ses propres moyens de cavalerie ; un contrordre venu, dit-on, de Fouché, arrête entièrement ce plan d'attaque ; cependant le général Excelmans a rencontré près de Versailles les premières têtes des colonnes prussiennes ; il les aborde avec vigueur, culbute et détruit entièrement deux régiments de houzards, forts de 1,200 chevaux. Dans ces brillantes charges, M. de Bricqueville, colonel du 20ᵉ de dragons est grièvement blessé de coups de sabre ; le général Excelmans n'étant pas soutenu, et la cavalerie, dans un pays coupé et boisé, ne pouvant empêcher l'infanterie ennemie de se former sur la rive gauche de la Seine, est forcé de se retirer et d'abandonner ainsi une victoire certaine. Les Prussiens surpris à leur passage, ayant déjà eu une partie de leur cavalerie détruite, et maître d'un seul pont comme moyen de retraite, sont dans le danger le plus imminent ; le général Excelmans qui n'a d'autre infanterie que le 44ᵉ de ligne, de la division Piré qui vient de se couvrir de gloire à Roquencourt, se voit donc, malgré ses succès, dans l'obligation de céder le terrain.

On reproche avec raison au maréchal Davoust, placé à la tête de l'armée sous les murs de Paris, de n'avoir fait paraître aucun ordre du jour qui eut pu exciter l'enthousiasme des soldats, de n'avoir passé aucune revue et de ne s'être point montré aux troupes ; les uns ont affirmé que Fouché paralysant tous ses moyens, il suivait aveuglement ses ordres et ses instructions ; les autres que le maréchal désirait se ménager la protection des armées étrangères, afin de conserver, en succombant dans la lutte, sa fortune, ses places, ses dignités sous le nouveau gouvernement. La noble conduite du prince d'Eckmühl, à l'armée de la Loire, son absence des Tuileries, pendant le règne de Louis XVIII, doit faire rejetter cette dernière version.

Napoléon, quoique muni des passeports de Fouché, partit presque furtivement, le 29 juin, à trois heures après midi, dans une simple calèche, accompagné du comte Bertrand, du duc de Rovigo et du général Becker, ce dernier commissaire du gouvernement. Tous les quatre étaient vêtus en habit bourgeois et ne portaient aucune décoration. Napoléon parut quitter avec beaucoup de regrets le séjour de la Malmaison où il avait toujours présente à sa pensée l'image de Joséphine ; on avait remarqué que son étoile toujours brillante pendant leur union, avait pâli depuis le divorce, et sembla s'éteindre à la mort de cette femme aimable et bienfaisante !...

La suite de Napoléon prit différentes routes ; le rendez-vous fut à Niort ; le secret du voyage de l'empereur fut si bien gardé, que les maîtres de poste et même les postillons qui l'avaient conduit, refusèrent de désigner le chemin qu'il avait suivi, et un de ses premiers officiers ne put le rejoindre que deux jours après son arrivée à Rochefort. Cependant comme les armes de sa voiture n'avaient été que légèrement effacées, le soleil et la poussière les firent reparaître ; aussi dans plusieurs relais , des visages baignés de larmes prouvèrent aux voyageurs que le prince descendu du trône avait été reconnu.

Arrivé à Rochefort , Napoléon n'ayant point reçu les saufs conduits que le gouvernement provisoire lui a promis , délibère pour savoir s'il tentera avec les deux frégates , le brick et la corvette qui ont été mis à sa disposition , de se frayer un passage , à travers la croisière anglaise, pour se rendre en Amérique. Plusieurs capitaines de marine lui offrent de l'embarquer clandestinement sur des chasse-marées , qui le conduiront lui , et sa suite , sans combat , aux États-Unis. Napoléon rejette ces deux propositions : il veut se confier à la générosité de la nation anglaise , et il devient la victime du cabinet de Saint-James. Napoléon se remet au pouvoir du capitaine Maitland , à bord du *Bellerophon* , croyant recevoir en Angleterre , le même accueil qui avait été fait précédemment à Lucien , et on le conduit prisonnier sur le rocher de l'île Saint-Hélène , où il doit expier sa gloire et ses malheurs !...

L'ennemi s'avançait toujours et continuait à nous envelopper. L'arrivage des subsistances commençait à devenir difficile. On annonçait un corps de 40,000 Bavarois à Meaux , qui devait achever le blocus entre Seine et Marne. Les Prussiens garnissaient les hauteurs de Meudon ; le général Blücher avait

annoncé avec arrogance, qu'il ne traiterait d'une
suspension d'armes que dans Paris même. Il voulait, pour première condition, que l'armée tout
entière se rendit prisonnière. La plupart des généraux français, indignés d'une pareille proposition,
provoquèrent la réunion, qui eut lieu le 30 juin,
au camp de la Villette. Le résultat de cette conférence, fut qu'on devait attaquer l'ennemi sans
délai, qu'on avait déjà trop tardé à le faire et qu'il
n'y avait pas un moment à perdre. Il fut décidé
de périr plutôt les armes à la main, que de sous-
crire à des conditions déshonorantes. D'après cette
détermination, une adresse signée de tous les généraux présens et du maréchal Davoust qui commandait l'armée, fut envoyée à la chambre des
représentans.

Fallait-il, dit un de nos contemporains, que cette
même ville qui commit, il y a deux siècles, le
crime de résister opiniâtrement à une armée française, commandée par le grand roi dont aujour-
d'hui elle bénit la mémoire, fut de nos jours une
si facile conquête pour des troupes étrangères?

La commission de gouvernement convoqua, le
1er juillet[1], une réunion extraordinaire, à laquelle
furent appelés trois maréchaux de France, non
compris le prince d'Eckmühl, qui ne put s'y trou-

---

[1] Mémoires de Carnot et du général Fressinet.

ver parcequ'il était à la tête des troupes, plusieurs
officiers généraux, tant de la ligne que de l'artillerie
et du génie, les quatre ministres d'état, et enfin
les membres composant les bureaux de la chambre
des pairs et de celle des représentans. L'exposé
de la situation des choses ayant été fait par Carnot,
MM. les maréchaux de France furent invités à
donner leur opinion. Tous déclarèrent qu'ils ne
croyaient pas que la ville de Paris fut susceptible
d'une plus longue défense. Le maréchal duc de
Dalmatie dit que du côté de Saint-Denis, l'ennemi
maître du village d'Aubervilliers, il était très hasar-
deux de tenir derrière la digue le long du canal
qui joint Saint-Denis à la Villette ; que si l'ennemi,
venait à forcer cette digue, il pourrait sans difficulté se porter à l'instant sur le village de la
Chapelle, et entrer pêle mêle avec nos troupes,
par la barrière de Saint-Denis; que rien, au surplus,
ne pouvant l'empêcher de communiquer d'un côté
de la rivière à l'autre, il n'y avait plus de résistance
praticable à lui opposer. Le maréchal prince d'Ess-
ling dit que la défense de Gênes pouvait donner
quelque idée de sa tenacité à soutenir les postes
qui lui étaient confiés ; mais que dans la situation
où se trouvait Paris, il lui paraissait impossible de
le défendre plus longtemps, et qu'il ne croyait pas
qu'il y eut d'autre parti à prendre que celui de re-
nouveller les démarches déjà faites pour obtenir

une suspension d'armes. Le maréchal duc de Dant-
zick opina à peu près de la même manière, ajoutant néanmoins qu'il ne croyait pas impossible de
prolonger la défense, si l'on pouvait achever rapidement les travaux de fortifications commencés
dans la plaine de Montrouge ; et qu'il fallait se
hâter de mettre tout en œuvre pour y parvenir.
D'autres membres de la réunion qui n'avaient pas
supposé que la situation de Paris fut aussi alarmante, firent diverses observations, et demandèrent
qu'avant de se prononcer définitivement, on re-
cueillit de nouveaux renseignemens, et il fut enfin
résolu que dans la nuit suivante, il y aurait au
quartier-général de la Villette, un conseil de défense
présidé par le maréchal prince d'Eckmühl, auquel
seraient invités les maréchaux de France qui se
trouvaient à Paris, et les lieutenants-généraux
commandant les différens corps de l'armée. Les
conclusions de ce conseil furent les mêmes, quoiqu'énoncées dans le procès-verbal d'une manière
moins affirmative.

Le 2 juillet, à dix heures du soir, il est donc
arrêté qu'on enverra aux généraux anglais et prussiens, une commission spéciale, chargée de leur
proposer une convention purement militaire, pour
la remise de Paris en leurs mains, en écartant toute
question politique. Cette commission se compose
de M. Bignon, chargé par intérim du portefeuille

des affaires étrangères , du général Guilleminot,
chef de l'état-major général de l'armée, et de M. le
comte de Bondy , préfet du département de la
Seine.

Dans la nuit du 2 au 3, nous quittons La Villette;
le grand quartier-général s'établit à Montrouge.
Les troupes qui sont sur la rive droite filent toute
la nuit par les ponts , pour prendre poste sur la
rive gauche. Le lendemain 3, dès le matin, elles se
trouvent en bataille dans la plaine de Montrouge ,
couvrant Paris , et occupant une position avanta-
geuse, avec la résolution de soutenir vaillamment le
choc de l'ennemi , et même avec impatience d'en
venir aux mains. Les Prussiens occupent le village
d'Issy , à l'entrée duquel nous avons un poste , et
où il s'est établi une espèce de suspension tacite
d'hostilités. Ensuite leur ligne s'éloigne de la nôtre,
en refusant sa droite , le projet de l'ennemi étant
vraisemblablement de porter son effort principal
sur Vaugirard.

Cependant le général Blücher, en passant la Seine
au pont du Pecq, avec environ trente mille Prussiens , et s'étant alors, par une manœuvre qui paraît inconcevable, séparé des Anglais , avait commis
une faute qui ne peut être expliquée que par l'assurance qu'on lui avait donnée qu'il ne serait pas
attaqué pendant ses mouvements, et qu'ils étaient au
contraire concertés avec Fouché. Le contr'ordre

16

donné à la fin de juin à la colonne d'infanterie de Davoust qui devait appuyer Excelmans, vient corroborer cette opinion.

Après quelques pourparlers, la convention est signée le 3 juillet et presque aussitôt violée dans son exécution par les généraux ennemis, et par les souverains alliés qui refusèrent de la ratifier. Les soldats qui désiraient venger l'affront de Waterloo, sont exaspérés d'apprendre qu'une convention a eu lieu sans avoir été précédée par une bataille. La troupe qui voit ses espérances renversées et qui se croit livrée à l'ennemi est sur le point de se porter aux plus grands excès. Les soldats exigent hautement la solde qui leur est due, et ne veulent s'éloigner des murs de la capitale qu'après en avoir reçu le paiement intégral. Le 4, le maréchal Davoust est rentré à Paris, et il apprend, avec abattement, que quelques milliers d'hommes viennent de jeter leurs armes et de déserter ; les fédérés sont en fermentation et le salut de Paris peut être compromis. Grâces aux mesures d'ordre qui sont prises sur-le-champ, et à l'avance immédiate de deux millions faite au trésor par l'honorable banquier Lafitte, ce moment de trouble, qui pouvait avoir des suites funestes, est heureusement apaisé.

Le 6 dans la matinée, l'état-major général se dirige sur Longjumeau. Le 7 le quartier-général est transféré à Etampes, le 8 à Angerville, le 9 à Artenay et le 10 à Orléans. L'armée a pris la dénomination d'*armée de la Loire.*

Le 8 je pars en poste d'Angerville, le général en chef m'envoyant à Orléans pour en faire évacuer les dépôts de toutes armes et leur donner des directions ainsi qu'aux gardes nationales levées en masse, afin de faire place aux troupes de l'armée qui vont y prendre des cantonnements. Je suis chargé du commandement des dépôts jusqu'à ce qu'il vienne à vaquer une brigade de cavalerie.

Le 11 et le 12 le quartier-général reste à Orléans : le 13 les troupes passent la Loire et s'établissent sur la rive gauche. Le maréchal se loge au château de la Source sur le Loiret, à peu de distance du bourg d'Olivet. Il a d'abord projeté de faire sauter l'une des arches du pont d'Orléans; mais les vives instances de la municipalité pour épargner ce beau monument, réduisent les ordres du général en chef à faire élever d'urgence une tête de pont sur la Loire.

Le ministre de la guerre, Gouvion Saint-Cyr, et le duc d'Otrante, redevenu ministre de la police, écrivent au prince d'Eckmühl, pour l'engager à rallier l'armée à Louis XVIII. C'était, disaient-ils, le seul moyen de sauver la France. Trois commissaires de l'armée sont envoyés à Paris, les lieutenants-généraux Gérard, Kellermann et Haxo. Ils sont chargés de demander que les grades donnés pendant la cam-

pagne et le siège de Paris soient confirmés; que l'armée reste sur le pied de rassemblement, tant qu'il y
aura des étrangers sur le territoire; que nul employé
civil ou militaire ne soit déplacé, et que personne
ne soit inquiété pour ses opinions. Les généraux
écrivirent, après être restés quelques jours sans donner de leurs nouvelles, que l'armée ne serait pas
maltraitée, mais qu'il fallait qu'elle se soumît, *que
le roi lui accorderait plus qu'elle ne demandait.*

Le 14, le maréchal Davoust rassemble la plupart des généraux et colonels, et fait lire par
Carrion-Nisas, nommé depuis peu de jours maréchal-de-camp, un acte de soumission de l'armée à
Louis XVIII. Quoiqu'il y eut de la noblesse dans
quelques passages de cette adhésion, plusieurs généraux la trouvent prématurée, et objectent qu'une
démarche de cette nature ne doit avoir lieu qu'après
le retour des commissaires de l'armée de la Loire.
Le prince d'Eckmühl prononce un long discours
pour combattre un pareil avis, et s'attache à prouver
combien la soumission unanime des troupes est ur-
gente, pour arrêter les malheurs qui menacent la
patrie; qu'un faisceau des signatures de tous
les chefs de l'armée indiquera notre force et
notre union. Le maréchal ajoute qu'il est convaincu que cette mesure est nécessaire à la tranquillité de notre pays, l'épée de Napoléon ayant été
brisée par les mandataires du peuple, les armées

de l'Europe tout entière se sont ruées sur la France pour la dévaster impunément, et il n'y a plus d'espoir de leur faire quitter le territoire les armes à la main ! Le gouvernement de Louis XVIII arrêtera de pareils désordres, et empêchera le morcellement de la France. Enfin, le maréchal termine en faisant connaître qu'aucun intérêt personnel ne le dirige. De retour dans sa famille, on ne le verra jamais aller à la cour, ni accepter aucun emploi. Il vivra dans la retraite, consacrant le reste de ses jours à l'éducation de ses enfants.

Quand il fallut signer, le général Dejean fils, refusa de prendre la plume : le maréchal l'en pria, le lui ordonna même. Le général Dejean fut inflexible. Le prince d'Eckmühl lui fit sentir qu'il désolerait son père et lui parla avec chaleur de la France. A toutes ses prières et ses prescriptions, Auguste Dejean répondait avec fermeté : — « Mon père est un » très brave homme, j'aime beaucoup mon pays, » mais je ne signerai pas. » — Et en effet rien ne put l'y déterminer. A une époque où les hommes montrent si peu d'énergie dans la volonté, où ils éprouvent si rarement le courage de leur opinion, un fait semblable mérite d'être cité.

Mais cette adhésion, grâce au général Milhaud, arrivait trop tard pour nous être utile. Le général Milhaud commandant les cuirassiers réunis, s'était déjà empressé d'envoyer isolément et directement sa soumission et celle de ses troupes qui ne l'avaient point chargé de ce soin. Cet acte que les ministres du roi s'empressèrent de publier dans les journaux, leur donna les moyens de violer les promesses qu'on avait faites à l'armée, dont on ne redoutait plus la force et l'importance, puisque la défection venait de s'y déclarer.

Peu de jours avant la réunion ordonnée par le prince d'Eckmühl, j'avais passé en revue sur la route de Blois des gardes nationales de Bourgogne et de Champagne qui étaient bien armées et bien équipées. On eut si peu de reconnaissance pour ces braves gens qui demandaient à être utiles, que les vivres leur furent refusés, et qu'on les repoussait des cantonnements qui leur étaient désignés. Alors la désertion en diminua considérablement le nombre, ce qui détermina le général en chef à les licencier ; quelques-uns de leurs officiers obtinrent de rester à l'état-major-général de l'armée.

Les troupes françaises espéraient que le drapeau tricolore, si longtemps le témoin de leur gloire, serait conservé par le roi qui prendrait lui-même la cocarde qu'il avait mise avec enthousiasme à son chapeau au commencement de la révolution. Au moment du départ de Paris, les officiers, étrangers aux intrigues politiques, avaient été surpris de ne pas voir dans le sein de l'armée les membres du gouvernement provisoire. Mais ils n'ignoraient pas que la chambre des députés n'avait été dissoute que par les bayonnettes de l'ennemi. Sa déclaration du 6 juillet était connue et inspirait encore de la confiance sur l'avenir. Le corps d'armée du général Lamarque qui avait pacifié la Vendée existait toujours en Bretagne, ainsi que celui du général Clausel à Bordeaux, du général Decaën à Toulouse, du maréchal Brune en Provence, du maréchal Suchet en Savoie, du général Rapp en Alsace, et du général Lecourbe en Franche-Comté. Cependant le silence du maréchal Davoust sur le sort futur de l'armée de la Loire, et les soupçons de trahison qui circulaient toujours dans les rangs, avaient fait encore, depuis notre départ de Paris, déserter près de douze mille hommes.

Le prince d'Eckmühl qui attendait à Olivet la réponse de Paris relativement aux concessions que le roi avait promises à l'armée, sentit enfin la nécessité d'étendre le cantonnement de ses troupes réunies sur le même point. Les officiers ne pouvaient plus maintenir la discipline; les vivres manquant de toutes parts, les soldats pour se nourrir se répandaient dans les campagnes, les mettaient à contribution, et nous rendaient odieux aux habitants. Le 15 et le 16, les différents corps de l'armée se mettent en marche par Lamothe-Beuvron pour se rendre dans le département du Cher et y stationner, ainsi que dans les départements voisins. Le quartier-

général est établi définitivement à Bourges, où il
s'installe le 18. Cependant, le général en chef reste
encore quelques jours au château de la Source,
pour être plus promptement instruit des intentions
du roi.

C'est aussi d'Olivet que le maréchal adresse un ordre du jour à l'armée, où il annonce que Louis XVIII
a agréé notre soumission, et nous donne l'assurance
que le monarque remonté sur le trône traitera bien
les braves. A la suite de cette nouvelle, Davoust
nous fait connaître qu'on doit sur-le-champ quitter les couleurs tricolores et prendre la cocarde
blanche; le prince d'Eckmühl ajoute encore, que
les principaux chefs de la Vendée ayant été indignés
de la manière déloyale dont les puissances étrangères agissent avec le roi, ont fait proposer au général en chef de se réunir à l'armée de la Loire pour
faire cesser cette oppression. Ce dernier paragraphe
de l'ordre du jour produit une vive sensation dans
l'armée et excite l'enthousiasme de la garde nationale de Bourges; mais quelques Vendéens mécon-
tents de cette démarche, qui n'avait pourtant rien
que d'honorable, la font bientôt démentir par les
journaux.

Cependant pour l'exécution de pareilles mesures, la présence du maréchal paraissait nécessaire à la tête de ses troupes. Les chefs de corps,
pour se conformer à son ordre d'arborer le drapeau

blanc et de faire prendre la nouvelle cocarde à
leurs soldats, auraient voulu la voir au chapeau du
général en chef. La désertion vint encore, en cette
circonstance, exercer des ravages dans l'armée. Il
y eut un moment de trouble dans les corps d'artillerie, promptement calmé par la sagesse et la fermeté du général Neigre qui la commandait, et qui
avait déjà conservé à la France un immense matériel. La plupart des soldats, trompés dans leurs
espérances, ôtaient leur cocarde tricolore ou la re-
tournaient sur leurs schakos sans porter celle qui
leur était imposée.

Le lieutenant-général Radet, grand prévôt,
convoque les officiers-généraux auxquels s'adjoi-
gnent la plupart de ceux sans emploi qui ont accompagné l'armée derrière la Loire. Il est arrêté
dans cette conférence, où chacun exprime avec chaleur ses plaintes et ses récriminations, qu'on écrira
au prince d'Eckmühl pour le contraindre de reparaître au milieu de ses troupes qui réclament son
retour, afin de maintenir l'ordre et de rappeler la
confiance. Le maréchal reçoit le message, arrive à
Bourges, blâme hautement ce conseil de guerre in-
solite, et le grand prévôt reçoit pour tous une vive
réprimande.

Le maréchal Davoust, pour détruire les soupçons
que les militaires avaient conçus sur l'exécution des
promesses solennelles de Louis XVIII envers l'ar-

mée de la Loire, fait connaître une ordonnance royale du 18 juillet. — Dans un des paragraphes se trouvent ces lignes :

» ART. 1ᵉʳ. — Considérant le nombre d'officiers de tout grade qui sera disponible par suite de la nouvelle organisation de l'armée, et voulant qu'ils soient appelés le plus promptement possible à occuper des emplois titulaires au fur et à mesure des vacances, notre ministre de la guerre ne pourra nous faire, d'ici au *premier juillet* 1816, aucune proposition quelconque, soit pour des nominations à des emplois d'office, soit pour des avancements de grade dans l'armée. »

Une semblable disposition donne effectivement lieu de supposer que les emplois des officiers de Waterloo ne seront pas immédiatement conférés aux serviteurs de l'armée de Condé ou aux compagnies de la maison du roi. Mais nos déceptions étaient loin d'être à leur terme. Le lendemain de la promulgation à l'armée de la Loire de l'ordonnance du 18 juillet publiée également dans les journaux officiels, nous apprenons que Louis XVIII vient de signer par une ordonnance nouvelle du 24, la proscription de trente-huit individus presque tous appartenant à cette armée pour laquelle le roi avait promis d'*accorder plus qu'elle ne demandait;* une autre liste désigne dix-neuf officiers-généraux depuis longtemps célèbres, qui doivent s'asseoir sur le banc des accusés, menacés de la peine capitale, et devant être jugés par des conseils de guerre.

L'indignation est générale.

Personne ne peut expliquer les motifs qui ont dirigé le ministère dans la désignation des trente-huit. En calculant par analogie, les uns demandent : pourquoi tel nom est-il sur la liste? Les autres, pourquoi tel nom n'y est-il pas? Le gouvernement s'empressa de satisfaire peu de temps après à la seconde des questions, en expulsant du royaume quelques centaines de suspects. Le maréchal Davoust écrivit pour réclamer le placement de son nom sur la fatale liste, et pour que les généraux qui n'avaient fait qu'obéir à ses ordres, comme ministre et général en chef, fussent incessamment rayés. On ne fit pas droit aux instances du maréchal ; mais cette démarche qui l'honore, n'a pas été assez connue.

Voici l'extrait de l'ordonnance royale du 24 juillet :

« Louis, etc.

» Voulant par la punition d'un attentat sans exemple, mais en graduant la peine, et limitant le nombre des coupables, concilier l'intérêt de nos peuples, la dignité de notre couronne et la tranquillité de l'Europe, avec ce que nous devons à la justice et à l'entière sécurité de tous les autres citoyens sans distinction.

‹ Avons déclaré, etc.

› ART. 1ᵉʳ.— Les généraux et officiers qui ont trahi le roi avant le 23 mars ou qui ont attaqué la France et le gouvernement à main armée, et ceux qui, par violence, se sont emparés du pouvoir, seront arrêtés et traduits devant les conseils de guerre compétents, dans leurs divisions respectives.

Savoir :

Ney.	Mouton-Duvernet.
Labedoyère.	Clausel.
Les deux frères Lallemand.	Laborde.
	Debelle.
Drouet-d'Erlon.	Bertrand.
Lefebvre-Desnouettes.	Drouot.
Ameilh.	Cambronne.
Brayer.	Lavalette.
Gilly.	Rovigo.

› ART. 2.— Les individus dont les noms suivent, savoir :

Soult.
Alix.
Excelmans.
Bassano.
Marbot.
Félix-Lepelletier.
Boulay de la Meurthe.
Mehée.
Fressinet.
Thibaudeau.
Carnot.
Vandamme.
Lamarque, général.
Lobau.
Harel.
Piré.
Barrère.
Arnault.
Pommereuil.

Regnaut de Saint-Jean-d'Angely.
Arrighi de Padoue.
Dejean, fils.
Garreau.
Réal.
Bouvier-Dumolard.
Merlin de Douai.
Durbach.
Dirat.
Defermont,
Bory-Saint-Vincent.
Félix Desportes.
Garnier de Saintes.
Mellinet.
Hullin.
Cluys.
Courtin.
Forbin-Janson, fils ainé.
Lelorgne-Dideville.

› Sortiront dans les trois jours de la ville de Paris, et se retireront dans l'intérieur de la France

dans les lieux que notre ministre de la police générale leur indiquera, et où ils resteront sous sa surveillance, en attendant que les chambres statuent
sur ceux d'entr'eux qui devront ou sortir du
royaume, ou être livrés à la poursuite des tribunaux. »

« Seront sur le champ arrêtés, ceux qui ne se
rendraient pas au lieu qui leur sera assigné par
notre ministre de la police générale.

» Art. 3.— Les individus qui seront condamnés
à sortir du royaume, auront la faculté de vendre
leurs biens, etc.

» Art. 4.— Les listes de tous les individus auxquels les art. 1 et 2 pourraient être applicables,
sont et demeurent closes, par les désignations no-
minales contenues dans ces articles, et ne pourront
jamais être étendues à d'autres, pour quelque cause
et sous quelque prétexte que ce puisse être, autre-
ment que dans les formes et suivant les lois constitutionnelles auxquelles il n'est expressément dérogé
que pour ce cas seulement. »

Quel avenir pour la France et pour l'armée! une
violation aussi manifeste de cette charte que le roi
à son retour de Gand, avait promis si solennellement de respecter, nous annonça la perte de nos

espérances, et nous fit pressentir la nouvelle prochaine de notre licenciement.

Le ministre de la police faisait répandre le bruit
que les puissances alliées avaient forcé le roi à
signer l'ordonnance de proscription ; mais que les
individus qu'elle atteignait devaient bannir toute
inquiétude, attendu qu'ils ne seraient pas poursuivis. Peu disposés à la confiance, les proscrits ne
restèrent pas inactifs, et ils se mirent en mesure
d'éviter de nouvelles persécutions. On ne tarda
point d'ailleurs à savoir qu'une assertion aussi
favorable, répétée dans les lettres confidentielles du
duc d'Otrante, était au moins hasardée.

Cependant le ministre envoie quelques passeports
en blanc à plusieurs des généraux portés sur les
deux listes; de ce nombre est Lefebvre-Desnouettes.
Je l'embrasse au moment de son départ. Cet officier-
général vient de couper ses moustaches, il se rend
à Bordeaux sous le nom d'un commis-voyageur, avec
l'intention de s'embarquer, et de se rendre en Amérique. Hélas ! lorsque dans des temps plus calmes,
il lui a été permis de rentrer dans sa patrie, le bâtiment qui le portait a péri corps et biens en vue des
côtes de France....

Le général Ameilh a fait aussi le sacrifice des
grosses moustaches de houzard qui couvraient ses
lèvres depuis vingt-cinq ans. Sous le déguisement
d'un marchand forain, il se jette dans les monta-

gnes de l'Auvergne et quelque temps après se rend
en Suisse. Aussitôt qu'il fut rayé de la liste de proscription, il revint en France ; mais ses malheurs
avaient altéré ses facultés mentales ; le général
Ameilh est mort dans un des cabanons de Cha-
renton....

Quand j'entrai dans l'appartement du comte
Delaborde, ce vétéran de l'armée était entouré
d'un grand nombre d'officiers-généraux, qui
témoignaient le plus vif intérêt à sa situation. Le
lieutenant-général Delaborde voulait paraître devant les tribunaux, persuadé, disait-il, qu'il
serait acquitté de toute manière, l'ordonnance contenant le nom *Laborde*, sans désignation de titre
ni de grade, tandis qu'il s'appelle Delaborde ; que
le *De* qui fait partie intégrante de son nom n'est pas
une particule : enfin, que ses longs services comme
officier-général sont depuis longtemps connus et
n'auraient pas été oubliés pour constater l'identité.
Nous lui conseillons tous de ne pas se fier à ce
moyen préjudiciel, et d'éviter, lorsqu'il en a encore
le pouvoir, le moment de la réaction. Le général
Delaborde comprit enfin le danger qui le menaçait,
et résolut de s'y soustraire. D'Hentzel achète sa calèche et ses chevaux, lui prête de l'argent, et ce
brave Delaborde, dont le corps est couvert de blessures honorables, qui rendent sa marche pénible, se voit forcé de prendre l'habit d'un pauvre

laboureur, de se placer dans le lit grossier d'un fermier, gardé par une bonne paysanne qui dit, en le montrant aux gendarmes chargés de sa recherche, il n'y a là que mon grand-père qui dort après bien des nuits de souffrances!

Le général Delaborde attendit près d'un mois dans cette ferme, peu distante de Bourges, l'occasion favorable de quitter sa patrie et d'éviter les bourreaux armés par l'esprit de parti.

Le lieutenant-général Brayer sortait du cabinet du prince d'Eckmühl, je l'entraîne dans le jardin. Le général Brayer paraît aussi vouloir suivre pour son compte le premier projet du général Delaborde; se livrer aux juges qu'on lui impose, et fort de sa conscience, se placer avec calme sur la sellette des accusés. Je lui expose tout ce que je trouve d'imprudent dans une semblable démarche, et je lui rappelle l'opinion ironique du président du Harlay qui disait que si on l'accusait d'avoir pris les tours de Notre-Dame, il chercherait son salut dans la fuite. Cependant, ajoutai-je, l'homme qui avait si peu de confiance dans la décision des tribunaux était un juge lui-même. Le général Brayer me répond : — Eh bien ! si mes juges sont des assassins politiques, si ma tête en tombant peut faire cesser les discordes civiles et contribuer au bonheur de la France, je mourrai sans regret. — Cet officier-général, mieux inspiré, comprit heureusement l'inutilité d'un pa-

17

reil sacrifice ; il s'éloigna de l'échafaud en se rendant en Amérique ; le général Brayer est mort à Paris en 1840, membre de la chambre des Pairs.

J'eus à peu près la même conversation avec le lieutenant-général Drouot. Mais la position n'était par identique, en ce sens que Drouot était un des soldats du souverain de l'Ile d'Elbe et n'avait prêté aucun serment à Louis XVIII. Le général Drouot m'apprit qu'il venait d'écrire au ministre de la police, afin de connaître le conseil de guerre qui devait le juger, déterminé à se constituer prisonnier à la première réquisition. Le général Cambronne suivit son exemple. Ces deux généraux célèbres se défendirent eux-mêmes avec tant de noblesse et d'habileté, qu'ils forcèrent le tribunal à les acquitter honorablement.

L'infortuné Labédoyère ayant appris que sa femme venait d'accoucher, voulut malgré les représentations de ses camarades, se rendre à Paris, où il fut arrêté, jugé et fusillé.

Dans les premiers jours d'août, le lieutenant-général Decaen, commandant un corps d'armée à Toulouse, arriva inopinément au grand-quartier-général à Bourges. Le maréchal Davoust fut très surpris de le voir. Le général lui rendit compte que lorsqu'il avait, d'après ses ordres, voulu prescrire à ses troupes de quitter les couleurs nationales pour arborer le drapeau blanc, les soldats, au lieu de s'y

conformer, s'étaient livrés entièrement à la désertion, à ce point que jusqu'à la sentinelle qui était à
sa porte avait pris la fuite. Des événements d'une
pareille nature, devaient rendre facile le licenciement de l'armée.

Je venais d'obtenir le commandement d'une brigade de houzards, quand le maréchal Macdonald
vint à Bourges pour procéder au licenciement de
l'armée de la Loire. Le duc de Tarente fit connaître
la non confirmation des grades obtenus pendant les
cent jours, ainsi que l'ordre imposé à chaque officier de reprendre la position qu'il occupait au premier mars.

Nos places fortes, la plupart démantelées, étaient
bloquées ou assiégées par des forces considérables.
Les actions glorieuses des officiers chargés de leur
défense, loin d'être récompensées, furent blâmées
par le gouvernement. L'ennemi seul sut apprécier
et donner des louanges à la vaillance des commandants français réduits à la dernière extrémité, et
combattant encore sur la brèche avant de se rendre.
Le général Barbanegre venait de soutenir un siége
long et meurtrier à Huningue, contre l'armée autrichienne commandée par l'archiduc Jean. Quand les
murs délabrés de la place qu'il défendait, permirent
à l'ennemi de monter à l'assaut, Barbanegre souscrivit la convention la plus honorable. Barbanegre
sort d'Huningue à la tête d'une cinquantaine

d'hommes presque tous blessés. L'armée ennemie
était en bataille formant une longue ligne et attendant le défilé des troupes assiégées qui devaient sortir de la ville. Cependant ces cinquante braves composaient toute la force armée de Huningue, le général
ayant, d'après les ordres du roi, licencié les gardes
nationales qui avaient été jetées dans la place.
Arrivé hors des glacis, le général en chef autrichien
s'approche du général français et lui demande où
est la garnison? — La voilà, prince, répond Barbanegre en montrant ses soldats mutilés. L'archiduc Jean surpris et touché de l'héroïsme de cette
poignée d'hommes qui a soutenu l'effort d'une
armée tout entière, serre dans ses bras le général
Barbanegre, en lui témoignant vivement son estime
et son admiration.

Les journaux ministériels donnaient aux soldats
de notre armée la dénomination de *Brigands de la
Loire.* Par les articles les plus acerbes, ils blâmaient
la conduite de maréchal Ney. Les journaux anglais
surtout y mettaient une violence qui prouve l'oubli
de leur propre histoire. Les étrangers prirent une
grande part à l'expédition du prince d'Orange.
L'expédition de l'empereur Napoléon fut nationale
et dans le motif et dans l'exécution. Le parallèle
entre Ney et Churchill est tellement à l'avantage du
premier, que le général anglais abandonna son pa-
tron, son bienfaiteur et son ami, tandis que le ma-

réchal français revint à son protecteur, à son
général porté par l'amour du peuple pour la seconde
fois sur le trône.

Mais je dois m'arrêter ici. Détournons les yeux
des massacres provoqués à Marseille, à Avignon, à
Nismes, à Toulouse, par le délire de la réaction.
Déjà les conseils de guerre sont assemblés et les
cours prévotales vont leur venir en aide pour briser
les plus glorieuses existences de l'armée. Cependant
les nouveaux mandataires du peuple se plaindront
encore de la modération du gouvernement, et l'exci-
teront à la vengeance. Montesquieu rapporte que
l'empereur Valens rendit une loi pour forcer une
certaine classe d'hommes d'aller à la guerre. Il fit
tuer tous ceux qui refusèrent d'obéir. Bien différents de cet empereur, les députés de la France
parlaient de faire tuer tous ceux qui l'avaient faite.
Il n'appartenait qu'à la grande nation de donner par
sa révolution de juillet un exemple admirable de
longanimité et d'oubli des causes politiques, en
refusant de faire à ses enfants l'application de la
terrible maxime de *Væ victis !*

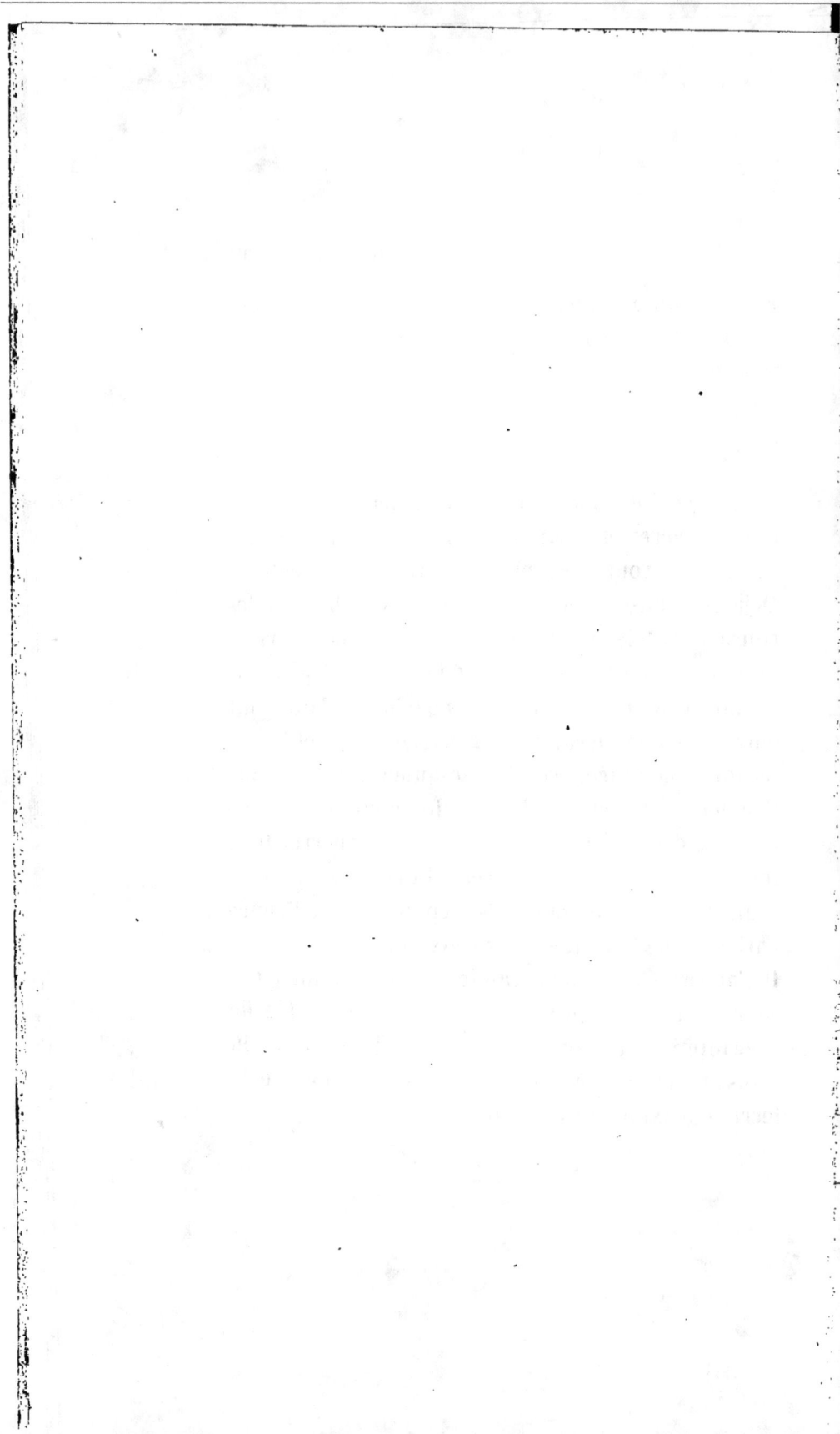

PIÈCES OFFICIELLES.

N° 1er.

Protestation de l'Impératrice Marie-Louise,

Adressée au Congrès de Vienne, contre l'occupation du trône français par la dynastie des Bourbons, le 19 février 1815.

Marie Louise, impératrice, archiduchesse d'autriche et de Parme, en notre nom, durant la minorité de notre cher fils et souverain, et au nom de notre fils Charles François Napoléon comme légitime possesseur du trône impérial de France :

La distance qui nous sépare de nos états héréditaires, et l'absence des membres de notre gouvernement, nous empêchant de réclamer l'admission d'un ministre, pour nous représenter au congrès actuellement réuni à Vienne ; et le désir de donner une pleine authenticité à notre réclamation en faveur de notre cher fils et souverain, nous ont portée à suivre l'exemple de glorieuse mémoire de notre immortelle ancêtre, Marie Thérèse ; à prendre la résolution de déposer sous les yeux du congrès, une déclaration des droits de notre cher fils à la couronne de France, et un développement des principes sur lesquels ils sont fondés, à l'effet de faire connaître à l'Europe et à la nation française, qu'il n'a jamais été dans notre intention de renoncer volontairement au trône impérial de France, sur lequel il a plu à la Providence de nous placer.

Nous ne rappellerons pas ici les désastres qui ont privé la maison de Bourbon du trône français ; nous étendrons plutôt un voile sur les erreurs des princes et les fautes des nations ; nous ne défendrons pas l'ouvrage des factieux et des révolutionnaires ; mais nous déclarons qu'il existe une loi publique et immuable de la nature, qui lie les nations aux princes ; une loi politique, qui contient les principes d'après lesquels les souverains devraient concilier leurs droits et leurs intérêts avec certains droits et libertés, qui sont la propriété de leurs sujets.

Une suite d'événements malheureux a détruit la royauté en France. Toute l'Europe a pris les armes, pour relever un trône que celui qui l'occupait, était incapable de conserver ; un trône réduit à rien, par la fuite des princes et de la noblesse, qui étaient ses soutiens naturels, et par la manifestation libre de la volonté du peuple.

Le malheureux Louis XVI et son fils, ont péri l'un après l'autre ; leurs héritiers légitimes ont perdu leurs droits à la couronne, par leur émigration et par leur retraite dans le pays ennemi. La nation, n'étant plus liée à ces princes auparavant légitimes, reprit le droit naturel qu'elle avait de se choisir un gouvernement ; les autres nations de l'Europe regardèrent ces désastres comme l'ouvrage d'un fanatisme politique et d'un esprit de rébellion ; en conséquence, elles prirent les armes, et pénétrèrent au milieu de la France. Leur succès cependant fut de coute durée ; la France les chassa bientôt de son terri- toire envahi, et maintint son indépendance. Les puissances de l'Europe ont dû voir dès lors, que, quelles que fussent les conséquences de ce qui s'était passé, le gouvernement de France était changé de fait et de droit, et qu'il était libre au peuple d'instituer telle forme de gouvernement qui lui con- viendrait le mieux, dans les circonstances où il se trouvait.

Dans cet état de choses, tous les liens étaient dissous entre la France et les Bourbons, entre les Bourbons et les autres souverains de l'Europe. Le pacte de famille, le traité de garantie personnelle, étaient annullés par la force des cir- constances. Dans le sens politique, les Bourbons n'existaient plus.

L'indépendance de la France, sous le nouveau gouverne- ment qu'elle avait choisi, fut alors reconnue par les puissances qui siègent actuellement au congrès. Le 5 avril 1795, le traité de Bâle fut signé entre la France et la Prusse ; un autre traité fut signé à Bâle, le 22 juillet de la même année, entre la République française et l'Espagne. Le 7 juin de l'année suivante, cette dernière puissance conclut un traité d'alliance avec le Directoire exécutif. Les cours de Sardaigne et de Naples signèrent, dans le cours de la même année, la première le 15 mai, et la seconde le 10 octobre, un traité avec le même gou- vernement républicain.

Le pape, et les petits états d'Allemagne et d'Italie, recon- nurent aussi solennellement le nouveau gouvernement de France. L'Autriche signa avec le Directoire, le traité de Cam- poformio, et celui de Luneville, avec le premier consul. L'An- gleterre, par le traité d'Amiens, du 1er octobre 1801, l'Es-

pagne par celui du 27 mars 1802, et la Russie, par celui du
8 octobre 1808, reconnurent successivement le gouvernement
consulaire, qui proclama la paix générale le 18 brumaire de
l'an 10 de la République. L'acte qui releva de nouveau les
autels, qui donna la paix à l'église anglicane, qui rétablit la
morale, détruisit les fausses doctrines et mit la vraie croyance
à sa place; le concordat, en un mot, dont la religion ressentira
pour longtemps les effets bienfaisants, mit pour ainsi dire le
sceau à ces transactions politiques par lesquelles un gouvernement, différent de celui de l'ancienne monarchie, fut solennellement reconnu par toute l'Europe. Qui eut alors soup-
çonné que les princes de la maison de Bourbon conservaient
encore des droits de souveraineté sur la France? Ce qui est
tombé peut-il encore se relever? si ces princes n'avaient alors
aucun droit, quel est celui qu'ils ont maintenant? Le peuple
français a joui, sans aucun doute, de la plénitude de ses
droits sous le gouvernement consulaire. A cette époque, pour
assurer cette stabilité qui avait mis fin aux malheurs de la
révolution, et pour donner à l'Europe, une garantie de cette
stabilité, il a conféré le consulat à vie au premier consul
Bonaparte. La nouvelle organisation de l'État, étant en harmonie avec le génie de son premier magistrat, se consolidait
de jour en jour, et elle aurait rempli les vœux les plus ardens
du peuple Français, si l'on n'eut réfléchi que l'existence de
l'homme était bornée à un petit nombre d'années; et pour
donner à ces nouvelles institutions un caractère de per-
manence, pour les faire correspondre avec les gouvernements
des autres états de l'Europe, la nation substitua au consulat
la puissance impériale qu'elle rendit héréditaire dans la famille
de Napoléon Bonaparte. Les citoyens des villes, des communes et des plus petits hameaux couvrirent de leurs noms, les
registres dans lesquels la question, sur l'établissement de
l'empire et sur l'élection de Napoléon, leur était soumise. Il fut

élevé, proclamé avec acclamation ; il reçut le serment de
soumission, d'obéissance et de fidélité de ses nouveaux sujets ;
les temples retentirent d'actions de grâces. Le clergé, dans
le saint sacrifice de la messe, pria pour sa personne et pour
sa famille, et le chef de la chrétienté vint, en personne, con-
sacrer dans l'église métropolitaine un pouvoir que l'empereur
Napoléon ne tenait jusqu'alors que des mains de la nation.

Que manquait-il donc à la légitimité de sa couronne ? ne
l'avait-il pas reçue de Dieu et de la nation ? n'était-il pas empereur de droit divin et national ? l'empereur adopta ces principes, et Napoléon prit le rang, que la puissance et l'étendue
de son empire lui assignaient parmi les autres souverains.
Le 26 décembre 1805, l'Autriche reconnut l'empereur Napoléon, par le traité de Presbourg, qui éleva à la dignité royale
ses alliés, les souverains de Bavière et de Wurtemberg Par
le traité de Posen, conclu avec Napoléon, le 11 décembre 1807,
l'électeur de Saxe reçut le titre de roi. L'Europe a-t-elle disputé la légitimité de ces titres, émanés du pouvoir impérial et
de la France ?

La Prusse a reconnu l'empire français, et l'empereur
Napoléon, par le traité de Tilsit, du 9 juillet 1807. L'empereur de Russie a conservé son armée, montant à près de
200,000 hommes, en vertu du même traité, par lequel il re-
connaissait non seulement l'existence de l'empire français et
de l'empereur Napoléon ; mais encore l'existence comme rois,
des princes de la famille impériale. Enfin, les traités du
14 octobre 1809 et 6 janvier 1810, conclus entre la Suède et la
France, complètent les actes de politique extérieure, qui ont
consolidé la dynastie, élevée au trône de France. Toute
l'Europe continentale était donc l'alliée de l'empereur Napoléon. Les alliances de famille de l'empereur Napoléon, avec
les maisons souveraines, les plus augustes, consolidèrent
encore le pacte social tel qu'il était établi en France. Des insti-

tutions fortement cimentées, affermirent la stabilité de la
forme monarchique du gouvernement, qu'il avait établi ; elles
formaient une barrière insurmontable aux invasions du système démocratique. La révolution de France, a appris aux
nations à surveiller attentivement, ce qui se passe dans les
cabinets des princes.

Ce fut sous la garantie de la création de l'empire français, et
sous celle des traités et des alliances des souverains étrangers,
que je devins l'épouse de l'empereur Napoléon. Ce fut sous cette
même garantie que le prince Charles-François Napoléon, issu
de notre union, a acquis des droits au trône de France, droits
que les princes assemblés à ce congrès ont si souvent re-
connus.

Une guerre fatale éclata : l'empereur Napoléon fut vaincu ;
vous, souverains assemblés en congrès, vintes dans sa capitale
au moment où une conspiration se tramait en faveur des princes
de la maison de Bourbon. Vous auriez pu dicter à Napoléon les
conditions que vous auriez jugées nécessaires au rétablissement
d'une juste balance entre les pouvoirs ; vous auriez ainsi consolidé des institutions d'où naissent la force et la sûreté commune. Ce traité aurait certainement été observé fidèlement.

Influencés par l'espoir de terminer les malheurs de la guerre,
et d'épargner l'effusion du sang, vous avez mis de côté les droits
de l'empereur de Napoléon, vous avez traité avec des princes
auxquels la conspiration a donné la couronne ; quel lustre un
tel prince pouvait-il donner à la royauté? L'empereur Napoléon,
à la tête d'une armée peu nombreuse à la vérité, mais brave et
fidèle, aurait pu défendre sa couronne ; mais pour préserver
ses sujets des maux d'une guerre civile, il avait déjà résolu
d'abdiquer en faveur de son fils. Telle était sa détermination
manifestée aux puissances alliées par les ducs de Tarente, de
Vicence et par le prince de la Moscowa. Ces puissances consi-
dérèrent cette détermination dans son vrai point de vue, c'est-

à dire qu'elles la regardèrent comme pouvant assurer la tranquillité de l'Europe. Des événements, qu'il ne nous appartient
pas de caractériser, firent révoquer ces justes résolutions.
L'empereur fut obligé de signer une abdication sans conditions,
le 11 avril 1814; et le même jour il souscrivit un traité de sûreté
personnelle, qui, en lui conservant le titre d'empereur, lui as-
signait l'île d'Elbe pour demeure, et lui confirmait la souveraineté sur ce territoire. Le cinquième article du même traité
me donna la souveraineté des états de Parme, transmissibles à
mon fils et à ses descendants.

Je ne discuterai pas la validité de ces traités en ce qui regarde
l'empereur Napoléon. Ils sont plus ou moins obligatoires pour
lui, selon qu'il était plus ou moins libre en les signant. Je dirai
simplement qu'il n'avait pas le pouvoir de disposer d'une couronne que son fils avait reçue, par droit de naissance, de la nation française et de ses lois constitutionnelles.

Si les souverains de la France, comme les autres souverains
principaux de l'Europe, n'ont jamais pu enfreindre les droits
de succession établis dans leurs familles, de manière à transmettre leur couronne à leur deuxième ou troisième fils, au préjudice de leur premier né, comment l'empereur Napoléon pour-
rait-il priver le prince Charles-François de son droit de succession pour le faire passer en des mains étrangères? une conspiration peut-elle détruire, par ses actes irréguliers, la force des
lois de l'empire français? Peut-elle détruire la royauté que le
prince, mon fils, a acquise de droit divin et national? Les princes
que la conspiration a placés sur le trône de mon fils ont eux-
mêmes reconnu entièrement ces principes, lorsqu'ils ont refusé
de sanctionner les actes d'un gouvernement qu'ils appelaient provisoire. Dix ans d'un gouvernement libre, reconnu par toutes les
puissances de l'Europe, dans un temps où le nom de Bonaparte
n'était pas encore inscrit dans les fastes militaires; quinze ans
d'existence d'un empire dont les conventions sociales établissent

les droits de l'empereur Napoléon et ceux de sa dynastie, ont rendu incontestable la légitimité de sa couronne.

Lorsque pendant ma résidence à Blois, j'ai exercé la régence j'ai fait un appel au dévouement des Français, et j'ai reçu les plus vifs témoignages de leur zèle et de leur amour pour la cause de leur prince légitime. La présence de vos armées et les effets de votre politique ont seuls empêché la réalisation des vœux de cette nation fidèle.

Le sort des nations étant entre vos mains, vous devez sans doute concilier leurs droits et leurs vœux, avec les droits et les intérêts des souverains. Les circonstances ont privé mon fils de sa souveraineté sur la nation française, et lui et son peuple sont également lésés dans leurs droits par le résultat fatal des derniers événements. Dans cet état de choses, nous, en notre qualité d'impératrice et mère, et avant qu'aucune résolution authentique soit prise par le congrès, nous protestons par les présentes contre tous actes du gouvernement actuel de France qui a été établi au préjudice du légitime héritier du trône. Nous protestons aussi, en notre nom et en celui du prince Charles-François Napoléon, héritier présomptif, possesseur de droit de la couronne de France contre toutes les résolutions des hautes puissances assemblées en congrés, collectivement ou individuellement, qui tendraient à préjudicier au droit du prince, mon fils, à ladite couronne de France.

Le trône du prince Charles-François Napoléon est celui établi par la nation française, tel qu'il existait au tems où son choix a appelé l'empereur Napoléon à la tête de son gouvernement; mais si, dans la lutte terrible dans laquelle il a été engagé, l'empire français a été réduit par la force des armes à signer le traité de Paris, nous croyons juste, en ce qui concerne les territoires qui ne forment plus partie de la France actuelle, que les conditions de ce traité soient toujours observées fidèlement. A cette fin, nous déclarons que la présente protestation ne s'applique qu'à l'occupation illégale du territoire de France qui constitue la monarchie actuelle.

Ayant ainsi exposé ses réclamations, l'impératrice Marie-Louise, archiduchesse d'Autriche, duchesse de Parme, etc., représentant le prince Charles-François Napoléon, mineur, requiert de la justice et de la magnanimité des puissances alliées que l'objet desdites réclamations soit soumis à la délibération du congrès, et qu'un récépissé de la présente protestation lui soit délivré, afin qu'elle puisse le produire lorsqu'il plaira à la divine Providence de lui en fournir l'occasion. En foi de quoi, et pour donner à cette protestation toute l'authenticité nécessaire, elle l'a écrite de sa propre main, et y a apposé le sceau de ses armes.

Au palais de Schœnbrunn, le 19 février 1815.

Signé, MARIE-LOUISE, Impératrice.

Les hautes puissances assemblées en congrès, dans leur séance du 24 février, sur la présente déclaration de S. M. I. Marie-Louise, conformément à l'opinion de S. M. J. l'empereur de toutes les Russies et de S. M. I. et R. l'empereur d'Autriche, père de S. M. J. et R. l'impératrice Marie-Louise; et considérant le respect dû au caractère personnel de S. M. l'impératrice, a résolu que l'acte émané d'elle, le 19 février, commençant par ces mots : Marie-Louise, et finissant par ceux-ci : *y a apposé le sceau de ses armes*, sera inscrit au protocole des membres du congrès.

Les ministres français ayant protesté contre cette décision, se sont abstenus de la signer.

N. 2.

Le général Cambronne, grand officier de la Légion-d'Honneur, est mort à Nantes le 28 janvier 1842 à l'âge de 71 ans. Cet intrépide soldat que Napoléon nomma à la mort de Latour d'Auvergne, premier grenadier de France, mérite encore comme Bayard, le titre de chevalier *sans peur et sans reproche.*

Cambronne s'exprima ainsi devant le conseil de guerre réuni pour le juger :

« Je me nomme Jacques-Etienne Cambronne, né le 26 décembre 1772, à Nantes; je suis baron, maréchal-de-camp; et commandant de la Légion-d'Honneur. — J'étais sous l'empire général de brigade, commandant le 1er régiment de chasseurs à pied de la vieille garde. — Lors de l'abdication de Napoléon, j'étais resté à Fontainebleau, retenu au lit par suite des blessures que j'avais reçues à la bataille de Craone, et sous les murs de Paris. — Le traité du 11 avril 1814, ayant accordé à Napoléon avec le titre d'empereur, l'autorisation d'emmener 400 hommes, je me suis fait un devoir de partager son sort, et j'ai accepté le commandement de ses troupes. — En le suivant à l'île d'Elbe où j'ai commandé la place de Porto-Ferraio, ne m'occupant que de mes soldats et de mon état, et n'ayant écrit qu'à ma mère qui habite près de Nantes; n'ayant pas quitté mon ancien souverain, je me suis considéré comme ne devant rien au roi de France.

» Je me croyais étranger. Néanmoins j'avais écrit au comte Curial pour lui demander sa protection dans le cas où j'aurais voulu rentrer en France. Je voulais dans l'hypothèse de la mort de l'empereur, recouvrer ma qualité de Français. Les Sauvages eux-mêmes aiment le pays natal : comment n'aurai-je pas désiré de revenir dans ma patrie, le plus beau sol du monde.

» Trois jours avant de quitter l'île d'Elbe, Napoléon me donna l'ordre de partir, et me dit : Cambronne, où allons-nous ? — Je répondis : je n'ai jamais cherché à pénétrer les secrets de mon souverain. Je vous suis tout dévoué ! — Napoléon n'ajouta rien de plus.

» Parti de l'île d'Elbe avec Napoléon, je commandai son avant-garde jusqu'à trois lieues de Lyon. Les troupes criaient *Vive l'Empereur !* Soldat et sujet, je crus n'avoir qu'à obéir à celui que je n'avais pas cru devoir abandonner, par cela même qu'il était malheureux. A Lyon je quittai le commandement, et l'empereur me dit : Cambronne, je vous confie le plan de ma plus belle campagne. Tous les Français m'attendent avec impatience ; vous ne trouverez partout que des amis : je ne veux pas que ma couronne coûte une seule goutte de sang à la France.

» En effet, on ne tira pas un coup de fusil, si nous avions tiré un seul coup de fusil, nous aurions agi en ennemis ; mais loin d'être regardés comme tels, je me suis trouvé seul à Grasse, au milieu de quinze cents bourgeois et de toute la population. Un ami du roi pouvait me poignarder à Grasse ; j'étais seul, la résistance était impossible. Ce n'est pas le tout de dire qu'on aime son roi, il faut encore le prouver. Cependant nous ne nous dissimulions pas notre faiblesse : près de Grasse, je rencontrai un espion ; il était couvert de sueur. Vous paraissez bien fatigué lui dis-je. Je lui proposai de se rafraîchir et je lui dis ce qui en était. Je lui fis connaître que je venais au nom de Napoléon, souverain de l'île d'Elbe : Nous avons aussi un souverain que

18

nous aimons, répondit-il! Je ne me mêle pas de la politique,
répartis-je. Je ne viens pas demander si la France a un roi, si
elle doit l'aimer : je ne veux que des vivres. Après le 20 mars,
je repris le commandement du 1er régiment de chasseurs à pied
de la vieille garde. L'empereur me nomma pair, lieutenant-général et comte. »

— A quelle époque?

— Je ne me rappelle pas, je n'ai jamais fait attention à
ces choses-là.

— Vous devriez vous en rappeler?

— Sur mon honneur, je l'ai oublié.

— N'avez-vous pas vos brevets?

— Je ne conserve jamais de papiers.

— Tout le monde ordinairement conserve des papiers de
cette importance.

— Chacun a ses habitudes.

— Vous refusâtes le grade de lieutenant-général?

« Je pourrais bien commander une division quand je suis
seul officier-général; mais dans une affaire générale à Waterloo
où le premier capitaine n'a pu rétablir l'ordre, qu'auraient dit
les vieux officiers? Dans tous les états il y a de la jalousie, et
d'ailleurs j'aurais craint de compromettre l'existence de l'armée. Je quittai Paris avec la garde, lorsqu'elle alla joindre
l'armée. Laissé pour mort à la bataille du 18 juin, je fus pris
par les Anglais, et conduit en Angleterre. J'adressai au ministre de la guerre mon adhésion au gouvernement royal.

» Je me regarde comme innocent du crime dont je suis
accusé. Certain de l'impartialité de mes juges, j'attends avec
une respectueuse confiance qu'ils prononcent sur mon sort. »

Le conseil de guerre l'acquitta au milieu des applaudisse-
ments d'un auditoire nombreux.

Le général Cambronne se maria à Nantes pendant sa disponi-
bilité. Quelques années plus tard, sous le règne de Louis XVIII,
il fut appelé au commandement de la subdivision du nord à

Lille. Cambronne obtint sa retraite à l'âge de 62 ans, et retourna dans ses foyers, en Bretagne, chercher une tombe près
de sa mère.

N° 3.

Bulletin du 2 juillet 1815,

Nos troupes ont eu occasion de développer hier leur valeur
accoutumée dans deux affaires brillantes.

Le général Excelmans rend compte qu'il s'est porté dans
l'après-midi, avec une partie de sa cavalerie, à Versailles. L'ennemi avait occupé cette ville avec quinze cents chevaux, le général Excelmans avait formé le projet de les enlever. Il avait
dirigé en conséquence le lieutenant-général Piré avec le 1er et le
6e de chasseurs et le 44e régiment d'infanterie de ligne sur
Ville-d'Avray et Roquencourt, en leur recommandant de s'em-
busquer pour recevoir l'ennemi quand il repasserait sur ce pont.
De sa personne le lieutenant-général Excelmans se porta par le
chemin de Mont-Rouge à Vellissy avec l'intention de rentrer à
Versailles par trois points. Il rencontra, à hauteur du bois de
Verrières, une forte colonne ennemie; le 5e et le 15e de dragons, qui étaient en tête, chargèrent avec une rare intrépidité;
le 6e de hussards et le 2e de dragons le prirent en flanc. Culbuté sur tous les points, l'ennemi laissa jusqu'à Versailles la
route couverte de ses morts et blessés.

Pendant ce temps le lieutenant-général Piré exécutait son
mouvement sur Roquencourt avec autant de vigueur que d'intelligence. La colonne prussienne, poussée par le général

1

Excelmans, fut reçue par le corps du général Piré, et essuya, à bout portant, une vive fusillade du 44ᵉ régiment, et fut chargée par le 1ᵉʳ et 6ᵉ de chasseurs, tandis que le 6ᵉ de hussards et le 5ᵉ de dragons, qui la poursuivaient, la poussaient fortement à la sortie de Versailles.

Le résultat de ces belles affaires a été l'entière destruction des deux régiments de hussards de Brandebourg et de Poméranie, les plus beaux de l'armée prussienne.

Les troupes françaises, infanterie et cavalerie, ont rivalisé de courage.

Le lieutenant-général Excelmans mande qu'il ne finirait pas s'il voulait nommer tous les braves qui se sont distingués. Il en adresse l'état par régiment. Il signale particulièrement le lieutenant-général Stroltz, les généraux Burthe, Vincent, ainsi que le brave colonel Bricqueville, qui est grièvement blessé; les colonels Saint-Amand, du 5ᵉ de dragons, Chaillot du 15ᵉ, Simoneau du 1ᵉʳ de chasseurs, Faudoas du 6ᵉ, Schmidt du 8ᵉ, et le colonel Pauliné, du 44ᵉ d'infanterie.

La commission du gouvernement a chargé le ministre de la guerre de lui proposer les récompenses à donner aux officiers, sous-officiers et soldats qui se sont le plus distingués.

Nous avons fait, dans ces deux affaires, beaucoup de prisonniers, et pris environ un millier de chevaux.

Nos troupes ont parfaitement été secondées par les habitants des communes voisines, qui ont assailli l'ennemi en tirailleurs, même avant l'arrivée de nos soldats. Ils sont encore en ce moment à la recherche des fuyards; on ne peut trop faire l'éloge de leur courage.

Le lieutenant-général Lecourbe a été attaqué le 24 dans sa position de Danemarie et de Chavannes; l'ennemi a été repoussé; nous avons gardé nos positions.

1830.

—

ALGER.

AVIS AU LECTEUR.

En 1830, le chef d'état-major de la 3ᵉ division a fait insérer dans *le Spectateur Militaire*, le journal historique de cette division, et le général du génie Valazé, le précis des opérations en Afrique jusqu'à la prise d'Alger.

En 1831, a paru chez Anselin, libraire, le journal historique de la 2ᵉ division. Dans la même année, le lieutenant-général Desprez, chef d'état-major-général de l'armée d'expédition, a publié la narration de la campagne, sous le titre de *Journal d'un officier de l'armée d'Afrique*.

Les rapports du général en chef, les journaux de l'artillerie et du génie, dont la communication est autorisée au ministère de la guerre, le précis historique et administratif de la campagne d'Afrique, par M. Denniée, et le récit des opérations de la pre-

mière division, ajoutés à ces éléments, donnaient lieu d'espérer
qu'une relation complète de l'expédition serait coordonnée dans
un seul ouvrage. L'historien eût trouvé dans la réunion de ces
renseignements un guide utile pour indiquer avec clarté les
manœuvres stratégiques de l'armée, l'ensemble de ses travaux,
en préciser le but, et faire connaître, avec la part d'éloge due
à chaque corps, les modifications matérielles que la nature du
terrain ou les circonstances ont pu rendre nécessaires. Si le général Desprez n'avait pas été enlevé par une mort prématurée,
il eût été plus qu'un autre en position d'offrir cet important
travail à ses concitoyens. Son journal est un ballon d'essai qui
a révélé son talent d'écrivain. En y puisant des matériaux pour
former une histoire, le général Desprez eut adouci la séche-
resse de quelques détails ; il eût enrichi son livre de faits inté-
ressants et nombreux, dont ses fonctions et la confiance du
général en chef l'avaient sans doute rendu seul dépositaire.
L'attrait d'une telle histoire eut été grand pour les lecteurs,
non seulement pour les militaires, mais encore pour les hommes
étrangers à la carrière des armes, le moment étant arrivé où
la patrie décerne sans restriction à la gloire de ses enfants,
l'hommage que ne lui accorde pas toujours l'esprit de parti.

Un de nos illustres lieutenants-généraux, qui dans cette
campagne a encore ajouté à ses titres de gloire, n'ayant pu
sans doute rassembler tous les documents qui lui étaient nécessaires, a fait cependant paraître en 1834, le récit des événements qui se sont passés dans la régence d'Alger depuis le 14
juin 1830, jour du débarquement, jusqu'à la fin de décembre
1831. On trouve dans cet ouvrage, intitulé *Dix-huit mois à
Alger*, des détails topographiques et statistiques sur le pays,
qui ne peuvent manquer d'être utiles, et qui ont été lus avec un
vif intérêt. Toutefois, quelques inexactitudes sur l'histoire de la
conquête s'y sont glissées : j'en citerai un exemple.

Le rapport du général en chef au gouvernement sur la brillante affaire du 29 juin qui fit ouvrir les portes d'Alger, en conduisant les troupes françaises au pied du château de l'empereur, contient les passages suivants :

« Le lieutenant-général Descars reçut l'ordre d'attaquer par » la gauche avec les deux premières brigades de sa division, » et de suivre à peu près la ligne de partage des ravins qui » versent à l'est et à l'ouest d'Alger. C'est de ce côté que l'en- » nemi avait réuni le plus de forces.

» Dans l'affaire du 29, nous avons eu quarante à cinquante » hommes hors de combat ; l'ennemi a laissé beaucoup de » morts sur le champ de bataille. On lui a pris un drapeau et » cinq pièces de canon. »

L'historique de le 2ᵉ division annonce pour cette journée un état de perte de quarante-trois hommes hors de combat, et celui de la 3ᵉ de vingt-trois : savoir : tués, 8 dans la deuxième division, 3 dans la troisième ; blessés, 35 dans la deuxième division, 20 dans la troisième, — total, 66.

Voici maintenant la version de l'auteur de *Dix-huit mois à Alger*.

« L'ennemi surpris à la pointe du jour, était trop peu nom- » breux pour opposer une résistance inutile ; il se retira après » avoir tiré quelques coups de fusils, et la 3ᵉ division n'éprouva » d'autres pertes que quelques blessés. Les deux autres ne » brûlèrent pas une amorce. »

Ces considérations ont déterminé l'ancien chef d'état-major de la 3ᵉ division à faire imprimer une nouvelle édition de son journal, où l'on trouvera plus de développement dans le récit des opérations militaires. A cet effet, il a consulté de nouveau les registres d'ordre et de correspondance de la division Descars, afin de n'avancer aucun fait qui n'eût une origine certaine. Il craint pourtant en livrant au public un aussi faible document pour l'histoire de l'expédition d'Afrique, de ne pas avoir rempli toutes les lacunes. Il craint surtout de ne pas

retracer avec assez éclat les actions des militaires de cette fraction de l'armée, qui surent se signaler parmi tant de braves, en
contribuant au succès d'une glorieuse campagne, dont les résultats ont procuré à la France, un trésor pour payer la conquête,
un poste redoutable dans la Méditerranée, l'affranchissement
du commerce, l'abolition de l'esclavage, et une importante
colonie.

Dans ce journal historique, on a dû se restreindre à la des-
cription des mouvements prescrits et exécutés par la troisième
division. Les pièces officielles qui y sont annexées renferment
des rapports du général en chef et du général Desprez sur
les combats du 29 juin et du 23 juillet. La narration de ces
deux affaires ayant été jusqu'à ce jour controversée, ces
pièces doivent être lues et comparées au rapport moins
étendu du chef d'état-major de la 3e division, établi d'après
les notes spéciales des commandants de chaque corps et de
chaque arme, qui se sont trouvés sous les ordres du général
Descars.

DIALOGUE

D'un ministre de la Restauration et d'un maré-
chal-de-camp des Cent-Jours.

1822.

—

LE MINISTRE. — Pourquoi n'avez-vous pas demandé à être employé?

LE MARÉCHAL DE CAMP. — Monseigneur, j'ai été
nommé maréchal-de-camp à Waterloo, et je suis *un*
brigand de la Loire.

LE MINISTRE. — Vous ne pouvez ignorer que depuis longtems on a fait justice de ces hideuses ex-
pressions inventées par l'esprit de parti. Le roi
verra toujours avec plaisir de braves gens comme
vous dans les rangs de son armée.

LE MARÉCHAL DE CAMP. — On trouve peu de noms de Waterloo dans l'annuaire militaire.

LE MINISTRE. — Savez-vous pourquoi ? — C'est qu'un grand nombre de militaires attendaient ainsi que vous, peut-être, le retour de Napoléon. Il est mort sur une terre étrangère. L'armée doit aujourd'hui comme toujours, se dévouer à la patrie en formant un faisceau autour du trône. Il faut que vous soyez employé avec le grade de colonel pour que vous retrouviez vos étoiles. — Prenez un régiment.

LE MARÉCHAL DE CAMP. — Avant la révolution et sous l'Empire, le ministre n'accordait qu'au grade élevé de lieutenant-général, les fonctions importantes d'inspecteur. Ce délégué de l'autorité gouvernementale qui avait la faculté d'examiner dans ses parties les plus secrètes l'administration d'un corps, de tenir à sa merci l'existence de tant de braves, de contrôler son instruction, sa tenue, ses principes, devait par sa haute position dans l'armée avoir une influence directe qui n'existe plus par l'organisation actuelle. En effet, le maréchal-de-camp inspecteur peut tenir sur la sellette un colonel plus ancien que lui dans ce grade, et avoir moins d'expérience que le chef de corps qu'il inspecte, quand bien même ce maréchal-de-camp aurait servi à l'armée de Condé.

LE MINISTRE. — Eh bien ! je puis vous éviter cette investigation et vaincre à ce sujet vos répugnances en vous plaçant au milieu des cartons du ministère de la guerre. En devenant chef des archives historiques du dépôt, emploi dévolu à un colonel, vous vous retrouverez chaque jour avec les plus célèbres capitaines de la république et de l'empire.

Le maréchal-de-camp de 1815 accepta ces fonctions avec reconnaissance. Pendant plusieurs années les ministres se succédèrent; environ cent cinquante colonels parvinrent au généralat, sans que le maréchal-de-camp des cent jours retrouvât ses insignes. Enfin, en 1830, il demanda et il obtint de faire partie de l'expédition d'Alger, qui avait à ses yeux de l'analogie avec la mémorable campagne d'Égypte. La conquête d'Alger et surtout la révolution de juillet lui rendirent ses étoiles. Le maréchal-de-camp de 1815 était alors chef d'état-major de la 3e division de l'armée d'Afrique.

CONQUÊTE D'ALGER.

Lorsque les Algériens sont en guerre avec la France, ils ne doivent pas faire la prière du soir avant d'avoir obtenu la paix.

SIDI-MUSTAPHA , secrétaire de Hussein-Dey.

Depuis plusieurs siècles un repaire de pirates tourmentait l'Europe civilisée. La France , l'Angle-terre , l'Espagne, la Hollande , et quelques autres puissances , désirant s'affranchir *d'un tribut humiliant* , avaient obtenu contre ces forbans des succès éphémères ; mais fermer les yeux sur les entraves apportées au commerce par leurs audacieuses dé-prédations, mais tolérer leur existence sur un point de la méditerranée d'où ils s'échappaient pour exercer leurs rapines, c'était une honte que les monarques éclairés de l'Europe n'auraient pas dû supporter.

La France avait, en 1827, un outrage à venger : ses vaisseaux formaient depuis trois ans un blocus très onéreux, mais qui retenait du moins captifs les écumeurs de mer dans les ports de la régence. Enfin, en 1830, une expédition formidable est réunie, et trente-sept mille combattants se disposent à châtier les pirates qui, loin d'écouter des paroles de conciliation, viennent d'insulter le pavillon français.

Trois divisions d'infanterie de dix mille deux cents hommes, une artillerie bien attelée et bien servie d'après le nouveau modèle, et les troupes du génie nécessaires doivent s'embarquer à Toulon, ainsi que trois escadrons de chasseurs des 13ᵉ et 17ᵉ, formant un régiment de 500 chevaux, qui prend le nom de chasseurs d'Afrique.

Toulon, Marseille et Aix sont les cantonnements désignés pour les trois divisions d'infanterie ; Tarascon reçoit le régiment des chasseurs d'Afrique, Carpentras la gendarmerie, Arles le génie ; ces troupes, mises en mouvement des divers points de la France, sont réunies le 20 avril aux lieux que nous venons de signaler.

La 3ᵉ division était commandée par le lieutenant-général duc Descars, ayant pour chef d'état-major le colonel baron Auguste Pétiet ; le général vicomte

de Bertier commandait la Ire brigade, composée du
2e de marche [1] d'infanterie légère et du 35e de
ligne; la 2e brigade, sous les ordres du maréchal-
de-camp baron Hurel, réunissait le 17e et le 30e de
ligne; le général comte de Montlivault commandait
les 23e et 34e de ligne; ces deux derniers régiments
formaient la 3e brigade.

Le régiment de cavalerie des chasseurs d'Afrique
était sous les ordres immédiats du lieutenant-général commandant la 3e division.

Rien n'avait été négligé pour assurer le succès de
l'expédition. L'administration avait établi un matériel proportionné à tout ce qui allait devenir d'une
nécessité journalière dans un pays dépourvu de ressources. Des tentes pour quarante mille hommes,
des caléfacteurs qui exigeaient peu de combustibles,
des lits en fer, des fours en tôle, des baraques couvertes en toile imperméable pour les malades, une
imprimerie, une presse lithographique, des télé-
graphes de jour et de nuit, et jusqu'à un aérostat et
des sondes pour établir des puits artésiens, qui heureusement ne nous furent point utiles, eurent leur

---

[1] L'infanterie n'ayant alors que deux bataillons par régiment, on
avait été forcé de former des régiments de marche, composés chacun
de deux bataillons de 850 hommes, de deux corps différents; amalgame
préjudiciable à la discipline, à l'esprit de corps et à l'administration.

Un bataillon du 1er léger et un autre du 9e de même arme, formaient
le 2e de marche.

place marquée dans la flotte considérable armée pour la conquête d'Alger.

L'officier du génie Boutin ayant affirmé dans son mémoire à Napoléon qu'on ne trouverait pas de bois convenable aux environs d'Alger pour faire des gabions, il en fut embarqué pour le siége ; quand on reconnut l'inexactitude de cette assertion, ces gabions, construits et transportés à grands frais, étaient presque hors de service. On y suppléa facilement avec le bois du pays.

La plupart des interprètes sont choisis parmi des anciens officiers de mameluks de la garde impériale. Un chef d'escadron et un capitaine de cette arme sont attachés à l'état-major de la 3e division ; chacun des trois maréchaux-de-camp a en outre le sien. On verra plus loin que l'interprète qui servit près du général Montlivault périt victime de son zèle.

La flotte se composait de onze vaisseaux, vingt-quatre frégates, vingt-six bricks, quinze corvettes, huit bombardes, huit gabarres, deux goëlettes, sept bateaux à vapeur, une balancelle : en tout cent deux bâtiments de guerre. Les transports, non compris ceux affectés par le munitionnaire général de l'expédition, se montaient à trois cent quarante-sept ; les bateaux catalans de l'île, bœufs et génois, destinés au débarquement des troupes, étaient au nombre de cent quarante. La flotte était donc d'environ six cents voiles.

La 3e division est placée sur soixante-et-dix bâtiments, la plupart de transport; elle doit débarquer
en même temps que la 2e division ; l'état-major est
à bord du *Nestor*, vaisseau de 74, commandé par
le capitaine Latreyte [1].

L'embarquement de l'armée commence le 11 de
mai; la pluie et une forte brise nuisent à la promp-
titude de cette opération ; le 15 et le 16, la 3e division est à son bord ; le 17 l'embarquement des chevaux est terminé; le 18 le pavillon amiral flotte sur
la Provence, capitaine Villaret-Joyeuse, où sont
réunis l'amiral Duperré, son major-général le contre-amiral Mallet, le général en chef Bourmont, le
chef d'état-major général, l'intendant en chef et les
généraux commandant l'artillerie et le génie.

L'attente générale du départ existait pour le lendemain, anniversaire de la sortie de la flotte de
Toulon vers l'Égypte en 1798. Les militaires appuyaient particulièrement leur opinion sur le choix
de cette date, par le passage suivant de l'ordre du
jour publié au moment de l'embarquement, où pour
la première fois on donnait officiellement des éloges à l'ancienne armée.

« Déjà les étendards français ont flotté sur la
plage africaine ; la chaleur du climat, la fatigue des

---

[1] L'un des officiers les plus braves et les plus instruits de notre marine ; contre-amiral et aide-de-camp du roi, il commandait en 1834 la
station de l'Amérique du sud.

marches, les privations du désert, rien ne put ébranler ceux qui vous y ont dévancés : leur courage tranquille a suffi pour repousser les attaques tumultueuses d'une cavalerie brave, mais indisciplinée. Vous suivrez leurs glorieux exemples. »

Mais quoiqu'on ait attribué le retard du départ de la flotte aux cables en fer qui ne furent embarqués que le 22, il est de toute notoriété que le vent contraire seul ne permit de mettre à la voile que le 25. Dans la matinée, une brise d'est rendit la mer houleuse, le vent se fixa au nord-est; à quatre heures après midi, la flotte avait quitté la rade et marchait sur trois colonnes dans l'ordre ci-après :

A droite, l'escadre de *réserve*, ayant à bord les troupes de la 3e division ; au centre l'escadre de *débarquement* portant la 1re division, les canonniers, les sapeurs et l'artillerie de campagne. Ces deux colonnes étaient dirigées par le contre-amiral Rosamel, à bord du *Trident*, vaisseau de 82, capitaine Casy ; à gauche l'escadre de *bataille*, en tête de laquelle marchait l'amiral Duperré ; elle portait le quartier général, la 2e division et 500 canonniers ; plus au large le capitaine de vaisseau Hugon, à bord de la corvette *la Créole*, capitaine de Peronne, marchant à la tête de deux divisions du convoi ; la 3e section, dite *bateaux-bœufs*, ou flotille de débarquement, chargée de vivres, avait appareillé le 19 pour attendre l'armée à Palma.

Ce spectacle si nouveau pour l'armée française et
si rare pour la marine, était admirable. Pour na-
viguer ensemble, les gros bâtiments étaient forcés de
diminuer de leur vîtesse; les bateaux à vapeur, qui
rendirent des services signalés pendant la campagne, portaient les ordres de l'amiral; le *Nestor* suivait immédiatement le *Marengo*, vaisseau de 74,
armé en flûte comme le précédent, et n'ayant que
58 canons [1].

Le 26, au lever du soleil, deux frégates venant
du sud sont signalées vers l'est; l'une porte le pavillon français, l'autre le pavillon turc; elles ma-
nœuvrent pour se rapprocher de la flotte. La frégate
égyptienne vient à notre rencontre, salue l'amiral
de quinze coups de canon, et l'amiral répond par

[1] Une notice sur la régence avait été rédigée au dépôt de la guerre
et imprimée par ordre du ministre : on en distribua dans l'armée un
grand nombre d'exemplaires. Des plans d'Alger, du pays environnant,
et des forts étaient joints à cet écrit, où nous trouvâmes d'utiles renseignements. Des vocabulaires arabes et turcs furent aussi distribués
aux troupes, pendant le mois qui précéda le départ. On fit imprimer
plusieurs instructions que la position dans laquelle allait se trouver
l'armée, semblait devoir rendre nécessaires : l'une était relative au
campement, l'autre au service des troupes pendant les siéges. Enfin,
une troisième instruction, qui fut mise à l'ordre, indiquait les précautions à prendre en Afrique, pour le maintien de la santé des hommes.
Elle avait été rédigée d'après les observations de MM. Desgenettes et
Larrey. L'expérience qu'ils avaient acquise pendant la campagne d'É-
gypte donnait beaucoup de poids à leur opinion. (*Journal du chef de
l'état-major général.*)

une salve de vingt-et-un , ce qui nous fait présumer qu'Ibrahim-Bey est à bord ; mais c'est l'amiral Tahir-Pacha [1]. Il avait quitté Constantinople dans les premiers jours d'avril ; après quatre jours de relâche à Tunis, il s'était dirigé sur Alger, avec mission d'amener le Dey à des accommodements. Cependant n'ayant pu communiquer, d'après les ordres formels du capitaine de Massieu de Clerval, commandant le blocus, la frégate *la Duchesse de Berry*, capitaine de Kerdrain, avait quitté le 21 mai la station d'Afrique pour faire voile vers Toulon avec la frégate turque.

Tahir-Pacha, après une conférence avec l'amiral et le général en chef, continua sa route pour Toulon, afin de faire connaître sa mission tardive au gouvernement français. Cet incident donna lieu à beaucoup de conjectures : la pensée dominante était la crainte de négociations qui pussent arrêter l'expédition.

Le 30, au matin, nous voyons la côte d'Afrique ; à notre grande surprise nous virons de bord le soir même, et nous allons croiser devant les îles Baléares. La flottte avait marché avec beaucoup d'ensemble et de régularité ; mais la mer était forte, un coup de vent avait séparé quelques bâtiments du

[1] Le même qui commandait la flotte turque à Navarin. Le grand seigneur l'a fait étrangler quelques années après la prise d'Alger.

convoi de la flotille, On ignorait ce qu'étaient devenus *les bateaux-bœufs* qui nous avaient précédés ;
ces bateaux paraissaient indispensables au débarquement, et l'amiral avait envoyé dans diverses directions pour les réunir : cependant ces bateaux,
partis de Palma, s'étaient approchés de la côte
d'Afrique, à la hauteur du cap Caxines. L'amiral
avait communiqué avec le commandant de la station d'Alger, qui n'avait pu lui en donner des nouvelles et qui lui avait appris le naufrage et la prise
des bricks français *le Silène* et *l'Aventure* [1].

---

[1] L'amiral reçut des renseignements détaillés sur la perte du brick
le Silène, capitaine Bruat, et *l'Aventure*, capitaine d'Assigny. La
force réunie des deux équipages se montait à deux cent vingt hommes. Tous étaient parvenus à gagner la terre. Ils avaient des armes,
mais leurs munitions étaient en partie avariées. Leur projet fut d'abord
de se porter vers Alger et de se constituer prisonniers; mais à peine
étaient-ils en marche que des nuées d'Arabes les assaillirent. Toute résistance ayant paru inutile, ils déposèrent leurs armes et furent répartis entre les différentes tribus qui s'étaient réunies pour les attaquer.
Bientôt un brick français s'approcha de la côte pour prêter secours aux
naufragés. Cette circonstance excita la fureur des Arabes. Le plus grand
nombre des marins fut massacré, et le lendemain cent dix têtes furent
exposées sur les murs d'Alger. Aussitôt que le Dey connut cet événement, il envoya, grâce à l'intervention puissante de M. le comte d'At-
tilly, consul général de Sardaigne, un détachement considérable de
ses janissaires vers le cap Matifoux. Quatre-vingt-dix Français leur furent remis et conduits sans obstacle au chef-lieu de la régence. Les
commandants des bricks avaient échappé au massacre. Hussein-Dey
les fit traiter avec plus d'égards qu'ils ne l'espéraient. On leur offrit
de se séparer de leurs camarades, ils le refusèrent. Tous deux étaient

L'escadre alla donc se rallier dans la baie de Palma, où elle arriva le 2 juin. Les frégates *la Pallas* et *l'Iphigénie* continuèrent à se diriger au sud vers Sidi-Ferruch pour y rallier les bateaux qui avaient suivi cette destination sous les ordres du commandant Hugon. Ces frégates leur portèrent l'ordre de rétrograder sur Palma. Il fallait que le vent fut calmé pour qu'on put aborder la côte sans danger.

L'ordre de jeter l'ancre ne fut donné qu'à la troisième escadre; les bâtiments de la première et de la deuxième restèrent sous voile, de façon que les troupes de la division Descars jouirent seules de cet avantage, à l'exception pourtant de l'état-major de la 3ᵉ division et d'un bataillon du 34ᵉ, placés à bord du *Nestor*. La moitié de l'approvisionnement que portaient les bâtiments-écuries était déjà consommée; l'intendant en chef le fit compléter : les navires du convoi se rallièrent, firent de l'eau et se ravitaillèrent; les bâtiments partis de *Cette*, char-

---

des officiers d'une grande distinction La joie d'entrer dans Alger, prise par nos armes victorieuses, fut augmentée par la douce satisfaction de voir sortir du bagne et se précipiter dans les bras de leurs compatriotes, les braves marins du *Silène* et de *l'Aventure*, qui se trouvaient détenus depuis deux mois dans les prisons des esclaves. La relation de leur infortune, adressée au commandant de la croisière, par M. d'Assigny, excita le plus vif intérêt.

gés de mille bœufs, entrèrent aussi dans la baie de Palma.

Cependant, tandis que les habitants de Maïorque donnent des fêtes aux troupes françaises qui ont la permission de prendre terre, les militaires, sur les bâtiments de haut-bord, n'ayant d'autre distraction que de voir pendant le jour les côtes des îles Baléares, et pendant la nuit l'illumination de leurs vaisseaux, se livrent à mille conjectures sur le retard qu'éprouve l'expédition, et dont ils ignorent la cause. La rencontre de Tahir-Pacha occupe toujours les esprits, et l'on redoute de recevoir l'ordre de rentrer à Toulon.

Le 10 juin, l'horison est couvert de voiles, l'armée se met en marche dans un ordre parfait; le 12, au soir, on signale la côte d'Afrique; le 13, au matin, nous défilons à la vue d'Alger pour nous diriger sur Sidi-Ferruch, où doit s'effectuer le débarquement. *La Provence* et *le Trident* qui portent nos deux amiraux, s'embossent vis-à-vis le cap, à quelques encablures du rivage : trois cents navires sont avant la nuit mouillés dans la rade.

Une chapelle renfermant le tombeau d'un marabout, en grande vénération dans le pays, est surmontée d'une tour blanche qui a reçu le nom espagnol de *Torre-Chica* (petite tour), au point culminant du promontoire. Sur les dunes, au pied de ce monument et derrière une batterie circulaire en

maçonnerie construite sur le bord de la mer, galop-
pent quelques Arabes couverts de leurs *bournous* de
laine blanche : ils semblent compter nos vaisseaux.

Les gazettes françaises n'ayant pas laissé ignorer
le lieu projeté de notre débarquement, un bateau à
vapeur s'approche du rivage pour interroger par ses
boulets le silence inattendu de la côte ; mais les Algériens, dans leur ignorance de la guerre, au lieu
d'augmenter les moyens de défense de la presqu'île
menacée, avaient déplacé une partie de leur artillerie pour garnir les hauteurs du sentier boisé qui
conduit de Sidi-Ferruch à Alger [1]. Le Dey croyait
sans doute pouvoir affamer l'armée chrétienne sur
un sol dénué d'habitations, et lui enlever à la fois
ses soldats, son matériel et ses richesses. Pour répondre à nos boulets, un mortier et deux canons servis
par des artilleurs turcs, sont pointés sur la flotte ;
les boulets tombent dans la mer, et une douzaine
de bombes qui éclatent en l'air ne produisent d'autre
résultat que de blesser un marin à bord du *Breslau*.
L'approche de la nuit, heure de la prière, fait
cesser le feu des Algériens. Nos soldats reçoivent

---

[1] La presqu'île de Sidi-Ferruch est facile à aborder ; c'est le seul
point vulnérable de l'Algérie. Aussi a-t-on lieu de s'étonner, que depuis
la conquête, on n'y ait pas construit des forts ni élevé des batteries,
pour en fermer l'entrée, nous ne dirons pas à l'Angleterre, mais à des
puissances secondaires, telles que la Sardaigne et le duché de Bade,
qui pourraient y débarquer sans perte.

leurs armes, des cartouches et cinq jours de vivres.

Le 14, avant le jour, la 1re division a commencé le débarquement près de la *Torre-Chica*. Les marins, ravis de toucher la plage ennemie, ont orné leurs canots de longues branches de laurier rose et de guirlandes de palmier. La mer est calme comme un lac, le temps favorable, tout seconde nos vœux.

L'anniversaire du 14 juin, si glorieux pour les armes françaises, semblait encore augmenter l'ardeur des troupes. « Nous vaincrons, s'écriaient nos jeunes soldats, comme nos pères l'ont fait à pareil jour à *Marengo*, à *Raab*, à *Friedland*; nous serons fiers d'être du nombre de ceux qui ont touché le sol de l'Afrique le 14 juin 1830! »

La division Berthezene s'était déjà emparée des batteries de la côte, lorsque les 2e et 3e divisions, qui suivirent son mouvement, gagnèrent la terre sans éprouver aucune difficulté. Aussitôt que la division Descars fut réunie, elle prit position à la droite de l'entrée de la presqu'île de Sidi-Ferruch.

Une frégate anglaise était en vue pour connaître l'issue du débarquement. Cette opération était terminée; quand la frégate alliée salua la flotte de vingt-et-un coups de canon et hissa au grand mât le pavillon de France.

Un capitaine de vaisseau de la marine anglaise, M. Mansell, qui commandait *la Reine Charlotte* lors du

bombardement d'Alger par lord Exmouth, en 1816,
était du nombre des officiers étrangers qui avaient
obtenu de faire partie, comme volontaires, du grand
état-major général. Il demanda à suivre le mouvement de la 3ᵉ division. Ses fonctions n'étaient point
déterminées, il fut d'abord traité avec réserve;
mais sa gaîté et sa bravoure le firent bientôt recher-
cher. Quand les soldats le virent combattre, un
fusil à la main, avec les voltigeurs de la division
Descars, chacun se fit un devoir de lui être utile
et de ne voir en lui qu'un brave compagnon d'armes [1].

Dès le lendemain les soldats de la 3ᵉ division sont
employés aux travaux pénibles du débarquement et
des fortifications jugées nécessaires pour fermer la
gorge de la presqu'île.

Quatre mille chevaux de frise, des fusées à la con-
grève et des fusils de rempart avaient été embarqués; on ne retira d'avantages réels que des derniers. Les Arabes étaient presque toujours épars; et
confiants sur leurs fusils dalmates à longue portée,
ils redoutaient nos baïonnettes et se tenaient à
distance.

---

[1] D'après l'ouvrage intitulé *Dix-huit mois à Alger*, il y a lieu de
croire que le capitaine Mansell a combattu à *Staoueli*, dans les rangs
de la 1ʳᵉ division; mais il n'est pas exact qu'il y ait servi *continuellement* pendant la campagne. — Page 54.

Le quart seulement du convoi des transports était arrivé à Sidi-Ferruch avec les bâtiments de guerre. Le 15, au soir, on avait mis à terre les voitures de l'artillerie de campagne et quelques pièces de siége, les deux cents chevaux que portaient les bateaux-écuries de la première section du convoi, une quantité considérable d'outils, des fours en tôle, les baraques destinées à servir d'hôpitaux, un grand nombre de tentes et une partie de l'approvisionnement de vivres qui se trouvaient sur les bateaux-bœufs. Le général du génie Valazé avait tracé jusqu'aux avant-postes la belle route que les mineurs devaient continuer jusqu'à Alger.

L'armée, mettant à profit les nombreuses broussailles qui couvraient la presqu'île, s'était baraquée. Le 16, la chaleur était extrême, le temps lourd, le feuillage immobile. Tout-à-coup un orage violent vient à éclater, la foudre gronde, la pluie tombe par torrents, les baraques sont inondées et renversées ; le vent pousse à la côte, les gros bâtiments sont chassés sur leurs ancres ; le canon d'alarme se fait entendre, les navires du commerce sont menacés de périr ; on jette les vivres à la mer pour alléger les embarcations, les bateaux à vapeur remorquent les bâtiments de guerre : le souvenir de la tempête si funeste à l'expédition de Charles-Quint, nous fait redouter les mêmes malheurs.

Cependant, plusieurs canots ont échoué et se

sont brisés sur les rescifs; d'autres bâtiments courent les plus grands dangers ; la pluie tombe avec
force pendant trois heures; les militaires se sont
empressés d'offrir leurs secours, et se sont portés
sur la plage ; l'adjudant Hinart et le grenadier Juet,
tous deux du 23ᵉ de ligne, se jettent à la nage et sont
assez heureux pour contribuer au sauvetage d'embarcations chargées d'hommes et d'effets ; leurs
noms sont transmis au général en chef et à l'amiral.

Mais enfin le vent passe subitement à l'est, la
pluie cesse, la mer se calme, le soleil reparaît, et
quelques heures après le débarquement du matériel
continue.

Une alerte eut lieu dans la nuit et fut causée par
les travailleurs de la brigade Hurel, qui, surpris
par quelques coups de fusils tirés inconsidérément
par des sentinelles, crurent l'ennemi près d'eux, et
se jetèrent sur le 35ᵉ; ils y furent arrêtés par le
colonel Rullière et plusieurs officiers, qui, se portant devant eux, les firent retourner au travail.
Pour éviter qu'un pareil désordre se renouvellât la
nuit suivante, la brigade Bertier s'établit en avant
de l'ouvrage commencé, et le 35ᵉ appuyant son
flanc gauche à la mer, couvrit la partie gauche du
retranchement.

On avait distribué à l'armée des coëffes de
schakos en toile blanche pour atténuer l'effet des
rayons du soleil ; cette couleur blanche causa plu-

sieurs fois, au commencement de la campagne, des
méprises funestes aux soldats, qui, dans l'obscurité,
tirèrent sur leurs camarades, dont la tête leur semblait couverte d'un turban. Le général en chef ne
tarda pas à donner l'ordre qu'on cessât de porter
ces coëffes de schakos devant l'ennemi.

Dans l'enceinte du camp de Sidi-Ferruch, on
n'avait trouvé que trois fontaines, insuffisantes
pour les besoins de l'armée. Le général Descars
donna l'ordre, dès le premier jour du débarquement, de faire creuser des puits à peu de distance
de la mer; au premier essai on trouva l'eau douce à
quelques pieds du sol; tous les régiments suivirent
cet exemple, partout des puits furent creusés et
fournirent aux soldats une eau fraîche et limpide.
Ces travaux furent confiés à la surveillance et à la
direction des aides-major des régiments, qui s'en
acquittèrent avec zèle. Il est vraisemblable qu'on
obtint ce résultat par la rencontre des cours d'eau
qui s'étaient perdus dans les sables, avant d'arriver
à la mer.

Le 17, un vieux bédouin s'étant présenté aux
avant-postes, on le conduisit près du général en
chef; en traversant le camp de la 3e division, les
soldats l'entourèrent, quelques-uns supposaient par
son costume que c'était une femme; la foule qui le
pressait devint si considérable, qu'il fallut, par des
hommes armés, protéger sa marche. Cet Arabe était

grand et fortement constitué ; le capuchon du bournous qui enveloppait sa tête, cachait une partie de
ses traits. Le colonel Abaïbi, ancien officier de mameluks, l'interrogea : il répondit qu'il avait voulu
voir les Français, mais qu'il n'était point prisonnier. Les Turcs traitant avec une grande vénération
les hommes dont la raison est altérée, par ses gestes
et les phrases bizarres qu'il prononçait, le bédouin
paraissait jouer le rôle d'un aliéné. Des vivres, de
l'argent et des proclamations en arabe lui furent
remis. Il promit de revenir, mais depuis on ignora
son sort ; on présuma qu'en rentrant à l'armée commandée par le gendre du Dey, il fut massacré par
les janissaires.

Quoiqu'il en soit, le bédouin ayant témoigné le
désir de ramener la paix entre les Français et les
Algériens, l'interprète du général Montlivault, Syrien de naissance, envia la mission de ce vieillard ;
âgé lui-même d'une soixantaine d'années, mais
ayant de beaux traits qui le faisaient paraître plus
jeune, connaissant la langue, les mœurs et les
usages des Arabes, il déclara au maréchal-de-camp,
près duquel il était employé comme interprète, qu'il
allait prendre le bournous blanc et se rendre au
camp ennemi pour déterminer les Arabes à traiter
avec nous. Le général s'y opposa, le conduisit près
du duc Descars, qui lui peignit inutilement les périls auxquels il s'exposerait. L'interprète répondait

à toutes les objections , et il mit une telle persévé-
rance dans sa demande, que le général en chef consentit à le laisser exécuter son projet insensé.

L'interprète, ainsi qu'on devait le supposer , fut
bientôt trahi par les Arabes , qui le conduisirent
devant Hussein-Dey , en le faisant connaître pour
un chrétien de l'armée française , qui s'était introduit sous un déguisement parmi les troupes algé-
riennes. S'il avait su maîtriser son orgueil et le
plaisir secret d'humilier un despote, ses jours auraient pu être sauvés ; mais il excita la haine du Dey
d'Alger , et blessa son amour-propre en lui annonçant devant le divan assemblé, qu'il n'était pas venu
dans les camps pour faire la guerre, mais pour apprendre leurs devoirs à ceux qui les oubliaient ; qu'il
avait sauvé la vie à quelques sujets du Dey , et qu'il en
avait décidé d'autres à mettre bas les armes. Hussein
l'interrompit plusieurs fois en criant : *Tu mens*. L'interprète continua en lui apprenant que de nombreuses tribus avaient reçu nos proclamations en arabe,
qu'elles nous avaient vendu des troupeaux, que le
chef de la régence n'aurait bientôt plus d'armée pour
défendre Alger, et qu'il ne lui restait d'autres ressources que de capituler sur le champ avec les
Français.

Le Dey s'était aperçu que le discours du Syrien ,
prononcé avec fermeté et d'une voix élevée, avait
produit une vive impression sur les assistants. Il

cacha son courroux et se borna à adresser au Syrien
des questions sur la force de l'armée chrétienne et
sur ses navires. Hussein espérait que l'exagération du style oriental du négociateur ébran-
lerait bientôt la crédulité de ses sujets. L'interprète donna effectivement dans le piége. Il dit
devant le divan que l'armée française, semblable
aux sables du désert poussés par la tempête, allait
couvrir tous les points de la régence, qu'elle réunissait plus de cent mille combattants, de trois
mille vaisseaux, et que la foudre de ses innom-
brables canons détruirait tout sur son passage. Le
Dey, qui avait peine à contenir son indignation,
vanta, avec un sourire de tigre, la force inexpugnable de Sultan-Calassi (le château de l'empereur),
qui suffirait encore, si son armée lui permettait
d'en approcher, pour pulvériser un ramas d'infidèles. Puis il ajouta en se tournant vers les ministres
et le peuple réunis, que le vil chrétien lassait depuis
trop longtemps par ses mensonges leur patience et
la sienne, et il le fit saisir par deux janissaires. Ce
dénouement fatal grandit le malheureux interprète,
qui, après avoir fait connaître à Hussein que sa tête
répondait de la sienne, s'écria : qu'*Alger serait pil-
lée, que les filles et les femmes seraient outragées aux
yeux de leurs pères et de leurs époux, et que le véritable Dieu de la terre, le Dieu des chrétiens vengerait
un vrai croyant, martyr d'un barbare!...*

A un signe d'Hussein, l'interprète fut conduit près de la fontaine de marbre de la Cassaubah, où des eaux limpides jaillissent sans interruption, et aussitôt l'on vit tomber la tête de l'infortuné (1).

Le Syrien Buzas-Giarvé avait rendu aux Anglais en Egypte, à titre onéreux, les mêmes services que la reconnaissance lui inspirait aujourd'hui pour les Français; il quitta Sidi-Ferruch dans la matinée du 24, pour pénétrer dans le camp des Arabes; le Dey fit tomber sa tête le 29, lorsque le canon de la division Descars, foudroyant les hauteurs du fort de l'empereur, annonçait aux Algériens que la puissance du chef de la régence allait s'écrouler.

Pendant dix jours, la troisième division fut exclusivement occupée à élever le retranchement bastionné, tracé pour fermer la presqu'île, quoiqu'elle eût à diverses reprises détaché des régiments pour soutenir les deux premières divisions. Les officiers du génie témoignèrent leur satisfaction du zèle que les troupes montrèrent dans ce travail, que l'extrême chaleur rendait encore plus pénible, et les chefs de l'administration, particulièrement

---

¹ J'ai su ces détails, à Alger, d'un Maure qui a longtemps habité Marseille, et qui possède à fond la langue française. M. Dessales, interprète, a également raconté cette scène avec beaucoup d'intérêt, dans son roman historique intitulé *la Conquête d'Alger*.

M. Breidt, directeur des subsistances, chargé de l'importante opération du débarquement du matériel, sous les ordres du sous-intendant Saligny, applaudirent aux efforts de nos soldats. Trois mille cinq cents travailleurs, se relevant de quatre heures en quatre heures, étaient mis à la disposition des officiers du génie; en outre trois cents hommes de corvée, tirés également des brigades, transportaient les denrées de la place à l'entrepôt général, et étaient employés aux travaux relatifs à la construction des fours. L'intendant en chef leur fit allouer une indemnité de vingt-cinq centimes pour huit heures de travail.

On n'a jamais su d'une manière précise le nombre exact des hordes nombreuses des tribus réunies contre nous. D'après l'assertion des consuls, les forces de l'armée du Dey s'élevaient dans la régence, lors du débarquement, à cinquante-quatre mille hommes, dont trente mille Arabes, vingt mille Maures et koulouglis (fils de Turcs et de femmes maures), et quatre mille Turcs ou janissaires, formant la garde de Hussein. Cette armée, sous les ordres de l'aga, gendre du Dey, aurait été entièrement réunie à *Staoueli*, et se serait trouvée réduite ensuite, par notre feu et la défection des tribus, à trente mille combattants. Rien dans cette guerre n'ayant d'analogie avec les campagnes européennes, les moyens d'évaluer les troupes presque toujours embusquées, nous étaient interdits. Quand un blessé français tombait au pouvoir des Arabes, il avait immédiatement la tête tranchée, et elle était envoyée au Dey, qui en délivrait à l'instant le salaire. Si l'un de nos ennemis recevait une blessure, il était enlevé d'une façon barbare, qui nous empêchait de pouvoir compter leurs morts sur le champ de bataille. Aussitôt qu'un des chefs ou des soldats était frappé, les Algériens jetaient sur lui une grande perche ou gaffe, le crochet en bois entrait dans le manteau, et ils traînaient ainsi au galop de leurs chevaux leur infortuné frère d'armes, qui périssait souvent dans ce trajet rapide ; mais les parents, les compagnons de guerre étaient consolés en ne le laissant point au pouvoir des chrétiens, et ils attachaient une espèce de gloire à lui rendre les honneurs funèbres.

Le 19 juin, la victoire de Staoueli fit mettre encore plus d'activité aux troupes du génie dans le prolongement de la route de voitures, tracée dans les montagnes couvertes de broussailles d'aloès nain, afin de transporter nos canons, nos vivres et nos blessés.

Les divisions Berthezene et Loverdo s'établirent sous les tentes qu'elles avaient enlevées à l'ennemi. Trois régiments des brigades Bertier et Hurel prirent position à une lieue en arrière. Les trois autres continuèrent de garder Sidi-Ferruch.

Dans la nuit du 20 au 21, une fusillade assez vive se fait entendre ; le lieutenant-général envoie une compagnie de voltigeurs du 17ᵉ au poste placé en avant du camp, du côté de la mer, à l'est de la presqu'île, et le reste du corps prend les armes. Le feu ayant cessé, le régiment rentre dans ses baraques. Ce grand nombre de coups de fusil tirés par les sentinelles qui formaient une ligne continue le long du ravin, avait excité les reproches du colonel du 2ᵉ de marche aux officiers de garde, qui répondirent que ce feu n'avait pas été fait mal à propos, qu'il avait été occasionné par la présence des Arabes qui se glissaient à travers les buissons et venaient jusque sur le bord du ravin. On sut bientôt qu'ils s'y étaient présentés pour chercher à enlever leurs morts.

Les navires de la 2ᵉ section du convoi n'étaient entrés que le 17 dans la baie de Sidi-Ferruch. Pendant plusieurs jours les officiers-généraux et supérieurs souffrirent de la privation de leurs chevaux, dont le débarquement ne commença que le 18. Deux escadrons des chasseurs d'Afrique prirent terre le 21, et établirent leur bivouac dans la partie orientale de la presqu'île ; le dernier escadron ne devait arriver qu'avec la 3ᵉ section du convoi.

Un ruisseau ayant son embouchure à l'ouest de Sidi-Ferruch est entouré de broussailles ; il baigne un lieu très pittoresque que Boutin désigne sous

le nom de *joli petit bosquet d'orangers*. Ce ruisseau, se trouvant entre la ligne de nos postes et celle
de l'ennemi, on avait défendu aux troupes d'y puiser de l'eau et d'y abreuver leurs chevaux ; néanmoins des soldats isolés s'y rendirent pour s'ap-
provisionner d'eau ou pour laver leur linge, et on
retrouva leurs troncs décapités. Cet événement fit
prescrire par le lieutenant-général qu'on ne pourrait se rendre à ce ruisseau qu'à des heures déterminées, et une compagnie d'infanterie occupait
alors tous les débouchés. Le général Descars fit
partir aussi plusieurs reconnaissances pour l'éclairer ; celle qui se mit en marche le **22**, en avant de
la redoute de Torre-Chica, parvenue au deuxième
coteau qui court parallèlement au ruisseau, trouva
dans le ravin une troupe de bédouins de deux cent
cinquante à trois cents cavaliers et fantassins. La
reconnaissance se retira après avoir échangé quelques coups de fusils.

La vigueur de la végétation qui entourait les
cours d'eau était telle, que l'on supposait que le
ruisseau qui coule *au petit bosquet d'orangers*, avait
plusieurs ramifications et qu'il se jetait dans la mer
par diverses embouchures. Une autre reconnaissance fut faite par le lieutenant-colonel du 35ᵉ, du
bras supposé de ce ruisseau qui longeait le front de
la ligne. M. de Rostolan s'assura que le ravin était
impraticable pour la cavalerie et l'artillerie, et que

l'infanterie même n'aurait pu y passer qu'avec difficulté. Ayant fait tailler des lauriers roses de dix
pieds de haut et d'autres broussailles et arbustes qui
cachaient sa direction, le colonel acquit la certitude
que le ruisseau qu'il avait reconnu prenait sa source
près de Staoueli et se jetait dans la mer à une lieue
environ de Sidi-Ferruch, entre la presqu'île et le
cap Caxines, ce qui donna la preuve évidente qu'il
était séparé de l'autre, et suivait un cours parallèle.

La route destinée à nos moyens de transport
avait six mètres de largeur, elle dépassait déjà le
camp de Staoueli. Sur la hauteur, et sur des points
habilement choisis, des redoutes, à défaut de bloc-
khaus qui n'étaient pas encore débarqués, furent
construites avec une grande célérité : cette disposition permit de diminuer la force des escortes qui
protégeaient les convois.

L'armée attendait avec une vive impatience, pour
se porter en avant, le débarquement du matériel,
mais surtout celui des chevaux qui devaient être
attelés à nos pièces de siége et à celles de l'artillerie
de campagne qui nous manquait. Les Algériens,
interprétant mal cette inaction des Français, com-
mirent l'extrême imprudence de venir les attaquer
le 24, dans leur position de Staoueli. Les Arabes
furent enfoncés à la bayonnette : leurs tentes, leurs
bagages tombèrent en notre pouvoir. Le général
commandant la 3e division et son chef d'état-major

s'étaient rendus sur le terrain où se passait le combat. L'ennemi, après sa défaite à Staoueli, avait tenté de brûler ses munitions de guerre, dans la crainte d'augmenter nos ressources ; il résolut, en exécutant le même projet à Sidi-Kalef, de compromettre les jours des chrétiens. Les deux premières divisions allaient prendre position, quand un détachement de voltigeurs, se dirigeant sur un plateau élevé, vers le mont Boudjareah, qui domine la route ou plutôt les sentiers d'Alger, était suivi par le duc Descars. L'explosion d'une maison renfermant une quantité considérable de poudre appartenant aux troupes de l'aga, parut aux témoins de ce spectacle inattendu une trombe immense et noire de fumée s'élevant lentement vers le ciel et obscurcissant l'horizon, tandis qu'une forte détonation se faisait entendre au loin. Le but que les Arabes s'étaient proposé, ne fut pas atteint : aucun Français ne périt par cette explosion.

Le colonel Bontemps Dubarry avait conduit un escadron de son régiment sur le champ de bataille ; le sol montagneux et coupé de ravins ne lui permit pas de diriger sur l'ennemi ses chasseurs qui désiraient se mesurer avec les Arabes.

En retournant à Sidi-Ferruch, nous voyons en mer, s'approchant de la rade, le convoi, objet de tous nos vœux ; mais le débarquement, contrarié par de violentes bourrasques qui jetèrent à la côte quelques bâtiments de commerce, devait durer plusieurs jours.

Cependant les travaux de la presqu'île étaient achevés ; vingt-quatre pièces de gros calibre armaient les retranchements. Depuis les premiers succès de l'armée, les troupes de la 3e division se voyaient avec peine en seconde ligne ; leur digne et vaillant chef était près du général Bourmont l'organe de leurs sentiments. Les soldats en fortifiant Sidi-Ferruch, en créant, sous la direction des mineurs, la route militaire, et en élevant pour la défendre les redoutes désignées par les armes spéciales, n'avaient eu que les fatigues de la campagne sans en partager les dangers. Le général Descars obtint enfin l'honneur qu'il réclamait de se rendre à son tour aux avant-postes. Une brigade de la division Loverdo vint occuper le camp retranché, et la 3e division, destinée à faire tête de colonne, partit dans la nuit, prit des vivres à Staoueli, et se porta, par Sidi-Khalef, sur *Chapelle* et *Fontaine*, pour prendre la ligne des postes avancés des deux premières divisions.

Nous reconnûmes, au jour, le cadavre mutilé du lieutenant d'artillerie Amoros [1], qui n'avait pas été entièrement dépouillé ; cet aspect excita l'indignation des soldats qui se promirent de ne pas épar-

_____

[1] Fils du colonel directeur en chef du Gymnase militaire.

gner d'aussi féroces ennemis. Le jeune Amoros, désirant voir les positions de l'armée et dessiner quelques points pittoresques, s'était rendu, sans escorte, dans les montagnes avec un de ses amis attaché à l'administration militaire ; il était sur un coteau bordé par une haie épaisse d'aloès, quand il y fut entouré par des Arabes qui lui tranchèrent la tête ; son compagnon s'était couché à plat-ventre sous les aloès, et il échappa à la recherche de ces barbares.

La position occupée par l'armée française, depuis le 24 jusqu'au 28 inclusivement, est désignée sur la carte de Boutin, par les noms de *Chapelle* et *Fontaine*. Une chapelle, un tombeau et une fontaine, se trouvent dans le petit bois où les tirailleurs de la division Descars ont combattu pendant quatre jours. Cette position avait son front et ses flancs défendus par des ravins et des pentes assez douces, mais elle était dominée, à portée de canon, par les berges opposées. La nature du pays n'a aucune similitude avec les environs de Torre-Chica et de Sidi-Khalef. On prétend qu'à Staoueli seulement on entre en Afrique, parce que l'on découvre d'immenses palmiers, et qu'une poudre impalpable qui s'élève et qui est quelquefois mortelle, rend l'ardeur brûlante du soleil encore plus redoutable. Mais auprès et au-delà de *Chapelle* et *Fontaine*, au lieu d'un terrain inégal semé de hautes broussailles, de lentisques, d'arbousiers et de palmiers nains; des maisons blanches, des bouquets d'arbres, des oliviers et des figuiers d'un grand développement, des jujubiers, des vignes d'une beauté rare, annoncent la végétation et la fertilité du sol; enfin une teinte générale de verdure produit une différence que l'on remarque de plus en plus, à mesure que l'on s'approche d'Alger. Là, les maisons de campagne se multiplient, l'aspect de la nature du terrain rappelle les paysages de l'Andalousie et des environs de Naples.

La brigade Montlivault partit le 25 assez tard dans la matinée, et la dernière du camp de Sidi-Ferruch, pour se rendre à Staoueli; le vent du sud ou du désert faisait ressentir sa funeste influence; la chaleur était accablante; le chirurgien-major du 34ᵉ et quelques soldats des deux régiments de la brigade ne purent la supporter; le chirurgien-major et quatre de ces militaires moururent d'une apoplexie foudroyante.

La brigade Montlivault se plaça en réserve, ayant l'ordre de garder les communications de notre ligne avec le camp de Staoueli, et de fournir les hommes de corvée nécessaires pour la continuation de la route.

Les tirailleurs du 2ᵉ régiment de marche, commandés par le colonel Neucheze, sont engagés une grande partie de la journée du 25. Le capitaine Ra-

chepelle est tué, ainsi que quatre soldats, et nous
avons trente-sept blessés. Les militaires de ce régiment montrent dans cette affaire beaucoup d'ardeur,
les officiers ont de la peine à retenir l'impulsion de
leurs soldats.

Les tirailleurs du 35ᵉ, commandés par le colonel
Rullière, combattent tout le jour. Les officiers et
les soldats se comportent avec distinction ; les chefs
sont obligés à beaucoup d'efforts pour empêcher
leurs hommes de se montrer aux bédouins qui sont
embusqués et cachés derrière des raquettes ou ba-
naniers ; le capitaine Dubois est blessé, un sergent-
major est atteint d'un coup mortel, et vingt-trois
soldats sont mis hors de combat.

Pendant le trajet du camp de Staoueli à la position de *Chapelle et Fontaine*, quatre compagnies,
chargées d'escorter un convoi de vivres et de bagages, ayant été attaquées par les Arabes, des chameaux et des mulets, appartenant aux Français,
tombèrent pendant la fusillade au pouvoir de l'ennemi ; la 2ᵉ brigade fut également attaquée vers neuf
heures du soir par les bédouins, qui se jetèrent sur
sa droite au nombre de trois cents, et portèrent cent
cinquante hommes sur ses derrières, pour couper
sa communication avec le camp. Le général Hurel
les repoussa, et il n'eut que six blessés ; mais la nuit
était obscure, la 2ᵉ brigade venait de parvenir près
du camp occupé par les 20ᵉ et 28ᵉ de ligne ; le dix-

septième avait déjà dépassé les postes du vingt-hui-
tième, quand une fusillade, à bout portant, est faite
des militaires de ce dernier régiment sur la tête de
colonne du 30ᵉ qui a quatre hommes tués et onze
blessés. Une cantinière est également atteinte d'une
balle qui lui ôte la vie. Cette échauffourée fut attribuée à l'inexpérience des soldats, qui supposaient
que les Algériens poursuivaient le 17ᵉ, et voulaient
pénétrer dans leurs bivouacs.

Les brigades Bertier et Hurel s'étant développées
sur la ligne de *Chapelle et Fontaine*, la division
Berthezene fait un mouvement sur la droite ; les
brigades de la 3ᵉ division sont en communication
et à la gauche de la brigade Clouet.

Le 2ᵉ régiment de marche garde pendant la journée du 26 la position qui lui a été assignée, et il
s'empare d'un bois qui le couvre des attaques successives que l'ennemi aurait pu renouveler.

A quatre heures du matin, le 2ᵉ bataillon du 35ᵉ
défend le terrain boisé, situé en avant de la maison
carrée, et conserve ce poste jusqu'à six heures.
Dans le courant de la nuit, des épaulements sont établis dans le bois dont le 2ᵉ régiment de marche s'est
emparé le matin.

Le même jour, la brigade Hurel se place à six
heures du matin à la gauche de la ligne, elle relève
les compagnies du 35ᵉ, qui occupaient le taillis en
avant de la maison carrée. Les tirailleurs sont cons-

tamment engagés avec les bédouins et avec un corps régulier de troupes turques. Pendant la nuit un retranchement est élevé dans le petit bois pour la protection des tirailleurs. Une maison ruinée qui se trouve sur la gauche est crenelée.

Un événement déplorable a lieu vers neuf heures du soir ; le sergent Coumes, du 17e, est tué par un de nos factionnaires, en faisant la ronde d'un petit poste qu'il commande.

Les résultats des pertes de ce jour, pour les brigades Bertier et Hurel, est de six officiers blessés, et de cent soixante-deux hommes hors de combat. Le lieutenant-général envoie un de ses aides-de-camp près du général en chef, pour demander l'autorisation de s'emparer d'une position de l'ennemi qui domine celle où nous perdîmes en quatre jours huit cents hommes : n'ayant pu l'obtenir, il apporta du moins tous ses soins à garder la sienne honorablement.

Le 27, on se maintient dans une espèce d'entonnoir qu'on ne peut encore franchir, le vent étant contraire pour l'entrée des bâtiments dans la baie de Sidi-Ferruch ; les chevaux d'artillerie que nous attendons ne sont point débarqués, et l'ennemi met en batterie devant nous des pièces de 8, de 12 et même de 24 ; la situation des troupes françaises était critique. Les Turcs, embusqués derrière les raquettes et les arbustes qui couvrent toutes les collines, tiraient avec sécurité sur nos soldats qui, par un sentiment d'amour-propre mal entendu, se mettaient à chaque instant à découvert, et cette tiraillerie continuelle nous faisait perdre nombre de braves gens.

L'ennemi paraissait renforcer sa droite, ce qui donna lieu de croire au lieutenant-général qu'il pouvait avoir l'intention de le déborder. Le duc Descars envoya en reconnaissance, à son extrême gauche, le chef de bataillon d'état-major Pretot, qui partit avec un détachement de voltigeurs. Cet officier rendit compte que l'escarpement perpendiculaire du ravin, en cette partie, n'offrait aucun passage ; mais que le plateau qui le couronne était favorable aux Maures et bédouins, en ce que leurs feux plongeaient sur le terrain où notre ligne était située.

Les deux régiments de la brigade Bertier occupent à tour de rôle la position et le bois, en avant d'un pont jeté sur un ravin qui sépare les hauteurs où nous sommes placés, du mamelon couvert par les Turcs et les Maures. La première brigade est plusieurs fois attaquée ; mais quatre fusils de rempart arment l'épaulement formé pendant la nuit, l'ennemi est constamment repoussé ; indépendamment des travailleurs envoyés pour construire l'épaulement à la droite du bois, en avant du pont, des soldats établissent un redan pour couvrir, de l'autre côté du ruisseau, le poste intermédiaire destiné à soutenir celui du petit bois.

Le maréchal-de-camp Hurel fait garnir par les tirailleurs la position de la veille et les ouvrages élevés pendant la nuit. L'ennemi, au nombre de sept à huit mille hommes, engage une vive fusillade qui dure jusqu'à cinq heures du soir. Deux attaques avec des forces supérieures sont faites sur nos troupes qui sont un moment forcées de se replier ; les réserves marchent et reprennent nos postes. L'ennemi avait amené sur ses hauteurs des pièces d'artillerie, dont deux de vingt-quatre ; leur feu incommoda beaucoup. Le lieutenant-général et une partie de son état-major étaient sur le terrain occupé par la deuxième brigade, lorsque deux soldats furent tués par cette artillerie, et que le premier aide-de-camp du général Descars, le chef de bataillon Borne, fut frappé par un boulet de vingt-quatre qui lui emporta l'épaule gauche. Le lieutenant-général et tous les militaires qui avaient connu ce brave officier, donnèrent de justes regrets à sa perte : il mourut le 9 juillet des suites de sa blessure [1].

----

[1] Le bras gauche avit été séparé du corps par le boulet, à l'articulation de l'épaule. La commotion que fit éprouver cette horrible blessure au commandant Borne, produisit un singulier effet sur son imagination. Avant d'être porté à l'ambulance, il me demanda si le boulet l'avait frappé dans le côté. Sur ma réponse négative, il voulut savoir si la main seulement ou le bras avait été enlevé, et enfin si l'on

Les pièces de 8 de la batterie du 2ᵉ d'artillerie
ripostent avec avantage, un grand nombre d'Algériens est renversé par leur feu. Les services que le
nouveau matériel a rendus dans cette campagne, et
le parti que les officiers d'artillerie ont su en tirer,
ne peuvent s'énumérer. Sa supériorité sur le système
de *Gribeauval* a convaincu les plus incrédules. Le
baron Petiet avait été indiquer au chef de bataillon Admirault l'emplacement d'une batterie près
d'une maison sur laquelle convergeaient les feux
de l'ennemi. Le terrain que les pièces devaient
parcourir étant montueux et garni de haies épaisses
d'aloès, le chef d'état-major crut devoir prévenir le
commandant qu'il était nécessaire d'envoyer quelques hommes avec des instruments pour l'aplanir.
Quand M. Admirault eut reconnu lui-même le terrain, il répondit que c'était inutile. La première
voiture part au galop et broye les aloès ; la seconde
détruit toutes les anfractuosités ; celles qui suivent
ont bientôt formé une surface plane : les canons sont
mis en batterie avec une rapidité admirable, et ba-
layent tout ce qui est à leur portée.

---

serait obligé de faire l'amputation dans une partie élevée du bras. On
espérait le sauver ; son transport jusqu'à Sidi-Ferruch s'était fait sans
accident ; mais ce brave officier, marié depuis un an à une jeune
femme qu'il avait laissée enceinte, lui écrivit constamment pour la
préparer à apprendre cette funeste nouvelle. Une hémorragie le fit
succomber.

La maison crenelée, au centre du front de la brigade, ayant été assaillie par l'ennemi, est défendue avec vigueur par le capitaine d'Autun, du 50e de ligne. On s'approche au point de se lancer des pierres à la main, de part et d'autre. Le lieutenant Robbe et le sous-lieutenant de Lastic firent preuve de sang-froid et de bravoure ; le sergent-major Brunet et le fusilier Dejuge furent blessés. Les Arabes occupaient une autre maison dans le ravin situé en avant du bivouac du même régiment ; le capitaine Bourgeois les en déloge et occupe ce poste avec sa compagnie.

Le résumé des pertes de la journée du 27, est d'un officier d'état-major tué ; pour la première brigade : d'un officier et de huit hommes hors de combat ; pour la seconde brigade : d'un officier d'état-major blessé, de quatre officiers de la ligne blessés, et de cent cinquante-neuf hommes mis hors de combat. Le général Hurel recommanda à l'intérêt du général en chef le capitaine Delmotte, son aide-de-camp, qui fut blessé au ventre d'une balle morte, il se plut à faire l'éloge des colonels Duprat et Ocher de Beaupré qui secondaient avec tant de zèle ses dispositions.

Les redoutes construites de chaque côté de la route de Sidi-Ferruch à *Chapelle* et *Fontaine*, n'étaient pas toujours suffisantes pour empêcher l'attaque des bédouins qui cherchaient à enlever des

isolés et à piller nos convois ; le général en chef les
fit escorter par un bataillon ; un détachement des
chasseurs d'Afrique eut pour mission d'éclairer la
marche du convoi, surtout dans la partie de la
route où le terrain est découvert, au-delà de *Sidi-
Kalef*. Avec ces précautions les vivres furent assurés
aux troupes qui, de leur côté, s'emparèrent de troupeaux de bœufs sauvages qui leur donnèrent de la
viande en abondance.

La 2ᵉ brigade qui occupait la gauche de la position
près de *Chapelle* et *Fontaine*, ayant considérablement souffert pendant la journée du 27, le lieutenant-général fit prendre poste le lendemain, au
point du jour, à un bataillon du 35ᵉ, commandé
par M. Ballon, dans le petit bois dont l'ennemi re-
grettait la perte. Les Algériens ayant résolu de s'en
emparer, forment une attaque vigoureuse ; le duc
Descars fait soutenir le bataillon par six compagnies
du 2ᵉ de marche. Le feu commence vers sept heures
du matin ; à huit heures, un nombre considérable
de Turs et de bédouins s'avancent avec audace et
viennent planter leurs drapeaux sur l'épaulement
qui couvrait nos tirailleurs ; leur force numérique
et leur impétuosité occasionnent un mouvement
rétrograde, et les ennemis couronnent l'épaulement.
Mais deux compagnies de réserve du 35ᵉ s'avancent
pour soutenir les tirailleurs ; la compagnie de voltigeurs, commandée par le capitaine Pont-de-Gault,

charge à la baïonnette, poursuit les Turcs au-delà du point fortifié où une trentaine de cadavres algériens restent comme témoins de l'engagement. L'ennemi se retire en désordre, et nos troupes rentrent dans leurs premières positions ; il revient plusieurs fois pour enlever ses morts, mais il est constamment repoussé par une fusillade soutenue qui lui détruit beaucoup de monde. Le Dey avait voulu faire accroire à ses troupes que les Français n'osaient pas s'avancer dans le pays, et qu'ils se disposaient à rejoindre incessamment leurs vaisseaux ; la leçon qu'ils venaient de recevoir, leur ôta toute illusion à ce sujet : vers deux heures après midi leur feu avait entièrement cessé.

Deux batteries que l'ennemi avait élevées sur la gauche et une sur le centre de la position, tirèrent pendant presque toute la matinée ; elles nous firent très peu de mal. La batterie du chef de bataillon Admirault y répondit avec supériorité. A une heure, le lieutenant général avait fait relever les troupes de la brigade Bertier par celles du général Hurel ; la journée se termina sans autre événement remarquable ; vingt-trois soldats perdirent la vie, et cent vingt-huit furent blessés. Parmi les officiers blessés, on cita avec éloge MM. Limoge, de Morogues, et Grey, du 2e de marche ; MM. Duval, Denner et Gauffier, du 35e, et le capitaine de grenadiers Pourillon, du 17e.

Cependant, le soldat mécontent des pertes causées par ces tirailleries continuelles, désirait avec ardeur s'emparer des hauteurs que l'ennemi occupait, et croyait pouvoir, sans artillerie, attaquer le fort de l'Empereur. Heureusement, le 28, le vent devint favorable, les troupes de la marine et de terre en profitèrent avec empressement pour achever le débarquement des chevaux d'artillerie et des projectiles, et le tout fut à l'instant dirigé sur le lieu de rassemblement de l'armée. Ces moyens auxiliaires, attendus avec tant d'impatience, nous parvinrent vers la fin de ce jour.

La brigade Monk-d'Uzer, de la division Loverdo, dut quitter la presqu'île et se rendre à Staoueli ; elle y fut remplacée par 1400 marins des équipages de ligne et un bataillon du 48ᵉ qui formèrent la garnison de Sidi-Ferruch, sous les ordres du colonel Leridant. Ce mouvement groupait les trois divisions au pied des monts Boudjareah ; mais deux brigades, dirigées par le lieutenant-général Loverdo, devaient manœuvrer entre la division Berthezene et celle du duc Descars, pour tourner la position des troupes de l'aga, attaquée de front par les brigades Bertier et Hurel, tandis que la division Berthezene, se portant sur l'extrême droite, arrêterait toute entreprise de la garnison d'Alger et menacerait les communications de la gauche des positions ennemies avec la ville.

Le 28 au soir, l'armée était dans l'attente la plus
vive. La 3e division voyait avec joie que l'artillerie,
arrivée par la belle route tracée et exécutée d'après
les ordres du général du génie Valazé, allait lui
donner les moyens de quitter une mauvaise position
et de s'emparer de celle de l'ennemi. Un vif désir
d'être au pied du fort de l'Empereur dominait tous
les esprits. Le lendemain matin, avant le jour, on
devait attaquer cette chaîne de montagnes qui domine à la fois le château de l'Empereur, le fort des
Vingt-quatre-heures et Alger. Le général en chef
venait de se transporter au bivouac occupé par les
divisions Berthezene et Descars, et avait donné ses
ordres pour l'attaque du lendemain.

Le 29 vint éclairer la gloire de la troisième division. Quoique par la forme abrupte des pentes du
terrain où était située sa droite, l'ennemi dut la
croire inexpugnable, il avait pendant la nuit dégar-
ni une partie de sa gauche pour la renforcer encore;
mais nos soldats irrités par les combats sanglants et
sans résultat auxquels ils avaient pris part, pendant
quatre jours, étaient disposés à traiter rudement
leurs adversaires, sans s'inquiéter de leur nombre.
A deux heures et demie du matin, les 1re et 2e brigades s'étaient réunies dans le plus grand silence au
pied du ravin, en avant de la maison carrée que nos
troupes avaient si bien défendue; à trois heures
elles se mettent en marche sur trois colonnes. La

difficulté du terrain obligeant à faire beaucoup de détours, à raison de la sinuosité des sentiers et de l'escarpement des montagnes, ce ne fut que vers quatre heures que nos soldats débouchèrent sur la position de l'ennemi. La brigade Bertier, formant les deux colonnes de droite, se porte avec le duc Descars sur le plateau. Les tirailleurs, dirigés par le lieutenant-colonel Baraguay-d'Hilliers, du 2e de marche, surprennent l'ennemi et le repoussent dans toutes les directions. Ces deux colonnes, parvenues sur la première hauteur, y sont arrêtées par un profond ravin. L'ennemi se rallie et commence contre nous un feu rapide et continu. Après une courte halte, pour rétablir l'ordre dans les colonnes qui marchaient au pas de course, les voltigeurs, soutenus par un bataillon du 35e, attaquent avec intrépidité les Algériens placés sur une montagne d'un difficile accès; l'autre bataillon protégeait une section d'artillerie. Le 2e de marche appuie sur la droite pour y soutenir le 21e régiment (division Loverdo) qui s'y trouvait fortement engagé. L'ennemi revint plusieurs fois à la charge; mais ses attaques ayant été repoussées, ce régiment continua son mouvement pour se réunir à la 3e division.

Le lieutenant-général, accompagné de son chef d'état-major, se rend ensuite à la 2e brigade commandée par le général Hurel, ancien brave d'Egypte, qui ayant emporté la première hauteur, marchait

rapidement sur la gauche. L'ennemi surpris est culbuté sur tous les points ; un camp composé d'une
vingtaine de tentes est enlevé ainsi que les canons
et les projectiles des Turcs. Rien n'arrête l'élan de
nos soldats, et malgré les obstacles d'un terrain très
difficile et de ravins couverts de figuiers et d'aloès
qui déchirent leur chaussure et font couler leur sang,
dès cinq heures, le colonel Duprat, à la tête du 17e
qui formait tête de colonne de cette brigade, a gagné
les hauteurs des monts Boudjareah, et garnit le plateau appelé poste d'observation de la marine , à
l'ouest d'Alger. Nous voyons le fort de l'Empereur,
celui des Vingt-quatre-heures , et le soldat pousse
un cri de joie. Le 30e de ligne s'est arrêté pour protéger le mouvement de l'artillerie, que la difficulté
des sentiers retarde dans sa marche. Par la promp-
titude de l'attaque de la 2e brigade, les troupes du
Dey ont beaucoup souffert ; elles ont laissé en notre
pouvoir leurs canons, des chevaux , des mulets, des
bagages et un grand nombre de munitions de guerre.
On trouva une partie des pièces sans affûts, liées
avec des cordes et abandonnées dans des sentiers
creux. Des Turcs, après s'être défendus à outrance
dans leurs maisons, ont égorgé leurs femmes et leurs
enfans pour les empêcher de tomber en notre pouvoir.

A six heures, la 3e division se trouvait en ligne et

couronnait les crêtes du mont Boudjareah et un
mamelon inférieur plus rapproché de la ville et à
portée de la citadelle appelée Cassaubah.

La division Descars reçoit alors l'ordre d'arrêter
son mouvement pour laisser achever celui des divisions de droite. Les Français ignoraient complètement la topographie du pays. Le général en chef
n'avait à sa disposition que le plan fort inexact de
Boutin. La direction qu'il donna aux 1re et 2e divisions s'en ressentirent: les troupes se croisèrent; les
divisions Descars et Loverdo, chargées du siège, durent former la droite, tandis que la division Berthezene couronnerait à gauche les sommets les plus
élevés du Boudjareah.

Le général en chef parvient, à neuf heures, avec
la brigade Achard, de la division Berthezene, au
poste d'observation de la marine; il donne verba-
lement ses instructions au général Descars. A onze
heures, la 3e division se remet en marche pour prendre sa nouvelle position, peu éloignée du château
de l'Empereur; mais la difficulté des ravins baignés
par des ruisseaux, les monts à pic qu'elle dut gravir,
rendirent cette marche très longue et très dangereuse. La chaleur était suffocante, bon nombre de
soldats ne purent suivre, et les troupes n'arrivèrent
qu'à quatre heures du soir dans la position qui leur
était assignée. Le 2e de marche s'établit entre les

parcs et le quartier-général ; les trois autres régiments, de l'autre côté d'un mont qui aboutit au fort
de l'Empereur.

Le lieutenant-général n'eut que des éloges à donner aux troupes sous ses ordres, pour lesquelles il
sollicita la bienveillance du général en chef. Il signala MM. les généraux Bertier et Hurel comme ayant
dirigé leurs colonnes avec une rare précision et une
brillante valeur. Le colonel Duprat se loua beaucoup
du jeune Maleysie, lieutenant aide-major de son régiment, qui reconnut le terrain au milieu du feu de
l'ennemi, et guida les voltigeurs dans les sentiers
praticables ; le cheval que montait M. Maleysie reçut
une balle. Le capitaine Lando, du 17e de ligne, fut
blessé. La décoration de la légion d'honneur fut demandée pour le caporal Chaix, du même régiment,
qui s'empara d'un drapeau : le chef de bataillon
d'état-major Pretot, contribua à la prise de ce tro-
phée [1]. Furent encore mentionnés honorablement
les capitaines du Pont de Gault et Pelissier, du 35e ;
de La Chapelle et Bourgeois, du 30e ; Pourillon,
Pellegry et Vidal, du 17e, et les capitaines Susini et
Lelut, du 2e de marche. Le commodore Mansell
qui dans les combats de *Chapelle* et *Fontaine* avait

---

[1] M. Pretot a reçu, depuis la conquête d'Alger, la croix d'officier
de la légion d'honneur et le brevet de lieutenant-colonel. Il servait en
Égypte, dans le corps des dromadaires.

attiré les regards de nos soldats par sa longue épée écossaise et sa lunette de mer, en bandoulière, s'était fait remarquer par sa bravoure qui le portait toujours sur les lieux où le feu était le plus actif. Pendant l'affaire du 29 juin, placé dans les rangs et à la droite d'une compagnie de voltigeurs du 30ᵉ, il suivit et quelquefois devança la colonne, n'abandonnant son flegme britannique que pour aborder avec vivacité *les Infidèles* qu'il avait déjà, en 1816, combattu glorieusement.

La journée du 29, en entier, coûta moins à la 3ᵉ division, que deux heures de défense dans les journées précédentes; cependant la perte de l'ennemi était considérable. On attribua cet heureux résultat à l'impétuosité avec laquelle furent conduites les attaques. Nous eûmes seulement vingt-quatre hommes hors de combat, savoir : tués, trois, dont un du 2ᵉ de marche et deux du 35ᵉ; blessés, vingt-et-un, dont, trois du 35ᵉ, quinze du 17ᵉ (y compris un officier), et trois du 30ᵉ. La vigueur et la rapidité de l'invasion des Français sur les hauteurs empêcha les soldats de l'aga d'enlever leurs morts. Parmi les cadavres qui étaient jonchés sur les versants de la montagne, on remarquait des Noirs d'une haute stature.

L'investissement du château de l'Empereur eut lieu. Le fort n'était point entouré d'un fossé comme nous le supposions, l'ennemi n'avait point défendu

les approches, et nous étions maîtres d'un mamelon
qui le domine; cela abrégea les opérations du siège
qui commença d'abord par où la plupart des sièges
finissent, c'est-à-dire par l'établissement des batteries de brèche. Le fort de l'Empereur consiste dans
un bloc de maçonnerie de la forme d'un parallélo-
gramme rectangle, dont le grand côté est de 124 mètres environ, et le petit de 90 à 100 mètres. La hauteur des murailles est de dix mètres, l'élévation au-
dessus du niveau de la mer est de 250 à 280 mètres,
et au-dessus de la Cassaubah d'une trentaine de mètres. 120 à 130 embrâsures garnies de canons formaient sa défense. Au milieu du château s'élevait
une tour ronde également garnie de canons, et qui
rendait encore plus difficile la prise de cette forteresse.

La nature et l'étendue du terrain offraient sans
doute des obstacles à l'investissement complet; mais
on apprit avec peine que le chemin de Constantine,
qui passe sous le fort de Babazoun et se prolonge le
long de la côte, n'étant pas gardé, laissait une retraite aux Algériens et une communication pour recevoir des secours et des munitions. Ce chemin fut
bientôt couvert d'émigrations nombreuses de la
ville, qui augmentèrent encore après la conquête.

Le général Montlivault, qui était en seconde ligne,
près de *Chapelle* et *Fontaine*, pour protéger les con-

vois et les détachements, reçut l'ordre de rejoindre
la 5e division avec sa brigade.

Dans la nuit du 29 au 30 juin, un bataillon du
35e de ligne fut commandé de tranchée.

Le 30, le chef d'état-major de la division Descars
écrivit aux trois maréchaux-de-camp :

« D'après l'ordre du général en chef, un maréchal-
de-camp sera de service tous les jours à la tranchée ;
il arrivera et sera relevé aux mêmes heures que
la garde, de manière qu'il ait toujours la même
troupe sous ses ordres. Cet officier-général se con-
formera, pour les dispositions générales, à l'instruction provisoire sur le service en campagne et au ré-
glement qui a été publié pour l'armée d'expédition.
En raison des circonstances particulières que présente le siège du château de l'Empereur, il dispose-
ra une réserve au centre ; cette réserve et les troupes
de la garde, réparties sur les ailes, seront placées
de façon que les coups rasant les crêtes ne puissent
atteindre les hommes. On ne laissera sur les crêtes
ou derrière les haies qui les couronnent, que des
sentinelles. Ces sentinelles seront en assez grand
nombre. Quand elles auront donné l'alarme, la
garde se portera vivement au devant de l'ennemi.

« Pour les maisons crenelées, on prendra les
mêmes précautions que pour les crêtes. On n'y pla-
cera habituellement que des sentinelles. Si l'ennemi se présente pour attaquer les maisons crenelées,

la garde marchera pour le repousser; lorsqu'elle y sera parvenue, elle l'abandonnera pour ne pas être inutilement en prise au feu de l'artillerie de la place, qui dès lors se dirigerait contre les maisons.

« Le général de tranchée adressera au chef de l'état-major général un rapport sur les événements qui qui auront eu lieu pendant les vingt-quatre heures qu'aura duré son service.

« Les maréchaux-de-camp feront ce service à tour de rôle, et seront commandés par la tête; M. le général Danremont le sera pour aujourd'hui.

« Aujourd'hui le service ne sera que de *douze heures*. A compter de demain, à quatre heures du matin, les hommes seront commandés pour vingt-quatre heures : il en sera de même pour le général de tranchée. »

Le même jour la brigade Bertier fournit deux bataillons pour faire une reconnaissance à l'est d'Alger, sous la direction de M. le lieutenant-général Desprez, chef de l'état-major général, qui voulait observer les débouchés des routes de la Metijah, et particulièrement celui du chemin de Constantine. Deux bataillons de la brigade Hurel furent commandés pour la garde de la tranchée, les deux autres furent employés aux travaux du génie et à la construction des batteries. Un boulet de canon, parti du fort de l'Empereur, tua le cheval du colonel

Petiet, dans son bivouac. Les deux premières brigades eurent dix-sept hommes hors de combat.

Le lieutenant-général fit commander chaque jour un capitaine qui prenait les ordres du maréchal-de-camp de tranchée. Un officier de son état-major était désigné journellement pour conduire et remettre les travailleurs de la 3e division aux officiers d'artillerie et du génie.

Le 1er juillet, la brigade Bertier envoya quatre bataillons, tant pour les travaux que pour la garde de tranchée. Un bataillon du 2e de marche occupait le consulat de Suède ; il rendit nulles plusieurs attaques faites par les tirailleurs ennemis. Celui du 35e, employé à la garde de tranchée, fut abordé vivement à sept heures du matin, par les Turcs qui se jetèrent contre les travailleurs ; cette sortie fut vigoureusement repoussée : quatre autres faites dans la même journée, n'eurent pas plus de succès. Le capitaine Godart se fit remarquer à la tête d'une compagnie du 35e.

La perte de cette journée fut de trente hommes tués et de cent quarante-huit blessés.

La division quitta la position qu'elle occupait, pour en prendre une autre plus militaire, qui couvrait les parcs, le grand quartier-général et la voie romaine, se liait avec la droite de la 2e division et observait la route de *Chapelle* et *Fontaine*. Les escadrons de chasseurs qui n'étaient pas échelonnés sur la route de Staoueli, placèrent leur bivouac en arrière du quartier général. Les lieutenants-généraux Loverdo et Descars reconnurent ensemble un emplacement derrière le consulat de Danemarck, qu'ils firent retrancher et fortifier.

Le 2 juillet, les brigades Hurel et Montlivault fournirent 750 hommes de garde à la tranchée et 1,250 travailleurs. Ces derniers se réunirent en avant de l'hôtel du consul de Hollande, où ils trouvèrent des officiers du génie et de l'artillerie pour leur distribuer des outils.

La perte fut de deux soldats tués et de trente-huit blessés. Le capitaine Lerouge, du 34e de ligne, fut tué, et les officiers dont les noms suivent furent blessés : MM. Boucton, lieutenant de voltigeurs au 17e; d'Averton, sous-lieutenant au même régiment; Auvray, capitaine de grenadiers au 34e.

Le 3, la division ne fit aucun mouvement; la brigade Bertier envoya huit cents hommes de garde à la tranchée, la brigade Hurel huit cent vingt-cinq travailleurs, et la brigade Montlivault mille hommes de garde de tranchée. On compta treize hommes mis hors de combat.

Les batteries destinées à l'attaque du fort de l'Empereur, devaient commencer leur feu ce jour même; mais, sur la proposition du général Lahitte, elles ne furent démasquées, pour jouer simultanément, que le lendemain. Cependant l'amiral fit défiler la flotte

22

devant Alger, afin de produire une diversion sur l'ennemi, et chaque bâtiment dirigea successivement sa bordée de tribord contre les batteries de la côte; cette canonnade, à laquelle les batteries des forts et de la côte répondirent avec vivacité, ne produisit de part et d'autre aucune perte ni dommage; mais elle eut un effet moral sur le Dey, puisqu'il envoya un membre du divan près de l'amiral qui ne voulut point l'entendre, en lui faisant connaître que le sort d'Alger dépendait du général en chef.

Le 4, la division avait eu, dans le cours des vingt-quatre heures, 2,200 hommes à la garde de la tranchée, et 1,200 travailleurs. Nos batteries étaient entièrement terminées: une fusée, partie du quartier-général, sert de signal pour commencer un peu avant le jour un feu terrible. L'ennemi y répond d'abord vigoureusement et avec plus de rapidité qu'on ne semblait l'attendre; mais pendant près de sept heures le château de l'Empereur est battu en brèche; déjà plusieurs pans de muraille sont tombés; la chute de quelques parapets ayant mis les canonniers turcs à découvert, à huit heures le feu se ralentit; la garnison, qui était sur le point de quitter ses remparts, ne fait plus de sorties: à neuf heures et demie l'explosion du fort arrête tout mouvement hostile. Un fracas épouvantable se fait entendre, l'horizon est obscurci de poussière et de fumée, la violence de l'explosion brise les vitres

des maisons des consuls et des autres lieux de plai-
sance des environs d'Alger, en couvrant en même
temps de sable ces édifices. Les sacs de laine des
Turcs lancés à une grande distance, sont déchirés
et éparpillés au loin sur le sol.

Le général Hurel, qui commandait la tranchée,
fait prendre les armes et entre aussitôt dans le fort
de l'Empereur avec quelques hommes du 17ᵉ et une
compagnie du 9ᵉ léger appartenant au 2ᵉ de marche.
D'après son rapport, les soldats Lombard et Dumont,
du 17ᵉ de ligne, avaient atteint les premiers le haut
de la brèche faite par l'explosion. Ces braves étaient
fort embarrassés sur le moyen à prendre pour signaler la conquête de l'armée française, lorsque tout-à-
coup Lombard se dépouille brusquement de sa che-
mise et la transforme en pavillon [1].

[1] Quoique le colonel du 17ᵉ m'eut assuré que son soldat eut beaucoup de peine à se faire rendre le *pavillon* qu'il avait improvisé, je
n'avais point relaté ce fait, trouvant que le ridicule était bien près
du sublime ; mais des officiers qui ont fait cette campagne m'ont engagé à le rétablir, comme appartenant à l'histoire. J'en puis citer un
autre qui a quelque similitude. Peu de jours avant la bataille de Waterloo, en entrant à Charleroi, le 15 juin 1815, avec la cavalerie du
général Pajol, des femmes réunies en grand nombre criaient : *Vivent
les Français, vivent nos compatriotes !... Donnez-nous des drapeaux tricolores !* Je répondis en riant : *faites-en avec vos jupons.*
La réponse fut prise sérieusement. Les femmes se mettent à l'ouvrage,
coupent les jupons rouges, blancs et bleus, en larges bandes, et quand
Napoléon fait son entrée, les croisées étaient garnies de drapeaux
ricolores.

Résumé des pertes du 4 : deux soldats tués , dix blessés , 12.

Il est vraisemblable que dans le vain espoir d'écraser les assiégeants , l'ennemi avait fait sauter le château de l'Empereur. Quatre mille Arabes du contingent des beys de Constantine , d'Oran et de Tittery , crurent pouvoir profiter du mouvement des troupes du siége sur leur conquête, pour attaquer avec succès les bivouacs de la 3e division. Le feu des avant-postes fit prendre les armes à la division ; l'ordre fut donné au colonel Roucy , du 34e , de chasser l'ennemi avec une colonne composée de quatre compagnies de son régiment et des voltigeurs du 35e. Le colonel remplit avec zèle et énergie sa mission. L'élan de ces braves et quelques coups de canon mirent en fuite vers l'Atlas ces auxiliaires du Dey, qui abandonnèrent Alger à sa destinée.

Le 5 , la division avait fourni 1,000 hommes de garde de tranchée et 850 travailleurs , pour contribuer à préparer les ouvrages destinés à battre la citadelle de la Cassaubah. Mais le désordre le plus complet régnait déjà dans Alger , et le plus grand effroi à la Cassaubah. Le Dey a envoyé des parlementaires au quartier-général , sollicitant une suspension d'armes et une capitulation. Sidi-Mustapha , l'ami intime de Hussein , son premier secrétaire , s'est écrié : « Que lorsque les Algériens sont en » guerre avec la France , ils ne doivent pas faire la

» prière du soir avant d'avoir obtenu la paix. »
Cependant les propositions du Dey, qui croit pouvoir rester sur le trône, étant rejettées, l'ami de
Hussein propose au général en chef de lui apporter
sa tête. Un aussi barbare projet fait éconduire rapidement ce diplomate. De nouvelles négociations
sont reprises avec deux Maures, qui arrêtent une
convention pour rendre à discrétion les troupes et
le territoire de la régence. Le feu cesse, et vers midi
la ville d'Alger ayant ouvert ses portes, le 35e vient
occuper les établissements de la marine, contenant
des magasins de toute espèce, très considérables.
Le 34e est détaché à la porte Babazoun, au fort du
même nom et aux trois batteries intermédiaires.
Babazoun et ses batteries contenaient 123 pièces de
canon, et des magasins, tant de vivres que de munitions de guerre.

Le 2e régiment de marche d'infanterie légère, le
17e et le 30e, ainsi que le quartier-général division-
naire, conservèrent la position occupée par la troisième division depuis le commencement du siège.
Le 6, à trois heures après midi, le 23e régiment se
met en marche sous les ordres du général Montlivault, pour aller s'emparer du fort Matifoux et
des établissements publics qui l'environnent. Deux
pièces de canon et un détachement de vingt-cinq
chasseurs d'Afrique suivent la colonne Le but réel
de cette expédition était de se rendre maître des

haras du Dey, situés sur la rive droite de l'Arratsch,
et de faire tomber en notre pouvoir les bagages du
bey de Constantine , qui était en fuite avec ses troupes. Arrivé à l'embouchure de l'Arratsch , le 23ᵉ ,
commandé par le colonel Monboissier , bivouaque
dans une petite plaine sur la rive droite , pendant
que le général Montlivault continue sa route sur la
ferme des haras , avec les quatre compagnies d'élite
de ce régiment. Le 7 , à cinq heures du soir , les
compagnies d'élite rentrent ; le général ayant reconnu le cap et le fort Montifoux , le 23ᵉ revient
prendre position sous les murs d'Alger. Pendant sa
mission il a constaté l'existence de quatre-vingt
bouches à feu , tant dans les batteries de la côte ,
que dans le point fortifié du cap. Le général Montlivault ne trouva dans le haras du Dey , qu'un petit
nombre de chameaux et de buffles , et des chevaux
hors de service. Il est à présumer , que lors des
négociations que Hussein-Dey ouvrit avec l'armée
française , le bey de Constantine profita de la cessa-
tion des hostilités pour se rendre au haras de son
maître , et qu'il fit filer vers l'Atlas, avec ses bagages,
les chevaux , les chameaux et les buffles du Dey.

L'ordre du jour suivant, daté d'Alger, du 6 juillet,
fut envoyé aux trois divisions :

« La prise d'Alger était le but de la campagne. Le
dévoûment de l'armée a avancé l'époque où il semblait devoir être atteint ; vingt jours ont suffi pour

la destruction de cet état, dont l'existence fatiguait l'Europe depuis trois siècles. La reconnaissance de toutes les nations civilisées sera pour l'armée d'expédition le fruit le plus précieux de la victoire. L'éclat qui doit rejaillir sur le nom français, aurait largement compensé les frais de la guerre ; mais ces frais mêmes seront payés par la conquête. Un trésor considérable existait dans la Cassaubah, une commission composée de M. l'intendant en chef, de M. le général Tholozé et de M. le payeur général, est chargée par le général en chef d'en faire l'inventaire ; elle s'occupe de ce travail sans relâche, et bientôt le trésor conquis sur la régence, ira enrichir le trésor français. »

Le choix des membres de la commission obtint l'assentiment général. On trouvait que cette commission n'était pas assez nombreuse, attendu que les personnnes qui la composaient étaient déjà investies de fonctions spéciales qui devaient réclamer tous leurs soins; mais elles surent concilier honorablement les devoirs qui leur étaient imposés.

Avant de continuer le récit des opérations militaires, il est nécessaire de donner un aperçu rapide de la vie politique du chef de la régence, et des mœurs et usages de ses sujets.

Le gouvernement d'Alger était entièrement despotique. Le Dey avait droit de vie et de mort sur ses sujets ; il était à la fois, pour ainsi dire, leur juge et leur bourreau. La confiscation des biens du condamné entrait dans ses coffres, ainsi que la moitié du produit de la piraterie. Ce monarque absolu était choisi parmi les plus braves, et sortait presque toujours des rangs des janissaires. La mort violente de son prédécesseur le faisait atteindre au trône, dont il ne descendait également que par le glaive ou le cordon. Un tombeau renferme, à Alger, les cadavres de cinq Deys qui régnèrent et furent assassinés dans la même journée. Hussein fut plus heureux ou plus habile. Il conseilla à son ami Ali-Khodgea, élevé à la dignité de Dey, à la fin de 1817, de s'enfermer à la Cassaubah et d'y transporter le trésor. Hussein, devenu ministre d'Ali, et possédant un caractère plein d'astuce et d'opiniâtreté, conserva son crédit, se fit des partisans parmi les chefs des janissaires, et quand Ali mourut de la peste, après quatre mois de règne, Hussein-Aga devint son successeur sans résistance et sans effusion de sang. Ce prince sut, pendant douze ans, gouverner la régence et contenir la redoutable milice turque par une active surveillance et des présents considérables ; il eut rarement recours aux exécutions. il se confina aussi dans sa forteresse, dont Il ne sortait qu'à des époques éloignées, mais toujours entouré de ses janissaires.

Hussein, fils d'un soldat d'artillerie, est né en 1764, à Vurla, village de l'Anatolie, situé sur la côte

méridionale de la baie de Smyrne. Hussein fut élévé
à Constantinople, et servit lui-même comme simple
soldat dans l'armée du Sultan. On assure qu'il se
livra d'abord au commerce du tabac, à Vénise;
mais cette partie de sa carrière est peu connue.
Son caractère violent et opiniâtre le fit chasser de
son corps, et il se rendit à Alger, où il prit rang
parmi les janissaires du Dey. Quand Alger fut conquis par les Français, Hussein avait soixante-six ans,
et sa longue barbe blanche le faisait encore paraître
plus âgé. D'une petite stature, d'un embonpoint
considérable, l'ensemble de sa personne était com-
mun. Lorsqu'il gardait le silence et qu'on n'observait pas son regard tantôt incisif et tantôt caressant,
son sourire où une certaine finesse captieuse semblait animer ses traits, on était disposé à le croire
un homme fort ordinaire Les paroles suivantes que
Hussein adressa au général en chef, dans sa seconde
entrevue à Alger, prouvent qu'il savait par fois
maîtriser son caractère, et ne montrer que son
fatalisme et sa présence d'esprit.

« J'avais toujours été persuadé de la justice de
ma cause; mais je reconnais que je m'étais trompé,
puisque j'ai été vaincu : je dois me résigner à la
volonté de Dieu. On m'a représenté comme un despote féroce et sanguinaire; que l'on consulte mes
sujets, et surtout la classe indigente de cette capitale, et l'on aura la preuve du contraire; car je leur

ai toujours fait du bien : je vous les recommande.

« Je sais que vous avez perdu un fils ; je vous
plains, et j'apprécie d'autant plus votre douleur,
que la guerre ne m'a pas plus épargné, et qu'un
neveu, que j'aimais tendrement, m'a été enlevé ;
mais nous devons nous résigner à la volonté de
Dieu. »

Le Dey d'Alger dut à la générosité des Français
de conserver ses pierreries, une partie du trésor et
les armes et équipages de son choix. Le juif Bacri,
qui fut l'une des causes de la guerre, faisait monter
le tout à quatre millions ; cette estimation est peut-
être exagérée. Hussein demanda à être conduit à
Naples, sur l'un de nos vaisseaux. Il s'embarqua le
10 juillet, au coucher du soleil, dans un canot qui
le conduisit à bord de la frégate *la Jeanne d'Arc*.
Cent huit personnes l'accompagnaient, dont cin-
quante-deux femmes blanches et de couleur, qui
faisaient partie de sa famille ou de son harem. On
comptait parmi ces femmes quelques Françaises qui
ne voulurent point reprendre leur liberté. Le 35e
formait la haie sur la place de la marine ; pour la
dernière fois les honneurs militaires furent rendus
au monarque déchu. Une foule considérable entourait le Dey, et quoiqu'il passât pour sanguinaire,
des visages baignés de larmes semblaient lui témoigner les regret du peuple. Cette émotion peut encore
se traduire ainsi : les Algériens redoutaient les ven-

gcances des chrétiens et supposaient qu'elles avaient
été différées jusqu'au départ du Dey : ils pleuraient
la perte de leur appui.

Après avoir séjourné à Naples , à Livourne et à
Nice, Hussein-Dey fit une courte apparition à Paris.
Il ne consentit à accepter le dîner que lui offrit
M. Casimir Perrier , alors président du conseil ,
qu'après avoir obtenu la permission d'introduire
dans les cuisines du ministre un Musulman qui lui
prépara une poule au riz , seul mêts auquel le souverain détrôné voulut toucher. Hussein supposait
que la révolution de juillet lui donnait quelque
chance pour gouverner de nouveau ses pirates. Dé-
sabusé sans doute sur une pareille chimère, Hussein
a demandé un asile au vice-roi d'Égypte — Mehemet
Ali l'a reçu avec beaucoup de distinction , et lui
a donné un palais dans lequel il a logé toute sa
famille. Hussein qui , avant sa chute du trône,
passait pour un homme très attaché à sa religion,
s'est consolé par la pratique de pieux devoirs. Il
devait , pendant l'année 1834, se rendre en pé-
lerinage à la Mecque et à Médine, accompagné de
celui de ses gendres qui était aga au temps de sa
puissance, et qui commandait en chef l'armée vain-
cue par les Français. Nous ignorons si Hussein a eu
le temps de quitter Alexandrie pour visiter le tombeau du prophète , et retourner ensuite en Égypte ;
car il habitait encore cette ville , quand , le 30

octobre de la même année , la mort est venue le
frapper subitement au sortir de la mosquée , où il
avait été faire sa prière. Le dernier Dey d'Alger allait
atteindre sa soixante-et-onzième année.

La régence d'Alger a une étendue de 80 myria-
mètres, sa plus grande largeur est de 24 à 32 myria-
mètres ; son terrain, quoique très fertile , est resté
inculte en plusieurs parties. L'air , rafraîchi par les
brises continuelles de la mer , est généralement
sain. La population s'élève à environ deux millions
d'habitants ; la capitale en renfermait autrefois
soixante-dix mille. Ce nombre était réduit, lors du
débarquement des Français , à trente-cinq mille ;
les émigrations, pendant et après le siége , l'ont fixé
à vingt mille ; la prospérité de la colonie doit bientôt tripler ce chiffre , et soixante mille habitants
éclairés et libres remplaceront des barbares et des
esclaves.

Indépendamment des nègres qui n'étaient pas tous
privés de la liberté, une quantité considérable d'esclaves européens, fruit de la piraterie, étaient, avant
le blocus, conduits et renfermés à Alger. Les prisonniers des bricks *la Silène* et *l'Aventure* , délivrés le
jour même et par la victoire du 29 juin , étaient
presque les seuls à la disposition du Dey. La capitulation de Hussein rompit les fers de quelques Grecs
et de quelques Italiens.

Les Turcs , moins nombreux à Alger que les

autres habitants, exerçaient néanmoins sur eux un
despotisme capricieux et cruel. La vie et la puissance
du monarque étant dans leurs mains, leurs violences
n'étaient pas réprimées. Les koulouglis, nés de Turcs
et de femmes maures, ne pouvaient s'élever qu'à
des emplois secondaires ; ils avaient pourtant le
droit de porter les armes, et ils se sont bien conduits pendant la campagne. Les Maures résidaient
aussi dans la capitale et autres villes de la régence.
Plus éclairés que les Turcs, dont ils supportaient le
joug, les Maures ont conservé la tradition de leur
origine : cependant on leur suppose moins d'apti-
tude à la guerre que leurs devanciers. Se livrant aux
sciences et aux arts, depuis long-temps soumis à
des lois sévères, leur instruction et leur expérience
seront utiles à la colonie. Les juifs, très nombreux,
qui, lors de notre entrée, remplissaient les rues
de la capitale, étaient traités avec mépris, et méritaient généralement la position abjecte où nous les
avons trouvés. Les deux sexes des tribus israélites
ne pouvaient porter que des vêtements noirs ; les
turbans étaient interdits aux hommes, les femmes
devaient se montrer en public sans avoir le visage
voilé. Le bâton, la potence et les flammes étaient leurs
supplices habituels. Jamais la cupidité de leur co-
religionnaires, répandus sur les diverses parties du
globe, n'a pu ressembler à cet amour désordonné
du gain qui les anime : fourbes et avides, ils conspi-

raient souvent contre le gouvernement qui, en envoyant à la mort ces hommes couverts de guenilles, s'enrichissait de leurs dépouilles toujours chargées d'or. Parmi les juifs éclairés qui suivaient une impulsion plus honorable, MM. Durand et Bacri doivent être cités. Leur crédit, leur considération dans l'Algérie, les avis, les renseignements, les bons offices, tout fut mis par eux en œuvre pour témoigner leur dévoûment aux Français.

Quant aux Arabes, leurs mœurs, leurs usages sont depuis plusieurs siècles restés stationnaires. Ils vivent dans le désert et occupent par tribus les monts de l'Atlas. Ces peuples se divisent en *Bédouins*, Arabes des villes, et *Cabiles*, Arabes des montagnes.

Les bédouins, sobres comme tous les habitants des pays chauds, se contentent du lait de leurs chèvres, de leur chair quand elles vieillissent, et de couscousou, ou farine cuite d'une façon assez grossière. Il faut joindre encore à cette nourriture le riz, qu'ils aiment de prédilection, et dont l'usage est très sain sous ce climat brûlant; mais ils ont de la peine à s'en procurer. Le café est pour eux d'une nécessité aussi absolue que le tabac. Les Arabes trouvent dans les villes de nombreux établissements, où ils se procurent à vil prix cette boisson. On voit encore, sur les routes, des *cafés* pour les caravanes, dans les lieux les plus isolés.

Pour récolter des céréales, les Arabes grattent

la surface de la terre, à deux ou trois pouces de
profondeur, avec leurs charrues, jettent la semence
et cessent aussitôt leur travail d'entretien ou d'a-
mélioration jusqu'à la moisson. Les bédouins dirigent le cheval, le mulet, le bœuf où l'âne qui tire
la machine aratoire ; mais ce sont les femmes qui
pèsent sur la charrue. La femme va couper le bois
dans les montagnes et le rapporte sur son dos.
Quelle que soit la distance à laquelle se trouve la
fontaine, les femmes y vont puiser de l'eau, et reviennent courbées sous le poids qui les accable.
C'est encore aux femmes qu'appartient le soin de
moudre le blé, de cultiver les légumes, et, chose
plus étrange, d'enlever la tente lors des émigrations
ou des, défaites de l'emporter avec les ustensiles de
cuisine et les provisions, et de la dresser de nouveau. Ce dernier usage semble expliquer leur mode
d'exprimer la victoire par le nombre de tentes qu'ils
ont conquises ; car ils préféreraient abandonner
tout ce qu'ils possèdent, plutôt que de laisser leurs
femmes au pouvoir de l'ennemi ; leur premier soin
est donc de les faire évader quand ils sont vaincus.

La paresse naturelle des bédouins, et l'obligation
où sont leurs femmes de travailler continuellement
sous un soleil dévorant, tandis que leurs époux,
accroupis à l'ombre d'un palmier, armés d'une
longue pipe, chargent l'atmosphère de vapeurs de
tabac, les forcent de transgresser la loi, et de cir-

culer à visage découvert. Les jeunes gens ont la faculté de connaître leurs épouses futures. Le père du jeune homme donne à celui de la fille, une vache ou un bœuf, ou quelques moutons, et l'autre donne son enfant en échange. Voilà leur dot, qui ressemble plutôt à une vente. Le nombre des esclaves des deux sexes n'est pas déterminé, mais le bédouin ne peut avoir plus de quatre femmes légitimes.

Les Cabiles ou bereberes, Arabes montagnards, sont très basanés, leur peau est presque noire ; ils ont un idiôme particulier qui est répandu depuis l'Atlas jusques dans l'ouasis de Syouah. Les cabiles ont la taille haute et svelte, le corps grêle, maigre et nerveux ; ils sont bûcherons ou charbonniers, ils savent faire de la poudre et des balles avec le salpêtre et le plomb qui abonde dans leurs montagnes. Ainsi que les bédouins, les cabiles combattent presque toujours à cheval ; un homme à pied les suit pour charger leur fusil ou leur en donner un autre quand celui qu'ils portent a fait feu. Ces sauvages, avides d'or et de massacres, à quelque tribu qu'ils appartiennent, s'habillent pendant dix ans avec une couverture de laine blanche façonnée qu'on nomme *bournous*. Ceux qui ne marchent pas pieds nus se font des mocassins avec des peaux de mouton ou de chèvre non préparées ; ils en coupent un lambeau ovalaire aussitôt après avoir dépouillé l'ani-

mal, et pendant qu'il est encore chaud, ils le per-
cent de petits trous tout autour, y passent une corde
et y enferment le pied en fronçant la peau comme
une bourse ; quelques-uns seulement ont une culotte
à la turque, leur tête est couverte d'un bonnet
grec sur lequel ils placent un mouchoir blanc; ils
les fixent l'un et l'autre avec une corde en poils de
chameaux, contournée cinq ou six fois autour de
la tête ; ils se couvrent rarement le visage avec le
capuchon de leur bournous. Les Cheiks ou chefs
de tribus, portent, comme marques distinctives de
leur autorité, des bottes en maroquin rouge garnies
d'éperons.

Chaque tente est une véritable arche de Noé. Cet
usage doit nous paraître moins extraordinaire,
puisque, dans notre Europe civilisée, nous voyons,
dans la basse Bretagne et dans la Pologne, les
hommes, les femmes, les poules, les chiens, les
chèvres, les moutons, les vaches et les chevaux
dans le même appartement.

Malgré leur naturel cruel et sauvage, les bereberes étaient employés comme domestiques près des
consuls européens et dans les maisons riches des
Turcs et des Maures qui n'ont jamais eu à se plain-
dre de leur fidélité.

La race des chevaux de ces descendants des
Numides est bien abâtardie. D'une petite taille, la
tête en coupe de hache, la croupe avalée, ils res-

23

semblent à nos chevaux de fiacre de Paris ; mais
leurs jambes sont fines , leur assiette sûre ; ils n'ont
que deux allures , le pas et le galop. Les chevaux
de la régence sont généralement durs à la fatigue ,
et se contentent , pour se nourrir , de l'herbe qui
environne la tente de leurs cavaliers , qui ajoutent
rarement un peu d'orge à leur frugal repas. Les
meilleurs coursiers connus sous le nom de chevaux
barbes , proviennent de la province d'Oran. Après
la conquête , pour une somme équivalente à deux
cent quarante francs de notre monnaie , on pouvait
se procurer le plus beau cheval de l'Atlas [1].

Le 7 juillet , un ordre du jour de l'armée fit connaître aux troupes que M. d'Aubignosc , interprète
de 1re classe , qui avait occupé , sous l'empire , des
emplois importans dans l'administration , était
nommé lieutenant-général de police à Alger. L'ordre public , le respect de la religion, des habitants
et de leurs propriétés furent maintenus par les sages
mesures de cet administrateur.

L'évacuation du matériel qui se trouvait à Sidi-
Ferruch , et des magasins de vivres de toute espèce,
fit quitter à nos bâtiments leur situation vers la
Torre-Chica , et ils vinrent s'embosser dans la baie

---

[1] Consulter l'ouvrage de Schaw , celui de Shaler , le *Journal de la
marine et des colonies* , l'*Aperçu du dépôt de la guerre* , et autres
relations publiées sur les mœurs et usages des Arabes.

d'Alger. Pendant ce changement, qui devait être favorable à l'armée, les distributions n'eurent plus la même régularité que précédemment, et les corvées multipliées pour aider au débarquement au pied du fort Babazoun, ainsi que pour porter à la marine les millions du trésor envoyés en France, augmentèrent les maladies que, depuis la conquête, les fatigues suivies du repos avaient fait naître.

Le lieutenant-général ordonna des reconnaissances assez étendues vers la plaine de la Métijah. Les capitaines d'état-major de La Bouere et de La Vedrine, firent un levé du terrain qu'ils avaient parcouru, et réunirent des renseignements sur le pays. On rencontra des habitants qui fuirent d'abord à l'approche des Français, et qui revinrent quand on leur fit des signes d'amitié. Ayant appris que les Turcs étaient embarqués, ils parurent en ressentir une grande joie.

Les janissaires avaient été désarmés. Chacun des Turcs célibataires avait reçu une somme de cinq piastres d'Espagne à titre d'indemnité, et avait été embarqué sur nos bâtiments pour retourner dans son pays natal. Ce départ avait rendu libres les établissements militaires, dont on fit des casernes et des hôpitaux. Le général en chef avait demandé pour l'armée, au gouvernement, une indemnité de trois mois de solde; il n'y eut point de réponse à cette demande; les officiers reçurent des armes. Voici

comment le chef de l'état-major général s'exprime
à ce sujet dans son journal :

« On remit aux lieutenants-généraux un fusil ,
un sabre , un yatagan et une paire de pistolets ; aux
maréchaux-de-camp , un fusil , un yatagan et des
pistolets ; aux officiers supérieurs , un yatagan. Les
armes des miliciens , qui n'avaient aucune valeur ,
furent distribuées avec moins de régularité ; tel fut
pour les officiers d'une armée , qui avait fait une si
riche conquête, le seul fruit matériel de la victoire. »

Le nombre des hommes de corvée augmentait
journellement. La chaleur doublait d'intensité ,
et nous parut être à son apogée du 10 juillet au 10
août. Les corvées étaient régulièrement payées aux
soldats qui croyaient rétablir leurs forces en ache-
tant du vin et des liqueurs. Malgré les exhortations
et les défenses de leurs chefs , les soldats man-
geaient du verjus et des fruits verts de toute espèce.
Ils buvaient de l'eau fraîche , lorsque la transpira-
tion la plus abondante baignait leurs habits. Des
dyssenteries , des diarrhées , des fièvres inflamma-
toires , suites de leur imprudence, se propagèrent
de la manière la plus alarmante. On soigna , autant
que possible , les malades dans les infirmeries ré-
gimentaires , les hôpitaux n'ayant pas un développement assez considérable pour les recevoir tous.
De nombreuses évacuations eurent lieu sur la France ; mais ce départ pour le pays natal de leurs

frères d'armes malades , donnait la nostalgie à ceux
dont la santé n'était pas encore altérée : cela détermina le lieutenant-général à proposer au général
en chef de n'opérer les évacuations que sur Mahon,
ce qui produisit un bon effet.

Le 12 juillet, le comte de Bourmont fit réunir
l'infanterie , la cavalerie , l'artillerie et le génie ,
sur le bord de la mer , à l'est du fort Babazoun ,
au-dessous du parc de l'artillerie , dans le même
lieu où Charles-Quint avait exécuté son débarquement , en 1541. La 1re division seule ne s'y trouvait
pas : le général en chef la vit le lendemain. M. de
Bourmont passa les troupes en revue , et parut satisfait de l'air martial que la campagne avait donné
à nos jeunes soldats , et de la précision et de l'ensemble des évolutions qu'il leur fit exécuter. L'armée
considérait cette revue comme une visite d'*adieu* ,
le bruit s'étant répandu qu'une forte division , formant un corps d'occupation , resterait dans la
régence , et que les autres troupes rentreraient en
France. Le projet du général en chef de porter ,
quelques jours après , une reconnaissance dans la
plaine de Métijah , accrédita cette opinion.

La force de la gendarmerie n'étant pas en rapport
avec son service , on créa une compagnie de gendarmes à pied , choisis parmi les meilleurs sujets
des régiments d'infanterie de l'armée. La brigade

Bertier fournit un sergent et douze hommes ; la brigade Hurel, un caporal et onze hommes, et la brigade Montlivault, un caporal et onze hommes. Cette nouvelle troupe d'élite reçut une haute paie de cinquante centimes ; elle eut pour lieutenant M. Duval, du 35e de ligne.

Le 14, trente-et-un convalescents appartenant aux divers régiments de la division, arrivèrent de Mahon et furent dirigés immédiatement sur les corps dont ils faisaient partie. Quelques jours après, le 17e de ligne reçut 68 hommes rentrés des hôpitaux de France.

Le débarquement des vivres au fort Babazoun, força la brigade Hurel et le quartier-général à se rapprocher de la mer pour les distributions. Le 17, le changement de position eut lieu. On s'établit à mi-côte de la colline qui domine les abreuvoirs et la plage. Le bivouac quitté par la 2e brigade fut occupé par des troupes de la division Berthezene. La brigade Hurel se plaça de façon à couvrir la route de Belida. Le 34e fut relevé au fort Babazoun par le 49e, de la division Loverdo, et vint camper avec le 23e autour des jardins de Mustapha-Pacha. Plus près d'Alger, les deux maisons contiguës de l'ancien aga, logèrent l'état-major de la division et les bureaux du sous-intendant militaire. Dans la plaine, près du camp du 2e de marche, couvrant les routes de Constantine et de Belida, étaient bivouaqués les chasseurs d'Afrique [1].

Le 19, le comte de Bourmont fit connaître, par un ordre du jour, à l'armée, qu'il remerciait de cette haute dignité, sa nomination de maréchal-de-France. Cette nouvelle donna l'espoir aux troupes de recevoir promptement les récompenses que leurs chefs avaient sollicitées pour elles et qu'elles avaient

---

[1] Les généraux et la plupart des officiers de l'armée avaient emporté de France des toiles imperméables qui leur furent extrêmement utiles ; des manteaux pour garantir leurs vêtements des pluies d'orage, et les préserver de l'humidité des nuits ; des matelas et oreillers que l'on remplissait de vent, pour le repos, et qui, dégagés d'air, devenaient facilement transportables ; des seaux propres à conserver la fraîcheur de l'eau, comme provision, et servant à faire boire les chevaux en route ; des gourdes contenant du rhum ou de l'eau-de-vie.

Les gourdes seules ne remplirent pas le but proposé : la chaleur du soleil pénétrant les parties solides et les dissolvant, les parois du tube se coagulaient, et les liqueurs qui y étaient contenues n'avaient plus issue libre jusqu'au goulot.

Les maisons n'offraient que leurs murs pour abri ; les matelas et coussins imperméables procurèrent un lit aux officiers, qui sans cette précaution, auraient couché sur le carreau, qu'on ne pouvait revêtir de paille, car il n'y en avait pas une seule botte ni à Alger, ni dans la campagne. Le lieutenant-général, le chef d'état-major et le sous-intendant militaire firent fabriquer des bancs et des tables avec les caisses de biscuit vides, pour établir leurs bureaux.

Il m'a paru indispensable d'entrer dans ces détails, pour indiquer les moyens que nous avons cru devoir employer pour nous procurer les effets matériels d'une nécessité absolue chez tous les peuples civilisés, et qu'il fallait introduire dans un pays riche, mais alors aussi dénué de ressources de cette nature que *l'île de Robinson Crusoé*.

si bien méritées. Mais le gouvernement (qui avait montré moins de réserve dans la campagne de 1823) trouva les demandes trop nombreuses et les renvoya à Alger pour qu'elles fussent réduites. Remplacé par un gouvernement national, il lui laissa le soin d'acquitter cette honorable dette de la patrie.

Abduraman-Aga, bey de Tittery, avait fait sa soumission. Il était arrivé à Alger , escorté par cinquante Arabes. Il reçut à la Cassaubah sa nouvelle investiture des mains du général en chef. Le bey insista pour que le maréchal vint visiter son beylick. On chercha à l'en dissuader, en lui rappelant l'opinion de Hussein-Dey sur la fourberie d'Abduraman qui pouvait l'entraîner dans un guet-à-pens. Le maréchal, malgré ces observations, promit au bey de se rendre , le 23, au pied de l'Atlas; mais il se détermina à réunir des forces plus nombreuses qu'il ne l'avait d'abord projeté pour exécuter la reconnaissance de Belida.

L'état sanitaire était toujours alarmant: la dyssenterie et la diarrhée étaient les maladies dominantes , et la fièvre venait compliquer ces affections morbifiques. Dans le nouveau cantonnement, on fit distribuer des tentes où le soldat passait la nuit, et l'on construisit des barraques en feuillage où il était, le jour , à l'abri des rayons du soleil. Une brise assez forte tempérait la chaleur près de la mer ; cependant la division n'aurait pas obtenu

d'amélioration, sans la transformation des jardins-
écuries de Mustapha-Pacha en un hôpital, auquel le
sous-intendant militaire d'Arnaud donna tous ses
soins. L'intendant en chef avait désigné ce local au
maréchal ; mais les moyens d'exécution manquaient : le duc Descars aplanit tous les obstacles.
Chaque jour, cinq cents hommes de corvée de la
division travaillèrent aux constructions et à la formation définitive de cet établissement. Une garde
nombreuse y fut placée pour faire respecter les
consignes ; des soldats d'une conduite sûre remplirent les fonctions d'infirmiers supplémentaires ;
enfin la sollicitude du lieutenant-général produisit le
résultat satisfaisant d'éviter de nombreuses évacuations de malades hors du territoire d'Alger. Un
officier d'état-major faisait journellement une visite
à l'hôpital de Mustapha-Pacha ; on lui rendait
compte des soins prodigués aux malades et de l'exécution des consignes. Il questionnait les soldats,
leur donnait des paroles de consolation, et remon-
tait leur moral. La création de cet hôpital diminua
considérablement le nombre de nos malades, et
nous permit d'y recevoir une partie de ceux des
autres divisions [1].

---

[1] Le transport des malades à une distance éloignée de leur camp
n'était pas sans danger. L'intendant en chef, qui montra dans cette
campagne habileté, prévoyance et activité, y pourvut en faisant éta-

Un emplacement assez vaste, contigu au nouvel hôpital de Mustapha-Pacha, fut érigé en cimetière. La nuit, de nombreux chacals parcouraient ce terrain pour déterrer et dévorer les morts. Les Osmanlis ont l'habitude de faire garder par des chiens les abords de leurs maisons. Ces chiens, éloignés des habitations occupées par les Français, avertis par les cris rauques des chacals, les suivaient à la piste et leur donnaient la chasse, afin de subvenir à leur nourriture. La distance de l'état-major de la division à Mustapha-Pacha était assez considérable pour que le sous-intendant d'Arnaud, qui s'y rendait à pied, évitât, pendant ce trajet, la grande chaleur de la journée; il ne quittait donc la maison de l'aga qu'à une heure du matin. Dans une de ces nuits, il tomba au milieu d'une meute de chiens qui l'auraient mis en pièces, si son sang-froid ne l'eût sauvé. Il se fit jour l'épée à la main, et dispersa la meute qui l'abandonna pour retourner à la poursuite des chacals [1].

Les indemnités accordées pour les nombreuses

blir un hôpital près de Babazoun, qui, réuni à ceux d'Alger, lui donna la faculté d'y colloquer les malades des corps cantonnés dans la capitale de la régence et à proximité des portes d'Alger.

[1] M. Merle, sous-intendant adjoint, était chargé de la partie administrative si difficile et si importante en campagne, *les distributions.* Il s'en acquitta avec un zèle au-dessus de tout éloge.

corvées exécutées par la 3me division avaient donné
de l'aisance au soldat. Il en profitait pour rendre
ses repas plus copieux et plus recherchés. Les
Arabes lui vendaient un mouton entier 1 fr. 85 c. ,
une vache ou un bœuf , de la petite espèce , 25 à
30 francs , une paire de poulets 45 centimes. La
cantinière se procurait un âne pour une pièce de
cinq francs ou pour un *peso duro*. Enfin le soldat se
croyait transporté au pays de Cocagne; mais les juifs
changèrent bientôt cette heureuse position. Ils se
rendirent sur les routes, au devant des Arabes ,
pour acheter leurs provisions , et les Français trouvèrent les prix doublés, lorsque les denrées eurent
passé par les mains des juifs.

Reconnaissance de Belida.

Les principaux cheiks des tribus devaient se
réunir , le 24, avec le nouvel aga ou syndic des
Arabes , nommé par le général en chef , pour faire
leur soumission aux Français. L'aga désirait que le
maréchal n'exécutât sa reconnaissance de la Métijah
et du Petit-Atlas, qu'après cette conférence ; mais
M. de Bourmont , qui avait précédemment annoncé
l'époque précise de son départ , ne voulut point l'a-
journer.

Ainsi que nous l'avons indiqué, les camps de la division Descars étant traversés par la route de Belida, le maréchal prit dans les corps qui y étaient établis, les militaires qui devaient l'accompagner à la plaine de Métijah et aux sources du Massafran ; le maréchal-de-camp Hurel en eut le commandement. Le 22, un détachement, composé comme il suit, se mit en marche : un bataillon du 2me de marche d'infanterie légère, huit compagnies de voltigeurs des 2me et 3me brigades, quatre pièces d'artillerie, dont deux de montagne, une compagnie de sapeurs du génie, et un escadron des chasseurs d'Afrique ; ce dernier commandé par le colonel Bontems Dubarry. Les troupes avaient pour deux jours de vivres, les chasseurs s'étaient aussi munis d'avoine pour leurs chevaux. Six fourgons chargés de vin, de pain et de riz, partaient avec le détachement. Ainsi treize cents fantassins et cent cavaliers, qui paraissaient réunis pour traverser, comme garde d'honneur, un pays ami et curieux à explorer, allaient bientôt lutter contre six mille Arabes. Cette colonne arrive, à cinq heures et demie du soir, au débouché du pays montagneux qui sépare Alger de la plaine de la Métijah, et elle prend position en arrière d'un pont situé sur un affluent de l'Arratsch.

Le lendemain 23, à quatre heures, elle continua son mouvement; vers midi, le général en chef la rejoint, et arrive, à cinq heures, à Belida, suivi des généraux Desprez, Descars et Lahitte. Vingt Maures escortaient le nouvel aga d'Alger ou syndic des Arabes. Une députation de la ville se porte au-devant du maréchal, et offre l'hommage de sa soumission et de son respect au chef de l'armée victorieuse. Des rafraîchissements sont distribués à la troupe qui se place dans une plaine bornée par les jardins de Belida. Le maréchal s'établit avec une garde et deux compagnies d'élite, dans une maison entourée d'un vaste jardin et attenant à la porte de la ville. Un bois d'orangers, traversé par une source d'eau-vive, donnait du charme à cette position. Le bey de Tittery croyant sans doute échapper aux soupçons de trahison ne se montra point et ne parut pas non plus le lendemain, pendant l'attaque.

Un grand nombre de maisons renversées par le tremblement de terre de 1825, n'ont point été relevées; cependant les Français trouvaient l'aspect général de l'intérieur de la ville, moins sombre et moins triste que celui d'Alger.

Les habitants de Belida avaient reçu avec joie les chefs de l'armée française. La nuit fut tranquille. Le 24, à cinq heures et demie du matin, une reconnaissance, composée de six compagnies d'infanterie, de vingt-cinq chasseurs et de deux pièces de montagne, est dirigée vers l'ouest, longeant le Petit-Atlas; le maréchal suit ses mouvements, elle marche pendant deux heures vers les gorges d'où

coule le Massafran (¹). Après avoir recueilli les renseignements qu'il désirait , le maréchal la fait rétrograder et revient avec elle vers Belida , avec ordre
de se préparer à reprendre, vers le milieu du jour,
le chemin d'Alger. Pendant que cette découverte a
lieu , aucun acte hostile ne se passe ; mais on
aperçoit les cabiles qui descendent en grand nombre des montagnes, par groupes et dans différentes directions. Au moment de rentrer dans la
ville, l'arrière-garde formée par les voltigeurs du 2ᵉ
de marche d'infanterie légère, échange quelques
coups de fusils avec une troupe de cabiles qui ne
tarde pourtant pas à s'éloigner. Un de nos voltigeurs
est tué d'une balle.

Il était onze heures : l'ordre de départ était donné
pour deux heures. Vers midi et demi, le capitaine
d'état-major Chapelié allait précéder la colonne avec
deux compagnies d'infanterie légère et vingt-cinq
chasseurs à cheval pour déterminer l'emplacement
du bivouac des troupes, quand plusieurs coups de
fusils se firent entendre. Ce feu provenait des jardins
avoisinant la maison du maréchal , qui envoie le
chef de bataillon de Trelan, son premier aide-
de-camp, pour s'informer des motifs de cette tirail-

---

¹ L'Affroun et la Chiffa forment le Massafran par leur réunion entre
Blida et Coleah ; ce fleuve a son embouchure dans la Méditerranée , à
deux lieues de Sidi-Ferruch.

lerie. M. de Trelan est blessé à mort par un des
coups tirés, presque à bout portant, du fourré d'une
haie de figuiers de Barbarie. On apprend aussitôt
qu'un cannonier a été tué en conduisant des chevaux à l'abreuvoir, et que quelques soldats ont été
blessés dans les jardins, sans avoir vu les fusils des
Arabes qui y étaient embusqués. Deux nouvelles
compagnies se réunissent pour s'opposer à une
attaque qui n'est encore que partielle. Le capitaine
Chapelié, en se rendant au camp, escorté de quatre
chasseurs et d'un maréchal des logis, pour partir
avec l'avant-garde, reçoit le feu de l'ennemi ; le
maréchal des logis tombe frappé mortellement.
M. de Bourmont rejoint le bivouac de l'infanterie et
ne met les troupes en marche qu'à l'heure déterminée. A peine notre mouvement est-il décidé, que
les jardins voisins du terrain où les Français avaient
placé leur camp, sont remplis de cabiles armés qui
sortent, selon toute apparence, de la ville où jusque là ils se sont tenus cachés. Ces barbares, qui
n'ont aucune notion de l'art militaire et qui nous
voient revenir vers Alger, nous prennent pour des
fugitifs, et cette opinion erronée semble doubler
leur courage et augmenter leur acharnement à presser nos colonnes.

Une fusillade assez vive s'engage de tous les lieux
boisés environnants ; l'arrière-garde riposte, et le
détachement, dont l'artillerie est au centre et la

cavalerie en tête, tourne à gauche, et se dirige en colonne serrée vers le milieu de la plaine, couvrant ses quatre faces par des tirailleurs. Une nuée d'Arabes se montre de toutes parts, mais contenus par notre feu, ils ne peuvent ébranler la colonnne, et la retraite s'exécute dans le plus grand ordre. L'escadron des chasseurs d'Afrique brûlait du désir de se mesurer avec les cabiles. Plusieurs charges faites à propos et avec vigueur, soutenues par l'artillerie bien dirigée, éloignent l'ennemi. On le voit alors se porter en avant de nous, et se réunir sur un terrain ombragé de lauriers roses, qui longe un cours d'eau situé à trois lieues de Belida. Il paraissait vouloir nous en disputer le passage et couper notre retraite; deux compagnies d'infanterie sont aussitôt ajoutées à l'avant-garde, pour forcer le défilé que l'ennemi ne put défendre. Les Français y trouvent un de leurs caissons renversés la veille, et auprès duquel les quatre cadavres sans tête des conducteurs, attestent la férocité des cabiles.

Après avoir forcé ce défilé, qui fut couvert par trois compagnies du 2e de marche, nous nous retrouvons dans la plaine nue, entourés de six mille cabiles qui, ne pouvant nous entamer, désespèrent alors d'interrompre notre marche, et leur feu cesse avant la nuit.

La retraite continua avec le même ordre: le soldat montra un rare courage. Nous emmenions avec nous tous nos blessés, et plusieurs même de nos morts [1]. Pas un traînard ne fut laissé en arrière ; à onze heures du soir on arriva près d'un puits entouré de figuiers, où les Français établirent leur bivouac. Le major de cavalerie Boislecomte, expédié de France en courrier, et débarqué le jour même, apporta des dépêches au commandant en chef.

Le 25, à quatre heures du matin, notre colonne se remit en marche dans le même ordre que la veille ; elle était parvenue à six heures et demie au-delà du pont où elle avait en partant passé la nuit du 22 au 23. Elle prit position sur les hauteurs, et cette halte permit de panser ceux des blessés de la veille qui n'avaient pu l'être au bivouac. Les troupes rentrèrent à midi dans leurs cantonnements.

Cette affaire, que les journaux quotidiens ont complètement dénaturée, mit hors de combat soixante-et-douze hommes, dont dix-sept furent tués [2]. Le 2ᵉ de marche seul eut une perte de vingt-

---

[1] Un service funèbre fut célébré le 26 à la Cassaubah pour M. de Trelan, dont les restes furent transportés, avec les honneurs dus à son grade, dans le cimetière des chrétiens.

[2] On verra dans les pièces officielles annexées à ce journal, que le maréchal, dans son rapport sur la reconnaissance de Belida, n'annonce que huit tués et trente blessés, et le général Desprez dix-sept tués et quarante-trois blessés. Voici comment s'expliquent ces différences, qui sont toutes les deux au-dessous du nombre exact de *soixante-*

trois hommes. Trois chevaux des chasseurs furent
tués, et neuf blessés.

L'ennemi dut perdre quatre ou cinq cents hommes.

Parmi les officiers blessés, on cita le capitaine
de Cambray, du 9e léger ; le lieutenant Main, et le
sous-lieutenant Maissiat, du même corps; le lieutenant Riss et le sous-lieutenant de Lestang, ces derniers des chasseurs d'Afrique.

Le général Hurel, chargé de la direction des
troupes, s'acquitta d'une manière remarquable
des devoirs qui lui étaient imposés ; il reçut une
balle dans son chapeau; le capitaine Delmotte,
son aide-de-camp, fut blessé légèrement près de lui.
Le chef de bataillon Brunet de la Grange, commandant le bataillon du 2e de marche, et le capitaine
Rethoré, du 30e, commandant le bataillon des
voltigeurs réunis, se conduisirent avec distinction.
M. Habary, lieutenant du 30e, sauva deux hommes
blessés ; Grosblot, sergent du même corps, tua
deux cabiles à la baïonnette ; les sergents Merlin
et Bataille, et le voltigeur Huet, tous les trois du
34e, se jetèrent sur un groupe ennemi et l'enfon-

---

et-douze. Le général Descars ne put avoir que successivement l'état
des pertes de chaque corps, et n'avait pas encore reçu, le 1er août,
l'état des hommes mis hors de combat, dans le génie et le train des
équipages.

cèrent à l'armè blanche ; MM. de Quatrebarbes et
Lahure, lieutenants aides-major aux 34ᵉ et 35ᵉ de
ligne, furent remarqués par le lieutenant-général
Descars ; le premier, qui dirigeait les tirailleurs de
gauche, reçut des balles dans ses habits. Le prince
de Schwartzenberg, jeune autrichien volontaire à
l'armée d'Afrique, voyant l'attaque perfide faite sur
nous, prit le fusil de munition d'un soldat blessé,
se plaça dans les rangs d'une compagnie du 2ᵉ de
marche, et tua de sa main un cabile dont il avait
essuyé le feu : tant que dura l'engagement, il conserva son poste, donnant l'exemple du sang-froid
et de l'intrépidité. Le colonel Dubarry, des chasseurs d'Afrique, mena bravement son escadron, et
fit éprouver une perte considérable à l'ennemi ; il
cita particulièrement le chasseur Yung, qui tua
quatre Arabes, et fut blessé en combattant le cinquième, et le maréchal des logis Poniatowski : ce
dernier qui porte un nom cher à la France, sous-
officier au 17ᵉ chasseurs, ayant été entouré par les
cabiles, en tua un et mit les autres en fuite. Partout où il y eut des dangers à courir, on vit le
capitaine de vaisseau Mansell, que nos soldats nom-
maient *le voltigeur de la 3ᵉ division.*

Eurent encore une mention honorable, le sergent-
major Lamy, du 23ᵉ ; le voltigeur Larpent, du 30ᵉ,
qui délivra des blessés; les sous-lieutenants Herbinger et Esmaugart, du 34ᵉ : les maréchaux-des-logis

Hun et Chauvot, des chasseurs d'Afrique ; le capitaine adjudant-major Duez, et les capitaines Cazin
et Brachet, du même régiment. Les Maures qui
escortaient l'aga chargèrent avec nos chasseurs ;
l'un d'eux, par son costume africain, fut méconnu
dans la mêlée, et périt d'un coup de pointe; c'était
le secrétaire de l'aga, qui n'aurait dû mourir que
de la main d'un cabile [1].

L'artillerie seconda avec efficacité les mouvements de l'infanterie. Le lieutenant de Kergorlay,
commandant les obusiers de montagne, dirigea ses
pièces avec rapidité et précision. Le général Descars
recommanda M. Schlosser, chirurgien-major du
30e, pour les soins paternels qu'il prodigua aux
blessés, et pour le zèle infatigable qu'il montra pour
les secourir. Les généraux louèrent tous la conduite
du capitaine d'état-major Chapelié, qui conduisit
l'avant-garde avec sang-froid et habileté.

Jamais les officiers ne sentirent mieux que dans
cette journée qu'ils devaient payer de leur personne:
les hautes sommités de l'armée en offrirent l'exemple. Le général Desprez ayant poursuivi deux Arabes
sans pouvoir les atteindre, venait de tourner bride
pour rejoindre le général en chef, lorsque celui-ci

[1] Lorsqu'on apprit cette nouvelle à l'aga, qui lui était tendrement
attaché, il s'écria : *Dieu est grand !* et ne s'occupa plus de la perte de
son ami.

s'aperçut que des Arabes plus nombreux étaient
revenus sur leurs pas et suivaient les traces de son
chef d'état-major : le général Desprez est caché à
ses yeux par des plis de terrain , le maréchal le
croit en danger , et aussitôt il s'élance l'épée à la
main , avec ses aides-de-camp , pour le dégager. Le
général Desprez fut sensible à cette preuve d'atta-
chement , et les soldats y applaudirent.

La trahison du bey de Tittery , le retour des
troupes de Belida (représenté comme une défaite),
le nombre considérable de nos malades firent supposer aux Turcs mariés , qu'on avait laissé à Alger ,
que le moment était venu de nommer un nouveau
Dey , et de massacrer les Français. D'un autre côté,
les cheiks des tribus arabes , dont la confiance était
ébranlée , ne se rendirent point le 25 au lieu de la
conférence arrêté pour traiter de leur soumission.
Les Turcs firent parvenir des armes et des munitions aux cabiles , et se préparèrent à élever Abduraman-Aga sur le trône de la régence. Sept ou huit
Turcs furent pris en flagrant délit , les uns chargés
de munitions , les autres fesant des tentatives pour
se procurer à prix d'or des cartouches de nos soldats. Deux des coupables venaient d'être conduits à
l'état-major de la division , avec les pièces du délit.
Le baron Pétiet qui avait fait placer les Turcs dans
un bosquet de jasmin attenant à la maison , jusqu'à
l'arrivée du premier interprète qui devait les in-

terroger, fit observer au commandant Abdalla
d'Asbonne qu'il les supposait aliénés ou cherchant
à déguiser leurs craintes, puisqu'ils n'avaient pas
cessé de chanter. Vous êtes dans l'erreur, répondit
l'interprète, ils s'attendent à avoir la tête tranchée,
et ils chantent l'hymne des agonisants.

Après beaucoup de recherches et d'interrogatoires
dans les maisons habitées par les ex-janissaires,
les prévenus furent livrés aux tribunaux. Le résultat
de cette mesure fut de déporter dans le Levant,
avec leurs familles, la totalité des Turcs qui occupaient Alger, et de condamner deux des coupables
à être pendus devant la porte de Babazoun. Ce sup-
plice infâmant, qui n'était réservé qu'aux juifs,
produisit plus d'effet que si on avait fait tomber un
grand nombre de têtes [1].

---

[1] Le comte Clauzel sut punir d'une manière exemplaire la trahison
d'Abduraman ; ce bey, à qui l'ambition avait enlevé le jugement, leva
bientôt le masque en déclarant la guerre aux Français par une lettre
adressée au général en chef et signée Abduramau-Pacha. Le général
Clauzel culbuta ses troupes, s'empara du col de Tenia, nomma à Med-
cali, le 23 novembre, un nouveau bey de Tittery, et revint à Alger,
suivi du dey dépossédé, prisonnier avec toute sa famille, et deux cents
Turcs désarmés.

C'est un Maure d'Alger, nommé Mustapha-Ben-Hadji-Omar, que
le général Clauzel investit des fonctions d'Abduraman. Mustapha a
conservé le gouvernement de la province, mais il réside à Alger. Mustapha-Ben-Hadji-Omar, bey de Tittery, a reçu la décoration de la
Légion-d'Honneur, comme marque d'estime des Français pour les services qu'il leur a rendus.

L'éloignement complet des despotes Osmanlis, donna de la confiance aux habitants d'Alger, et la tranquillité ne fut pas troublée. Les Maures, les Koulouglis et les juifs ne redoutèrent plus de mettre en évidence leur zèle pour les Français; ceux-ci redoublèrent de surveillance à l'extérieur. Depuis le commencement d'août, le lieutenant-général fit faire chaque matin, par les régiments de sa division, en avant de leurs cantonnements, des reconnaissances sur les plateaux d'où le pays peut le mieux se découvrir. Les détachements qui les composaient avaient ordre de communiquer entre eux à droite et à gauche.

Un seul jour, le 9 août, un de ces détachements, du 17ᵉ de ligne, s'étant porté, sans avoir rien aperçu, jusqu'à un plateau qui domine la Métijah, fut attaqué, en revenant au camp, par une trentaine de cabiles; le capitaine Camou arrête sa compagnie, fait volte-face et marche sur les montagnards, qui se retirent aussitôt. Ils suivirent pourtant notre reconnaissance jusqu'à moitié chemin entre *Caffé* et *Fontaine*. Le général Descars supposant que ces hommes armés n'étaient que les coureurs d'un corps plus nombreux, fit prendre les armes à douze compagnies, qui se portèrent en trois colonnes dans la direction où les cabiles avaient été rencontrés. Plusieurs maisons furent fouillées, on prit un fusil chargé et des cartouches;

mais les renseignements donnés par les habitants, furent à peu près unanimes pour nous instruire que cinquante cabiles étaient arrivés dès le matin, qu'ils étaient inconnus dans la contrée, qu'ils avaient éprouvé une perte d'une douzaine d'hommes, et qu'aussitôt après ils s'étaient retirés vers la Métijah. Les montagnards marquèrent leur passage, en enlevant les fruits, et particulièrement les figues et les raisins.

Le maréchal commandant en chef avait senti la nécessité d'élargir les issues tortueuses et infectes qui servent de rues à Alger ; il fit ouvrir plusieurs communications et jeter à bas un grand nombre de maisons, pour établir une place près de la Cassaubah : cette mesure était à la fois sanitaire et politique. Les rues étroites de cette capitale sont privées d'air et malsaines. Une voie praticable aux voitures était indispensable de la Cassaubah à la marine ; et il fallait une place pour y mettre au besoin du canon, et contenir les habitants qui sont enclins de tout temps à la révolte.

On prit aussi les précautions nécessaires pour que l'armée fût à l'abri de toute tentative de la part de l'ennemi pendant l'hiver, et qu'elle eût le moyen, lors de la saison des pluies, d'abandonner les barraques et les tentes pour passer la nuit dans les maisons de campagne qui entourent Alger et les forts de Babazoun. Deux redoutes furent élevées en avant des positions de la 3ᵉ division : la première au-delà des cantonnements du 30ᵉ ; la seconde à gauche de ceux du 17ᵉ. Toutes les maisons furent crenelées, et le soldat, satisfait de ne pouvoir redouter aucune surprise de l'ennemi, sûr de le combattre avec gloire, paraissait regretter l'audace habituelle des cabiles et des bédouins.

Le chef d'état-major s'étant embarqué le 15 août pour retourner en France, ici se termine le récit des opérations militaires de la 3ᵉ division. La répartition des troupes fut changée peu de temps après, lors de l'arrivée du général Clauzel ; et l'armée d'Afrique, devenue corps d'occupation, eut encore de fréquentes occasions de gloire sous ses ordres et sous ceux des généraux qui lui succédèrent, pour assurer la dénomination française dans les diverses provinces de l'ex-régence appelée à devenir une de nos belles colonies.

PIÈCES OFFICIELLES.

N° Ier.

ÉTAT *de situation des troupes sous les ordres du lieu- tenant-général* DESCARS, *avant l'embarquement.*

TROISIÈME DIVISION D'INFANTERIE.

NOTA. Les lettres initiales qui suivent les noms indiquent les grades dans la Légion d'Honneur : ainsi, L. signifie légionnaire, O. officier, C. commandeur, G. O. grand officier.

MM. le duc DESCARS, G. O. lieu- tenant-général.

- BORNE, L. chef-de-bataillon aide- de camp.
- SURINEAU, L. capitaine, aide-de- camp.
- DE L'ORGE, capitaine, officier d'ordonnance.
- DE TOURZEL, sous-lieutenant, of- ficier d'ordonnance.

Le baron PETIET, C. chef d'état-major.

- PRETOT, L. chef-de-bataillon ad- joint à l'état-major.
- DE TAMNAY, O. capitaine, adjoint à l'état-major.
- DE LABOUÈRE L. capitaine, adjoint à l'état-major.
- DE LAVEDRINE, capitaine, adjoint à l'état-major.

D'ARNAUD, L sous-intendant militaire de 2ᵉ classe.
MERLE, L. sous-intendant militaire adjoint.
ABDALLA D'ASBONNE, chef d'escadron, premier interprète.
SOLIMAN SOLAMB, capitaine, deuxième interprète.
Yver, payeur de la division et directeur des postes.
DE FOUCAULT, payeur adjoint.

1ʳᵉ BRIGADE.

MM. le Comte BERTIER DE SAU-
VIGNY, C. maréchal-de-
camp.
  LECARON DE FLEURY, capi-
  taine aide-de-camp.
DE BERTIER, sous-lieutenant,
  officier d'ordonnance.
MUTY, guide interprète.

2ᵉ de marche, DE NEUCHEZE, O. colonel.
35ᵉ de ligne, RULLIÈRE, C. colonel.

2ᵉ BRIGADE.

MM le Baron HUREL, C. maréchal-
de-camp.
  DELMOTTE, capitaine, aide-
  de-camp.
CURIAL, sous-lieutenant, officier d'ordonnance.
BOLANZI, guide interprète.

17ᵉ de ligne, DUPRAT, O. colonel.
30ᵉ de ligne, OCHER DE BEAUPRÉ, L. colonel.

3ᵉ BRIGADE.

MM. le Comte MONTLIVAULT, C.
maréchal-de-camp.
  DE TINAN, capitaine, aide-
  de-camp.
DE ROUGÉ, sous-lieutenant,
  officier d'ordonnance.
BUZAE-CIARVÉ, guide interprète.

23ᵉ de ligne, DE MONBOISSIER, O. colonel.
34ᵉ de ligne, de ROUCY, C. colonel.

12 bataillons à 850 hommes 10,200
Officiers sans troupes, administrateurs et interprètes. 28
Officiers des troupes 360

──────────

10,588

CAVALERIE. — *Chasseurs d'Afrique.*

BONTEMS DUBARRY, O. colonel. — Un escadron du 13ᵉ, et 2 du 17ᵉ. —
534 hommes. — 505 chevaux.

Nº 2.

RÉSUMÉ *des principales dispositions arrêtées pour le débarquement.*

—

Circulaire à MM. les Maréchaux-de-Camp.

A bord du Nestor, baie de Palma, le 9 juin 1830.

1º Précautions pour empêcher les gibernes et les munitions d'être mouillées.

2º Empêcher que les soldats ne chargent leurs armes avant d'être arrivés à terre.

3º Aussitôt débarqués, chaque bataillon se forme en colonne par division, à distance de peloton, et fait charger les armes.

4º Encadrer les demi-sections par les soldats les plus exercés, afin de faire exécuter le feu de deux rangs, en commençant le feu par la droite de chaque demi-section.

5º Si les corps se trouvaient morcelés, s'occuper d'en réunir les diverses parties ; ne point entreprendre d'agir isolément ; attendre autant que possible les ordres des officiers supérieurs et des généraux.

6º Échelonner les bataillons avec célérité ; placer l'artillerie entre les échelons, pour être défendus par les feux croisés ;

soutenir les pièces, s'il y a lieu, par des détachements de voltigeurs.

7° Si la cavalerie ennemie se présente, former le simple carré ; employer les feux de deux rangs, commencer par la droite de chaque demi-section.

8° Si les carrés doivent se mettre en marche et que l'ennemi soit à proximité, rompre les faces latérales du carré par section en arrière à gauche et à droite, marcher ainsi pour être prêts à se reformer en carré au premier ordre ; couvrir la marche des bataillons par des tirailleurs et flanqueurs qui précèdent et couvrent la colonne, sans s'en éloigner de plus de soixante pas.

9° Si, par l'effet du débarquement, quelques bataillons se trouvaient hors de leur place, ils resteraient ainsi, sans inconvénient, jusqu'à ce que le moment fut indiqué par les chefs pour aller reprendre leur place de bataille.

10° Le plus grand silence doit être recommandé dans les rangs, afin que les ordres des chefs puissent toujours être entendus.

11° Exercer la plus grande surveillance sur l'emploi que le soldat fait de ses vivres ; s'il consomme en deux jours la ration destinée à cinq, les privations, suites de son imprévoyance, ne tarderont pas à faire naître des maladies.

12° Avertir les soldats de la manière de combattre des Maures et des bédouins, de leurs cris et de leurs charges ; les préparer à recevoir de sang-froid l'attaque tumultueuse de cette cavalerie. Sans chercher à déprécier ces ennemis, inspirer au soldat français, pour les vaincre, l'assurance qui lui est nécessaire pour les attendre avec ordre et avec calme.

13° Dans toutes les circonstances, les officiers, de tout grade, doivent donner l'exemple à leur troupe. Cet exemple est ici d'autant plus indispensable, que les soldats sont jeunes et ont peu d'expérience. Il faut donc plus que jamais que les officiers paient de leur personne.

N° 3.

Ordre de la Division.

Du 24 juin.

La 3ᵉ division se mettra en marche demain, pour se porter en avant.

La 1ʳᵉ brigade se réunira, au point du jour, sur la grande route d'Alger. Elle se rendra au camp de Staoueli où elle recevra pour deux jours de vivres, excepté la viande. Elle continuera ensuite sa marche, et s'établira à la position occupée aujourd'hui par la 3ᵉ brigade de la 1ʳᵉ division (20ᵉ et 28ᵉ de ligne); elle recevra la viande à son bivouac, par les soins de l'intendance.

La 2ᵉ brigade recevra deux jours de vivres, excepté la viande, à trois heures du matin. Elle se mettra en mouvement aussitôt après et ira s'établir près des ruines qui se trouvent à gauche de la route du camp à Alger ; elle y recevra la viande par les soins de l'intendance.

La 3ᵉ brigade recevra deux jours de vivres, excepté la viande, à quatre heures du matin. Elle ira relever, au point du jour, les postes occupés par la 2ᵉ brigade, et ne se mettra en marche qu'après avoir été relevée par une brigade de la deuxième division, qui doit venir occuper le camp retranché.

Les postes qui doivent être occupés, à la diane, par la troisième brigade et relevés plus tard par la 2ᵉ division, sont : 1° deux postes d'un officier et vingt hommes, à chacune des deux portes ; 2° deux postes d'un sergent et douze hommes, sur la plage, l'un à droite des retranchements et l'autre à gauche ; 3° un poste d'un capitaine, un officier et cinquante hommes, à la tour de Sidi-Ferruch, pour garder les équipages du général en chef, les archives de l'état-major général et tous les effets qui n'auront pas encore été transportés en avant ; 4° un poste de quarante hommes, sur la plage, pour la garde du matériel de l'armée, qui y est déposé, ou des effets qui y sont débarqués à chaque instant ; 5° un poste d'un sergent et seize hommes, au bivouac du lieutenant-général.

Aussitôt que la 3ᵉ brigade sera relevée, elle exécutera son mouvement et ira prendre position entre la deuxième brigade et le camp de Staoueli. Un officier de cette brigade se portera en avant pour reconnaître la position qu'elle doit occuper. Elle assurera la communication dans la plaine qui se trouvera en avant du camp. La viande lui sera distribuée à son bivouac.

Chaque corps laissera un officier pour prendre charge du dépôt laissé par son régiment. Ces officiers se réuniront demain, à quatre heures du matin, chez le chef d'état-major de la division, pour recevoir les ordres qu'ils doivent suivre.

Chaque régiment fera reporter les tentes qu'il occupe au parc de l'intendance. L'officier, chargé de ce service, en tirera un reçu.

Les corps emporteront leurs caisses, leurs ambulances, et, s'ils le peuvent, une partie de leurs couvertures. Des mesures seront prises pour envoyer chercher le plus tôt possible les effets laissés en arrière.

N° 4.

Rapport du Général en chef.

Au camp de Sidi-Kalef, le 28 juin 1830.

L'attaque qui avait été projetée pour le 26 n'a point eu lieu, elle aurait conduit l'armée sur le plateau qui domine le fort de l'Empereur. Ayant été informé que nous trouverions quelques batteries sur ce plateau et sur d'autres points extérieurs, je préférai attendre que plusieurs pièces de gros calibre et une partie du matériel d'artillerie et du génie fussent rassemblées à une petite distance en arrière de la 1ᵉ ligne. Ce retard a été mis à profit; des travailleurs, dirigés par le général Valazé ont rendu, en avant de Sidi-Kalef, la route facilement praticable par les voitures. Plusieurs redoutes, destinées à soutenir la marche de nos convois, ont été construites et armées avec les pièces prises à l'ennemi. Le débarquement des chevaux de l'artillerie de siége et de l'administration, a permis de rapprocher d'Alger des projectiles et des approvisionnements de toute espèce. Ainsi, lorsque l'attaque aura refoulé l'ennemi dans la place, l'armée sera en mesure d'emporter les batteries de l'ennemi, de fortifier son camp, de commencer et même de poursuivre avec vigueur le siége du château de l'Empereur. Les troupes qui se trouvent en présence de notre première ligne appartiennent presque exclusivement à la milice turque. Le tiraillement continuel qui a eu lieu depuis l'affaire du 24, a mis hors de combat six à sept cents hommes; faites par la mousqueterie et par des coups tirés de loin, les blessures sont en général peu dangereuses. Depuis hier seulement quelques hommes ont été atteints par le feu de deux pièces de vingt-quatre que l'ennemi a conduites sur sa position. M. le chef de bataillon Borne, officier très distingué, a eu un bras emporté. Voulant faire cesser cet état de choses, j'ai donné des ordres pour que l'attaque se fît demain à la pointe du jour. Voici comment les troupes seront disposées, lorsque nous marcherons à l'ennemi.

La droite sera formée de la division Berthezène, la gauche de la division Descars; une brigade de la division Loverdo sera placée en deuxième ligne; les deux autres brigades de la division Loverdo seront échelonnées sur notre ligne de communication, à l'exception d'un bataillon qui va former, avec 1,400 marins, la garnison de la presqu'île. J'ai confié à M. de Léridant, colonel du 48e de ligne, le commandement de ce point important.

Les bédouins, pendant plusieurs jours, s'étaient montrés en assez grand nombre sur la droite de notre ligne de communication ; depuis hier, ils n'avaient pas paru ; on les a revus aujourd'hui.

No 5.

Rapport du Général en chef.

Au camp devant Alger, le 1er juillet 1830.

Le projet d'attaquer l'ennemi en avant d'Alger fut exécuté le 29, à la pointe du jour ; mais les dispositions qui avaient été prises d'abord, reçurent quelques modifications dans les trois divisions de l'armée ; l'ardeur et le dévoûment sont les mêmes, je pensai que l'honneur de combattre devait être réparti également. L'attaque de la droite fut confiée à la deuxième et à la troisième brigade de la division Berthezène ; celle du centre à la première et à la troisième brigade de la division Loverdo ; le duc Descars reçut l'ordre d'attaquer par la gauche avec les deux premières brigades de sa division, et de suivre à peu près la ligne de partage des ravins qui versent à l'est et à l'ouest d'Alger. C'est de ce côté que l'ennemi avait réuni le plus de forces. Les brigades Berlier et Hurel mirent dans l'attaque autant de vigueur qu'elles avaient montré de constance et de sang-froid dans les positions défensives qu'elles avaient occupées les jours précédents. Enfoncé par elles, l'ennemi n'attendit pas le choc sur les autres points, et de toutes parts il prit la fuite. La division Berthezène changea de direction et alla occuper la crête des collines qui s'élèvent entre la mer et le point d'attaque de la division Descars. Ces collines dominent tout le pays environnant. Le général Loverdo marcha vers le château de l'Empereur, et profita de la forme du terrain pour établir deux bataillons à moins de quatre cents mètres de cette forteresse et sur un des versans du plateau qui la commande. Le général Descars se rapprocha aussi du château de l'Empereur, pour que ces deux brigades fussent à même de concourir, dès la nuit suivante, à l'ouverture de la tranchée. Quoique la hauteur du point le plus élevé des collines qui entourent Alger, n'excède pas deux cents mètres, les accidents du terrain sont fortement prononcés. La profondeur des ravins, l'extrême rapidité de leurs berges, les arbres et les haies dont le sol est entièrement couvert, ont rendu les marches des 2e et 3e divisions longues et fatigantes.

Dans l'affaire du 29, nous avons eu quarante à cinquante hommes hors de combat; l'ennemi a laissé beaucoup de morts sur le champ de bataille, on lui a pris un drapeau et cinq pièces de canon.

La plupart des consuls européens étaient à peu de distance du champ de bataille, réunis avec leurs familles dans la maison de campagne du consul des États-Unis : je donnai des ordres pour qu'ils fussent en sûreté. Tous s'accordent à dire que depuis le combat du 14, la milice a fait des pertes considérables, et que l'armée qui nous a attaqués le 19, comptait au moins cinquante mille combattants. Plusieurs centaines de Juifs, que le Dey avait chassés d'Alger, furent trouvés épars dans les jardins; on les laissa libres.

Pendant la nuit même qui suivit le combat, le général Valazé traça les premiers ouvrages à deux cent cinquante mètres environ du château de l'Empereur; les soldats, malgré les fatigues de la journée, y travaillèrent avec ardeur. Déjà plusieurs batteries sont commencées; il est vraisemblable qu'elles seront armées dans la nuit du 2 au 3 juillet, et que le 3, à la pointe du jour, vingt-six bouches à feu de gros calibre tireront à la fois. Trois heures après, le feu du fort sera éteint. La chute du fort Babazoun doit suivre de près celle du château de l'Empereur. Dès lors toutes les batteries élevées sur la plage, à l'est de la ville, ne tarderont pas à tomber en notre pouvoir. Tout porte à croire qu'après nous en être rendus maîtres, nous pourrons rapprocher du camp de siége le point du débarquement.

N° 6.

Combat du 29 juin.

(Extrait du Journal du chef de l'état-major-général.)

On ne pouvait enlever aux troupes commandées par le duc Descars l'honneur d'attaquer l'ennemi en avant du terrain que pendant trois jours (1) elles avaient si vaillamment défendu. Il fut décidé, en conséquence, qu'au moment de l'attaque, les brigades Hurel et Bertier formeraient la gauche, et qu'au centre et à la droite, les première et deuxième brigades de la division Loverdo, les première et deuxième brigade de la division Berthezene marcheraient suivant leur ordre de bataille. La brigade Poret de Morvan devait garder, dans la position de Chapelle et Fontaine, le parc d'artillerie de siége. Les 23e et 34e de ligne furent disposés par échelons entre cette position et le camp de Staoueli.

---

1 Pendant *quatre jours.*

On savait que le terrain compris entre les deux vallons et la place, présentait des accidents aussi prononcés que ceux des pays de montagnes, et que le bois et les haies dont il était couvert sur une grande partie de sa surface, pouvaient, en bornant la vue, donner lieu à des méprises. La carte de Boutin, faite en grande partie à l'aide de souvenirs, n'inspirait qu'une faible confiance. Il n'y avait pas comme en Europe d'habitants qui pussent servir de guides; deux ou trois interprètes, qui avaient passé à Alger plusieurs années, se déclaraient incapables de nous diriger dans les environs de cette ville. Aussi verra-t-on qu'il y eut, pendant la journée du 29, de l'incertitude dans les marches.

Le chemin qui va de Staoueli à Fontaine et Chapelle, semblait devoir, en se prolongeant, conduire au château de l'Empereur. Le général en chef prescrivit au général Loverdo de le suivre avec ses deux brigades. Toutes les troupes devaient, après avoir chassé l'ennemi de ses positions, se porter vers le fort. Quant aux dispositions ultérieures, M. de Bourmont crut devoir attendre qu'il eût lui-même reconnu le terrain.

Les jours voisins du solstice d'été sont sensiblement moins longs sur la côte d'Afrique que dans le nord de la France. Lorsque les troupes s'ébranlèrent, à trois heures du matin, on ne distinguait encore les objets qu'à une faible distance. Les brigades de la troisième division, ainsi qu'on l'avait prévu, ne tardèrent pas à rencontrer l'ennemi. L'immobilité à laquelle ces troupes avaient été condamnées pendant plusieurs jours, rendait plus vive encore leur ardeur accoutumée : quelques moments suffirent pour décider la victoire; les Turcs et les Arabes furent mis en déroute, et laissèrent en notre pouvoir six bouches à feu. Aucune résistance n'arrêta la marche des divisions Berthezene et Loverdo. La direction que suivait la première, l'aurait conduite par une pente rapide vers la rade d'Alger et loin du fort de l'Empereur; elle aurait eu à parcourir un terrain sillonné par des ravins profonds et hérissé d'obstacles de toute espèce. Le général en chef donna au général Berthezène l'ordre de ne pas se porter plus en avant. La brigade Achard fut dirigée vers le Boudjareah, dont le commandement sur tout le pays environnant semblait rendre l'occupation nécessaire. La brigade Clouet resta en réserve.

Les deux brigades de la deuxième division avaient continué de marcher vers le château de l'Empereur ; mais les arbres et les plis de terrain ne permettaient pas de le découvrir. La mer se montrait quelquefois dans le prolongement de la direction qu'elles suivaient. Craignant que cette direction ne les éloignât du but, M. de Bourmont prit le parti de suspendre leur mouvement, jusqu'à ce que s'étant porté lui-même vers la gauche, il eut une connaissance exacte et de ce qui s'y passait et de la position du fort. Les brigades de la division Descars venaient de faire halte, lorsqu'il les rencontra. Ayant, du lieu qu'elles occupaient, aperçu le château de l'Empereur, il pensa que le moment était venu de faire marcher vers cette forteresse les troupes des deuxième et troisième divisions. Il donna lui-même ses instructions au duc Descars. Le général Tholozé fut envoyé auprès du général Loverdo pour lui porter l'ordre du mouvement et pour en presser l'exécution. Il y eut une assez longue hésitation sur la direction que devaient prendre les brigades Danremont et d'Arcine. L'avis qui prévalut les jeta dans des ravins où elles éprouvèrent d'incroyables fatigues. On ne pouvait éviter cet inconvénient, pour peu qu'on s'écartât soit à droite soit à gauche de la véritable route. Harcelées pendant leur marche par les tirailleurs ennemis, les deux brigades eurent trente ou trente-cinq hommes mis hors de combat. Cette méprise, facile à concevoir pour ceux qui connaissent les lieux, retarda de quelques heures le moment où elles devaient se trouver en face du fort.

Lorsque le duc Descars se mit en marche, une lieue seulement à vol d'oiseau le séparait de la position vers laquelle il devait se diriger ; mais ayant eu plusieurs ravins à franchir, les troupes sous ses ordres n'arrivèrent dans cette position qu'a-près une marche aussi longue que pénible. On compta dans les brigades Hurel et Bertier vingt-cinq hommes tués ou blessés.

N° 7.

Ordre de la division.

Du 1er juillet.

Le lieutenant-général commandant la 3e division s'empresse de donner un juste tribut d'éloges aux troupes qu'il a eu l'hon-neur de diriger pendant les journées des 25, 26, 27, 28 et 29 juin. Les corps ont rivalisé de zèle, et le trop d'ardeur des sol-dats est l'unique reproche qu'il ait eu à leur faire. MM. les chefs de corps, officiers supérieurs et autres ont conduit les troupes avec vigueur.

Le lieutenant-général cite avec satisfaction parmi ces mili-taires :

Dans le 2e *de marche*, —MM. le lieutenant-colonel Baraguay d'Hilliers ; les capitaines Susini et Lelut: les sous-lieutenants de Queilhes, de Morogues et Grey, et le sergent Bazin ;

35e *de ligne*, — MM. Ballon, chef de bataillon ; du Pont de Gault, Pélissier et Godart, capitaines ; Massoni, lieutenant ; Foltz et Dener, sous-lieutenants ;

17e *de ligne*, — MM. Pourillon, Pellegry et Vidal, capitaines ; Boudet et de Maleysie, lieutenants ; Rebuffat, sergent-major ; Bardon, sergent, et le caporal Chaix qui a enlevé, le 29, un drapeau à l'ennemi ;

30ᵉ *de ligne*, — MM. de la Chapelle, d'Autun et Bourgeois, capitaines; Robbe, lieutenant; de Lastic, sous-lieutenant, et Brunet, sergent-major.

Nº 8.

Ordre de l'armée.

Du 1ᵉʳ juillet

Le général en chef a nommé aujourd'hui major de tranchée, M. Lugnot, chef de bataillon au 21ᵉ de ligne.

Nº 9.

Ordre de la division.

Au bivouac devant le fort de l'Empereur, le 2 juillet.

Un colonel ou lieutenant-colonel de jour, sera désigné pour commander la garde de tranchée fournie par la 3ᵉ division ; il prendra les ordres du maréchal-de-camp de tranchée. Un officier d'état-major sera commandé journellement pour conduire et remettre les travailleurs aux officiers d'artillerie et de génie, en remplacement du lieutenant-colonel désigné dans l'ordre d'hier pour le service. Le colonel ou lieutenant-colonel de jour montera à quatre heures du matin.

Service de la tranchée pour le 2 juillet à six heures et demie du soir :

Travailleurs pour le génie, 400 hommes fournis par la 3ᵉ brigade. — Travailleurs pour l'artillerie, 500 hommes fournis aussi par la 3ᵉ brigade.

Service de la tranché pour le 3 juillet :

Colonel de jour, M. le comte de Montboissier, 23ᵉ de ligne. Garde de tranchée, 750 hommes de la 3ᵉ brigade. — Travailleurs pour le génie, à quatre heures du matin, 350 hommes fournis par la 1ʳᵉ brigade. — Travailleurs pour l'artillerie, 250 hommes fournis aussi par la 1ʳᵉ brigade.

Les postes du général en chef, de l'état-major général et du lieutenant-général commandant la division, sont formés par la 3ᵉ brigade, ainsi qu'il suit : pour le général en chef, 1 officier et 30 hommes ; le chef d'état-major-général, 1 caporal et 4 hommes ; le lieutenant-général, 1 sergent, 1 caporal et 16 hommes.

Outre les travailleurs ci-dessus demandés, 50 hommes fournis par la 1ʳᵉ brigade devront être rendus au parc de l'artillerie à quatre heures du matin, pour y confectionner des gabions ; ils seront payés à raison de 50 centimes par gabion.

N° 10.

Ordre de la division.

Du 3 juillet.

Un renfort étant nécessaire pour la garde de tranchée, la 3ᵉ brigade fournira immédiatement 250 hommes armés pour ce service.

M. de la Hure, aide-major au 30ᵉ de ligne, servira près de M. le commandant Lugnot, major de tranchée, pendant toute la durée du siège.

Cent vingt-cinq travailleurs pour l'artillerie seront fournis par la 2ᵉ brigade, et réunis à midi dans la cour du consulat de Hollande.

Service de la tranchée pour le 3 juillet, à six heures et demie du soir.

Travailleurs pour le génie, 300 hommes par la 2ᵉ brigade. — Travailleurs pour l'artillerie, 200 hommes fournis aussi par la 2ᵉ brigade.

Pour éviter la confusion qui a eu lieu plusieurs fois dans la répartition des travailleurs entre le génie et l'artillerie, l'officier d'état-major chargé de remettre ces travailleurs aux officiers de ces deux armées, réunira ceux destinés à l'artillerie dans la cour du consulat de Hollande, et ceux destinés au génie *au dépôt de tranchée*.

Des plaintes ayant été faites sur le retard de l'arrivée des travailleurs, il est expressément recommandé à MM. les chefs de corps que les troupes soient rendues et formées sur le terrain un peu avant l'heure indiquée.

Service de la tranchée pour le 4 juillet, à quatre heures du matin.

Colonel de jour, M. le marquis de Neuchese, colonel du 2ᵉ de marche, infanterie légère.

Garde de tranchée, 100 hommes fournis par la 1ʳᵉ brigade.

Travailleurs pour le génie, 150 hommes fournis par la 2ᵉ brigade. —Travailleurs pour l'artillerie, 50 hommes fournis par la même brigade.

Les postes du général en chef, du chef de l'état-major général, du sous-chef de l'état-major général, de l'intendant en chef et du lieutenant-général commandant la division seront relevés le 4 juillet par la 1ʳᵉ brigade.

No 11.

Ordre du Général en chef de l'état-major général.

Devant Alger, le 3 juillet.

Service de la tranchée, du 3 au 4 juillet, de sept heures du soir à quatre heures du matin.

Deuxième brigade de la 3e division. — Travailleurs pour le génie, 300 hommes. —Travailleurs pour l'artillerie, 200 hommes.

Ces cinq cents travailleurs devront être rendus près du consulat de Hollande à sept heures précises du soir, *heure de rigueur.*

Ils devront être en capotes, et ne porter avec eux que leur fusil et leur giberne.

Le feu des batteries devant commencer demain à trois heures et un quart du matin, le général de Lahitte demande que cinq compagnies soient commandées pour défendre les cinq batteries, et pour être employées à porter les blessés. Ces compagnies devront être rendues ce soir, à la nuit tombante, au dépôt de tranchée. M. le général commandant la tranchée leur indiquera leur destination. La 1re brigade de la troisième division en enverra trois, et la deuxième division en enverra deux.

Ainsi, pour le travail de ce soir, il faudra commander 500 hommes, et pour la garde des batteries trois compagnies. Les compagnies mises à la disposition de l'artillerie ne seront relevées qu'après avoir accompli leurs vingt-quatre heures de service.

N° 12.

Ordre de la division.

Du 4 juillet.

Service de la tranchée pour le 4 juillet, à cinq heures du soir :

Travailleurs pour le génie et pour l'artillerie, ensemble 1,000 hommes fournis par la seconde brigade.

Service de la tranchée pour le 5 juillet, à quatre heures du matin :

Colonel de jour, M. le comte de Roucy; 34ᵉ de ligne;

Garde de tranchée, 1,000 hommes fournis par la 3ᵉ brigade. (Elle a monté le 4, à six heures.)

Les postes du général en chef, de l'état-major-général, de l'intendant en chef et du lieutenant-général, seront fournis, demain, par la 2ᵉ brigade.

Le nouveau terrain de réunion pour les travailleurs et la garde de tranchée, est en arrière du château de l'Empereur.

Par suite d'un ordre venu de l'état-major général, la garde de tranchée, désignée pour demain matin à quatre heures, relèvera immédiatement celle de ce jour.

N₀ 13.

Convention entre le Général en chef de l'armée française
et S. A. le Dey d'Alger.

Le fort de la Cassaubah, tous les autres forts qui dépendent d'Alger, et le port de cette ville, seront remis aux troupes françaises, ce matin à dix heures (heure française).

Le général en chef de l'armée française s'engage envers S. A. le Dey d'Alger, à lui laisser la liberté et la possession de ce qui lui appartient personnellement.

Le Dey sera libre de se retirer, avec sa famille et ce qui lui appartient, dans le lieu qu'il fixera; et tant qu'il restera à Alger, il y sera, lui et toute sa famille, sous la protection du général en chef de l'armée française; une garde garantira la sûreté de sa personne et celle de sa famille.

Le général en chef assure à tous les soldats de la milice le même avantage et la même protection.

L'exercice de la religion mahométane restera libre; la liberté de toutes les classes, leur religion, leurs propriétés, leur commerce et leur industrie ne recevront aucune atteinte; leurs femmes seront respectées: le général en chef en prend l'engagement sur l'honneur.

L'échange de cette convention sera faite avant dix heures, ce matin, et les troupes françaises entreront aussitôt après dans la Cassaubah, et successivement dans tous les autres forts de la ville et de la marine.

Au camp devant Alger, le 5 juillet 1830.

N° 14.

Ordre de l'armée.

Au camp devant Alger, 5 juillet 1830.

Les troupes françaises prendront possession des forts, du port et de la ville d'Alger, aujourd'hui à....

La division Loverdo se portera vers la Cassaubah, deux bataillons y entreront, ils seront mis sous les ordres du commandant de la place.

Les autres bataillons de cette division camperont hors de la ville; ils occuperont le fort de l'Empereur et le terrain compris entre ce fort et la Cassaubah.

La division Descars se dirigera vers la porte Babazoun; quatre compagnies prendront possession du fort de ce nom, d'autres troupes de cette division prendront possession des batteries situées sur la plage de l'est. Un régiment occupera les établissements de la marine, une garde de cent hommes sera placée à la porte Babazoun, le reste de la 3e division campera hors de la ville.

La brigade Achard occupera la porte et le fort Bab-el-Oued, les forts et les batteries de la plage de l'ouest. La garde de la porte Bab-el-Oued sera de cent hommes; le reste de la brigade Achard campera au dehors de la ville.

Les troupes établies dans les forts, le port et la ville, seront sous les ordres du maréchal-de-camp commandant la place.

Un bataillon de chaque division sera en outre mis sous ses ordres pour la garde et la police de la ville. Cet officier général leur assignera les points où ils devront se rassembler et les postes qu'ils auront à occuper.

Il est expressément interdit aux officiers, sous-officiers et soldats, et à toutes personnes employées à l'armée, sous quelque titre que ce soit, d'entrer en ville sans une permission des lieutenants-généraux, des généraux commandant les armes spéciales, et de l'intendant en chef.

Les chefs de corps et des différents services sont responsables de l'exécution de cet ordre.

Les trois bataillons destinés au service de la place seront relevés toutes les vingt-quatre heures.

Les officiers, sous-officiers et soldats composant les troupes qui entreront dans Alger, ne pourront, sous quelque prétexte que ce soit, quitter les postes qui leur auront été assignés, ni pénétrer dans les habitations.

M. le maréchal-de-camp Tholozé est nommé commandant de la place, des forts et du port d'Alger.

No 15.

Ordre de la division.

Près le château de l'Empereur, le 11 juillet.

Le général en chef désirant voir demain les régiments de la division qui sont disponibles, le 2e de marche d'infanterie légère, le 17e, le 23e et le 30e de ligne, se mettront en marche de manière à être rendus, à cinq heures moins un quart, sur le

bord de la mer , à l'est du fort Babazoun , au-dessous du parc
d'artillerie ; des officiers-d'état-major y seront déjà rendus
pour désigner à chaque régiment le terrain qu'il doit occuper.

Les régiments seront en grande tenue avec armes et bagages ; ils laisseront au camp une garde de police, quelques postes avancés et des corvées suffisantes pour recevoir les distributions.

Nota. Les chasseurs d'Afrique reçurent l'ordre directement
et se placèrent à la gauche des deux divisions d'infanterie.

N° 16.

Rapport du général en chef.

A la Cassaubah, le 17 juillet.

Le corps expéditionnaire que le gouvernement du Roi a ordonné de diriger sur Bone ne tardera pas à s'embarquer ; il
sera composé de deux régiments, les 6e et 49e, d'une batterie de
campagne et d'une compagnie de sapeurs ; M. le général
Danremont en aura le commandement. La batterie ne sera pas
attelée au moment du départ : elle ne pourra l'être qu'après le
retour des bâtiments-écuries qui se trouvent maintenant dans
la rade de Toulon ; un approvisionnement de trente jours de
vivres sera mis à terre en même temps que les troupes.

Les renseignements que l'on a recueillis sur la situation de
Bone ne laissent aucun doute sur le succès. Cette ville n'a point
de garnison turque ; des Maures en forment la population :

menacés d'être pillés par les Arabes qui les environnent, ils verront les Français avec confiance.

M. l'amiral Duperré doit mettre à ma disposition les moyens de transport nécessaires, mais il n'a pas encore fixé le jour de l'embarquement. Quelques bâtiments du Roi qui doivent faire voile vers Tripoli, suivront jusqu'à la hauteur de Bone, la même direction que le corps expéditionnaire; ils sont destinés à exiger du bey des réparations.

On a lieu d'espérer que l'occupation de Bone décidera le bey de Constantine à se soumettre, et qu'il demandera à traiter aux mêmes conditions que celui de Tittery.

Dans le cas où la conquête devrait amener la chute du gouvernement actuel, peut-être les changements ne devraient-ils s'opérer qu'avec lenteur. Il est dangereux de faire cesser brusquement l'empire de la crainte dans un pays où depuis plusieurs siècles il n'existe pas d'autre moyen d'autorité.

L'inventaire du trésor d'Alger est à peu près terminé. Une somme en or de 13,200,000 fr. a été chargée sur le *Marengo*. *Le Duquesne* rapporte en France 11,500,000 fr. en monnaie de même métal : total, 24,700,000 fr. Tout le reste en lingots ou en monnaie d'argent, dont la valeur est de 27,000,000 environ. Ainsi, une somme de 52,000,000 aura été trouvée dans le trésor : dix-neuf cents bouches à feu, dont plus de la moitié est en bronze ; d'immenses approvisionnements en poudre, plomb et projectiles ; des magasins de laine considérables ; les maisons et les métairies dont le gouvernement est propriétaire, présentent peut-être une valeur égale.

Dix-sept cents Turcs ont été embarqués ; tous ceux qui se trouvent encore à Alger sont mariés, et par conséquent autorisés à y rester.

26

N° 17.

Ordre de la division.

Babazo: n, le 21 juillet.

Le général en chef ayant l'intention de faire une reconnaissance dans la plaine de la Métijah et jusqu'aux pieds des montagnes, a ordonné les dispositions suivantes : un bataillon de 500 hommes fournis par le 2e de marche infanterie légère, 4 compagnies de voltigeurs de la 2e brigade complétées à 90 hommes chacune, et 4 compagnies de voltigeurs de la 3e brigade complétées au même nombre, se réuniront demain, à une heure après midi, sur le terrain en avant du parc d'artillerie ; — 1 escadron de chasseurs complété à 48 files, se réunira à la même heure et au même lieu ; — 4 pièces de campagne seront jointes à cette colonne qui sera commandée par le général baron Hurel.

Ces troupes prendront demain matin leurs rations complètes pour la journée, et le pain, légumes, sel et vin pour le 23. Les chasseurs prendront en outre de l'avoine pour deux jours.

P. S. La colonne commandée par le général Hurel ne devant faire demain que trois lieues, il suffira qu'elle se mette en marche à deux heures de l'après-midi : les troupes qui la composent mangeront la soupe à midi et demi et se réuniront à deux heures moins un quart sur le terrain désigné.

N° 18.

Rapport du Général en chef.

A la Cassaubah, le 28 juillet.

Reconnaissance de Belida.

Je suis parti pour Belida le 23 juillet, comme j'avais eu l'honneur de l'annoncer à V. Exc.; la distance qui sépare cette ville d'Alger est plus considérable que les itinéraires ne le font supposer. On doit conclure du temps qu'il a fallu pour la franchir, qu'elle est de onze à douze lieues de poste de France. Le détachement avec lequel je devais marcher avait bivouaqué, pendant la nuit du 22 au 23, à deux lieues et demie d'Alger. Il se composait d'un bataillon du 2e de marche, de huit compagnies de voltigeurs des 2e et 3e brigades de la 3e division, d'un escadron de chasseurs à cheval, de vingt-cinq sapeurs, de deux pièces de 8 et de deux obusiers de montagne. J'en avais donné le commandement au général Hurel; le colonel Bontems Dubarry marchait à la tête de l'escadron de chasseurs, vingt Arabes ou Maures s'étaient joints aux troupes françaises; tout sur la route semblait annoncer une entière soumission. Un grand nombre d'Arabes conduisaient à Alger des bêtes de somme chargées de vivres; la campagne était couverte de troupeaux. Le détachement traversa la vaste plaine de la Métijah, qui s'étend depuis les limites du terrain montueux dans lequel est située la ville d'Alger, jusqu'au pied du petit Atlas. Cette plaine est comprise en partie dans le bassin de l'Arratsch, en partie dans celui du Massafran. La ligne qui sépare ces deux bassins est difficile à distinguer; l'aspect du pays semble annoncer qu'à une époque reculée la mer couvrait l'espace qu'occupe maintenant la Métijah, et que peu à peu cet espace avait été comblé par les alluvions des cours d'eau qui descendent de l'Atlas. Le sol de la plaine est d'une grande fertilité, mais il est inculte et on se borne à y nourrir des troupeaux. Les seules maisons qu'on y aperçoive sont des métairies qui appartenaient au gouvernement. Des huttes ou des tentes servent d'abri aux Arabes.

Belida est situé au pied du petit Atlas; la chaîne à laquelle on a donné ce nom s'élève brusquement : on a lieu de croire que c'est l'Atlas lui-même. Les habitants affirment qu'il existe à l'est et à l'ouest de Belida des ruines qui conservent de la neige toute l'année, ce qui semble annoncer une hauteur de quatre mille mètres. Lorsqu'on s'approche des montagnes, les aspects changent, leur pente septentrionale se présente couverte d'une riche végétation; des ruisseaux nombreux en descendent; leurs eaux, réparties avec art, arrosent des jardins couverts d'orangers et d'autres arbres à fruits. Les dimensions des oliviers sont comparables à celles de nos chênes de France.

Presque tous les géographes ont porté à douze mille âmes la population de Belida; elle est à peine égale au tiers. En 1825, un tremblement de terre a renversé toutes les habitations. Une grande partie de l'espace qui enveloppe l'enceinte est couverte de ruines.

Aucun habitant n'avait fui à notre approche. Une députation vint au-devant des troupes françaises jusqu'à une lieue et demie de la ville. Partout elles trouvèrent des témoignages de confiance. Une heure après notre arrivée, un marché était établi au camp. Les troupes s'établirent en dehors des jardins, pour être à l'abri d'une surprise. Quelques habitants dirent aux Arabes qui avaient marché avec nous, que, la veille, les cabiles avaient tenté de pénétrer dans la ville, et qu'il fallait s'attendre à être attaqué par eux. Cependant la nuit fut parfaitement tranquille. Le 24 juillet, j'allai reconnaître le terrain en avant et à l'ouest de la ville. Pas un homme armé ne se présenta.

L'ordre avait été donné de partir à deux heures après midi pour aller bivouaquer à trois ou quatre lieues sur la route d'Alger. Plusieurs habitants témoignèrent de vives inquiétudes, ils dirent aux interprètes que notre départ serait le signal du pillage de la ville. Au moment où on allait se mettre en marche, on aperçut des bandes nombreuses de cabiles armés qui descendaient des montagnes; bientôt des coups de fusils se firent entendre dans les jardins, que jusqu'alors nos soldats avaient parcourus avec une entière sécurité. A la faveur des haies, un coup avait été tiré presqu'à bout portant. Un de mes aides-de-camp, M. le commandant de Trelan, et trois ou quatre hommes isolés furent tués ou blessés mortellement; quelques autres furent blessés. Il était deux heures, les troupes commencèrent leur mouvement : aussitôt beaucoup d'hommes armés sortirent des jardins. Il paraît que les habitants s'étaient joints aux cabiles, entraînés par la peur ou par des dispositions hostiles.

M. Chapelié, capitaine d'état-major, avait reçu l'ordre de devancer la colonne et de reconnaître un emplacement favorable pour le bivouac de la nuit suivante. Deux compagnies du 2e de marche et vingt-cinq chasseurs composaient son escorte; il fut vivement attaqué. L'ennemi s'était approché à portée de pistolet, les compagnies le chargèrent à la baïonnette, atteignirent et tuèrent dix ou douze cabiles et mirent le reste en fuite; les chasseurs s'élancèrent sur les fuyards, dont trente à quarante restèrent sur la place. Les deux compagnies d'infanterie poursuivirent leur marche, et bientôt l'on aperçut dans toutes les directions des groupes de cavaliers. Il est vraisemblable que, connaissant la force du détachement avec lequel on marchait, l'ennemi avait espéré intercepter notre commu-

nication avec Alger. Plusieurs fois il s'approcha de nos flancs ;
chaque fois le colonel Bontems le chargea et le mit en déroute ;
deux cents Arabes au moins furent tués à coups de sabre et de
lance : il n'y eut de l'escadron qu'un homme tué et deux blessés. [1]

Notre artillerie tira toutes les fois que les cavaliers arabes se
groupèrent en assez grand nombre pour que son feu produisit
de l'effet. Bientôt l'ennemi intimidé par les charges de notre
cavalerie, par le feu de l'artillerie et par celui des tirailleurs qui
couvraient nos flancs, ne se présenta plus qu'à une distance
considérable.

Deux Arabes, qui marchaient avec les troupes françaises, les
avaient quittées après les premières attaques, dans l'espoir de
déterminer leurs compatriotes à cesser les hostilités : étant revenus à la fin du jour, ils dirent que la principale tribu de la
plaine avait fait cause commune avec les Cabiles ; mais que,
convaincue de l'impossibilité de lutter avec les troupes françaises, elle était prête à se soumettre, et que déjà elle s'éloi-
gnait. Les faits répondirent à cette assertion ; le détachement
ne fut inquiété ni pendant la nuit de son bivouac ni le lendemain, lorsqu'il poursuivit sa route vers Alger.

Le nombre des Français tués dans la journée du 24 est de
huit, et trente blessés, dont presque tous légèrement.

Le général Hurel se montra homme de guerre expérimenté ;
il retrouvait là une journée de l'Egypte. Le général Descars
m'avait accompagné : la confiance et l'affection qu'il inspire
aux troupes de sa division, contribuèrent à leur donner le
calme qu'elles montrèrent constamment au milieu du cercle
d'ennemis dont elles étaient environnées.

---

[1] Les chasseurs d'Afrique eurent *deux* hommes tués et *quatre*
blessés.

N° 19.

(Extrait du Journal du chef de l'état-major-général.)

Reconnaissance de Belida.

Le 23 juillet fut le jour fixé pour son départ ; un détachement de 1,000 hommes d'infanterie avait paru devoir suffire. Le duc Descars reçut l'ordre de le former dans sa division, dont les camps étaient traversés par la route de Belida ; il le composa d'un bataillon du 1er régiment de marche [1] et de huit compagnies d'infanterie de ligne, prises dans la deuxième et troisième brigade ; un escadron de chasseurs à cheval, deux pièces de 8, deux obusiers de montagne et une compagnie de sapeurs furent destinés à s'y joindre. On mit ces troupes sous les ordres du général Hurel. Il était à craindre qu'à l'époque de la canicule, des marches trop fortes n'augmentassent l'encombrement des hôpitaux. L'infanterie, les quatre bouches à feu, partirent dans l'après-midi du 22 et allèrent bivouaquer à trois lieues d'Alger, en arrière de l'Ouet-Kerma, cet affluent de l'Arratsch dont on a déjà fait mention. Le 23, à quatre heures du matin, les troupes que commandait le général Hurel continuèrent leur marche. Le maréchal sortait d'Alger à la même heure, avec deux compagnies d'élite, une compagnie de sapeurs et quelques chasseurs à cheval : il était accompagné des généraux Descars, Desprez et Lahitte, du lieu-

[1] C'est une erreur : le 1er régiment de marche appartenait à la division Berthezène. (Voir la composition et la force des troupes de la reconnaissance, au n° 16 des pièces officielles.)

tenant-colonel Dupau, du colonel Filosofof, du capitaine de vaisseau Mancel, du prince de Schwartzemberg, des autres volontaires étrangers et d'un grand nombre d'officiers d'état-major
impatients de voir une ville jusqu'aux murs de laquelle bien
peu d'Européens avaient pénétré. Le syndic Hamden, deux
membres du conseil municipal et dix ou douze Maures ou Arabes se joignirent à son escorte. Six voitures d'artillerie, chargées de vin, de pain et de biscuits, partirent en même
temps. On s'attendait à trouver de la viande en abondance.

La voie romaine sur laquelle on cheminait, est, jusqu'à deux
lieues et demie d'Alger, ombragée par des arbres de différentes
espèces et par des haies d'une grande élévation. Deux cafés
que l'on rencontre, le premier à une lieue et demie de la ville,
l'autre à une distance presque double, offrent aux voyageurs
d'agréables stations ; l'air y est rafraîchi par des fontaines
abondantes. Les voitures passèrent d'abord sans difficultés, il
n'en fut pas de même lorsqu'elles eurent atteint la berge
gauche de la vallée de l'Ouet-Kerma. Cette berge est déchirée
par de profonds ravins : c'était près de là qu'avait bivouaqué le
détachement du général Hurel. Les compagnies d'élite qui
avaient fait partie de l'escorte du maréchal s'établirent dans le
même emplacement et furent destinées à servir de poste intermédiaire. On croyait être à égale distance d'Alger et de Belida ;
la compagnie de sapeurs fut chargée de réparer le chemin
en deçà et au-delà du ruisseau. Le général Lahitte donna l'ordre
aux conducteurs d'une voiture dont le timon s'était brisé,
de rester jusqu'à son retour avec les compagnies d'infanterie.

Le maréchal continua sa route avec un détachement de
chasseurs, et passa l'Ouet-Kerma sur un pont en maçonnerie.
Au-delà, le terrain que l'on eût à traverser, est couvert de buissons élevés ; de fortes inégalités y rendaient difficile la marche
des voitures. A une petite lieue du pont, on se trouve dans la

Metijah, dont une partie est comprise dans le bassin de l'Arratsch et dont l'autre appartient à celui du Massafran. On a déjà dit qu'aucune arrête sensible n'y marque la ligne de partage. Aussi, dans un espace assez considérable, les eaux incertaines forment des marécages durant une partie de l'année. Le bassin du Massafran s'étend jusques et à une très petite distance des rives de l'Arratsch.

L'aspect de la Metijah est loin de justifier les récits pompeux de quelques voyageurs. Le sol, quoique propre aux céréales, est presque partout inculte Les nombreux troupeaux qu'il fournit forment la principale richesse des habitants ; ceux qui appartenaient au Dey ou aux principaux personnages de la régence, étaient, pendant les jours pluvieux, réunis dans de vastes fermes : ce sont presque les seuls bâtiments qu'on aperçoive. Des tentes en poil de chameau, ou des huttes construites avec du bois et de la glaise, servent d'abri aux habitants. Presqu'en arrivant dans la plaine, on trouve, près de quelques figuiers, un puits dont l'eau, quoique sulfureuse, n'est pas malfaisante ; les voyageurs ont coutume de s'y arrêter pour abreuver leurs bêtes de somme : il se nomme *Bertoulat*

Un peu au-delà, l'escorte du maréchal rencontra un fantassin de la colonne du général Hurel. Ayant eu l'imprudence de rester en arrière, il avait été cruellement traité par des Arabes armés de bâtons.

A une lieue et demie du premier puits, on en trouva un autre qui est connu sous le nom de *Sidi-Haïd* ; il est ombragé par des blancs de Hollande d'une beauté remarquable. Un peu plus loin, on vit, près d'un cimetière, environ cinquante Arabes ; ils étaient sans armes, et la curiosité seule paraissait les avoir attirés. Leur village, entièrement composé de misérables huttes, était situé à peu de distance de la route ; on le nomme *Boufarick*. L'escorte du maréchal atteignit la colonne du général Hurel, près d'un ruisseau dont les bords sont couverts de lau-

riers roses; les fleurs brillantes de ces arbrisseaux contras-
taient avec la nudité du pays que nous venions de parcourir.
On traversa successivement quatre autres ruisseaux bordés de
lauriers roses ; les troupes firent près du dernier une assez
longue halte ; il fallait laisser aux traîneurs le temps de rejoindre. Quoiqu'une brise d'est rafraîchit l'atmosphère, quelques
fantassins paraissaient accablés par la chaleur.

Quand la colonne se fut remise en marche, une députation
de la ville de Belida se présenta au maréchal ; ceux qui la composaient protestèrent de leur soumission et de la confiance avec
laquelle ils voyaient arriver les troupes françaises. Nous étions
près de la chaîne que l'on nomme le *petit Atlas*. S'élevant
brusquement au-dessus d'une surface entièrement unie, elle
offre le même aspect que ces îles montagneuses qui sortent du
sein de la mer ; ses flancs, surtout près de Belida, sont couverts
d'une riche végétation. On y trouve beaucoup d'oliviers, de
figuiers sauvages et de chênes à glands doux.

Belida est située au débouché d'une vallée qu'arrose le Sidi-
el-Kébir, cours d'eau assez considérable. A mesure qu'on
s'approche, les ombrages sont plus fréquents. Les jardins qui
entourent la ville doivent leur fertilité à des irrigations qui rap-
pellent celles des environs de Grenade et de Valence ; même au
milieu de l'été, la verdure y conserve toute sa fraîcheur. Les
figuiers, les caroubiers, et surtout les oliviers, y ont des dimensions que n'atteignent pas ceux d'Europe ; de nombreux orangers offrirent à nos soldats altérés des fruits délicieux.

Campées dans ces jardins, les troupes auraient été exposées
à une surprise; elles s'établirent en dehors. Peut-être aurait-on
dû choisir avec la même circonspection l'emplacement du
quartier-général ; mais un bois d'orangers qui se trouvait entre
le camp et la ville, et que traversait un ruisseau limpide, séduisit
le maréchal, et il résolut d'y passer la nuit, gardé par deux
compagnies de grenadiers. L'accueil des habitants était propre

à inspirer une entière confiance; ils s'empressèrent de nous offrir des fruits et des breuvages, et une heure après notre arrivée, un marché s'établit dans le camp. Le prix des denrées était peu élevé ; tout se payait content, et pas une plainte ne s'éleva. Il fallait faire une distribution de viande, on s'adressa aux principaux habitants et bientôt des bœufs nous furent conduits ; leur poids moyen était de 300 kilogrammes. Sur la demande des vendeurs on les paya 25 francs ; ainsi la ration coûtait moins de cinq centimes. On nous pourvut avec le même empressement d'orge et de paille : pour cet objet encore, on laissa les habitants fixer les prix ; ils le firent avec beaucoup de bonne-foi.

On était arrivé à cinq heures. Avant la nuit, beaucoup d'officiers entrèrent dans la ville, qui présente un aspect beaucoup moins agréable que celui du pays environnant ; les rues cependant sont moins étroites et moins sombres que celles d'Alger. En 1825, un tremblement de terre renversa quelques centaines de maisons ; elles n'ont point été relevées, et dans une grande partie de la ville la vue est attristée par des ruines. Le mur d'enceinte est en assez bon état pour qu'on puisse le considérer comme un moyen de défense.

Les boutiques étaient ouvertes, et les habitants, relativement à notre arrivée, ne témoignaient aucune inquiétude ; mais la crainte d'une attaque de Cabiles semblait les préoccuper. Cependant la nuit fut parfaitement tranquille.

Le 24, M. de Bourmont partit à quatre heures du matin, pour reconnaître les environs jusqu'à une lieue et demie à l'ouest de la ville ; un bataillon d'infanterie et un détachement de chasseurs formaient son escorte. Au retour, des coups de fusils furent échangés entre l'arrière-garde et des Cabiles, qui ne tardèrent pas à s'éloigner; un de nos fantassins fut blessé mortellement.

A dix heures du matin, lorsque la reconnaissance fut ter-

minée, le général Desprez, suivi de deux officiers d'état-major
et de quatre chasseurs à cheval, remonta, jusqu'à près d'une
demi-lieue de Belida, le Sidi-El-Kébir; il aurait été d'autant
plus imprudent de s'avancer davantage, que le chemin était
presque constamment resserré entre des précipices, et que des
arbres, des buissons et des rochers bornaient la vue dans
toutes les directions. En se rapprochant de la ville, l'escorte
du général Desprez aperçut, à une petite distance du chemin
qu'elle suivait, des hommes armés de fusils. Ce qui eut lieu
deux heures plus tard doit faire supposer que ces hommes
étaient des cabiles, et que la crainte de trahir trop tôt leurs
projets d'attaque les avait empêchés de se servir de leurs armes.

Toutes les dispositions étaient prises pour qu'à deux heures
les troupes se missent en mouvement; le capitaine d'état-major
Chapelié devait les précéder avec deux compagnies d'infanterie
du deuxième de marche, et vingt-cinq chasseurs armés de lances. On lui donna l'ordre de déterminer, près d'un des ruisseaux bordés de lauriers roses, l'emplacement qui lui paraîtrait
le plus convenable pour le bivouac de la nuit suivante.

A une heure, des coups de fusils se firent entendre, et on
sut bientôt après que deux canonniers conducteurs avaient été
tués au moment où ils abreuvaient leurs chevaux dans un ruisseau qui baigne les murs de la ville. Plusieurs soldats d'infanterie furent atteints presqu'en même temps dans les jardins où
ils croyaient pouvoir se promener avec sécurité ; les arbres, les
haies et les buissons y facilitaient les embuscades. M. de
Trelan, chef de bataillon, aide-de-camp du maréchal, sortit
du bois d'orangers qu'occupait le quartier-général, pour aller
reconnaître ce qui se passait : une balle le frappa dans le ventre
sans qu'on eût vu celui qui avait tiré le coup.

Les troupes prirent les armes, et on prescrivit au capitaine
Chapelié de partir sur le champ. C'était dans le camp établi en
dehors des jardins que l'on devait mettre à sa disposition les

compagnies d'infanterie et le détachement de lanciers destinés
à former l'avant-garde. Pendant qu'il s'y rendait, accompagné de quatre chasseurs et d'un maréchal-des-logis, ce dernier fut tué d'un coup de feu.

Il était urgent que M. de Bourmont rejoignît la colonne
principale. Il se mit en marche avec les grenadiers qui avaient
gardé le quartier-général ; des soldats portaient M. de Trelan
sur un brancard fait avec des branches d'arbres. Une heure
après cet officier n'existait plus.

L'espace qui séparait le camp du bois d'orangers fut franchi
sans obstacles. Des habitants de Belida étaient sortis de la ville
pour observer nos mouvements : rien d'ailleurs n'annonçait
qu'ils eussent des intentions hostiles. Depuis, on eut des
raisons de croire que plusieurs d'entre eux avaient eu des in-
telligences avec les cabiles.

Les troupes étant réunies, l'avant-garde commença son mouvement ; l'ennemi l'avait devancé dans la direction que nous
devions suivre. On vit de tous côtés des Arabes et des cabiles à
pied et à cheval sortir des jardins, se répandre dans la plaine,
et former autour de nous un vaste réseau. L'avant-garde fut
serrée de près ; mais une charge à la baïonnette fit reculer
l'ennemi. Le prince de Schwarzemberg, qui avait mis pied à
terre pour se mêler avec nos soldats, tua un Arabe de sa main.
Les chasseurs s'élancèrent contre l'ennemi. C'était pour la
première fois depuis l'ouverture de la campagne qu'ils trouvaient l'occasion de charger ; trente ou quarante Arabes ou
cabiles restèrent sur la place, tués à coup de lance, de sabre
ou de baïonnettes ; le reste s'enfuit en désordre. Après cette
leçon, l'ennemi fut moins entreprenant.

La colonne principale s'ébranla, ayant sur chacun de ses
flancs une ligne de tirailleurs destinée à éloigner ceux de l'ennemi. Bientôt des troupes de cavaliers se montrèrent sur notre
gauche. On les laissa s'approcher, et lorsqu'ils ne furent plus

qu'à trois cents pas, le colonel Bontems s'élança contre eux à la tête de soixante chasseurs. Des officiers d'ordonnance et plusieurs des Maures qui accompagnaient le maréchal prirent part à cette charge : elle fut aussi heureuse que la première. Parmi les cavaliers ennemis qui tombèrent sous les coups des nôtres, se trouvaient deux cheiks, dont on rapporta les armes et les bottes rouges. Le jeune prince Joseph Poniatowski, fils naturel de celui qui se montra si dévoué à la France, faisait la campagne comme maréchal-des-logis. Nous le vîmes charger et reparaître quelques moments après avec la dépouille d'un Cabile. Plusieurs officiers conquirent de semblables trophées. Le secrétaire d'Hamden ayant été entraîné par son cheval au milieu de la mêlée, son costume le fit confondre avec les cavaliers ennemis, et un coup de sabre le jeta sans vie sur le champ de bataille. Lorsque son maître apprit son sort, il parut vivement affligé ; mais bientôt son visage devint calme, et ces paroles, *Dieu l'a voulu*, qu'on l'entendit prononcer, prouvèrent qu'il s'était résigné.

Notre cavalerie était trop peu nombreuse pour qu'on ne cherchât pas à la ménager. Sous ce rapport, l'artillerie était d'un grand secours. Toutes les fois que des groupes armés se formaient à portée de canon de la route que nous suivions, des boulets ou des obus lancés au milieu d'eux les dispersaient. Nos canonniers tiraient avec une justesse remarquable.

A deux lieues environ de Belida, le général Desprez se trouvait dans l'intervalle qui séparait l'avant-garde du corps principal. Un cheik et quelques Arabes s'étant avancés jusqu'à une petite distance de la route, il marcha contre eux avec trois officiers d'état major, et les mit en fuite. Après les avoir poursuivis quelques moments, il revint sur ses pas sans avoir couru le moindre danger. Des broussailles et un pli de terrain l'avaient dérobé à la vue du maréchal qui le crut exposé, et mit l'épée à la main pour le dégager. Ce fait a peu d'importance, et s'il

n'avait été raconté d'une manière inexacte, l'auteur de ce journal n'en aurait pas fait mention.

L'ennemi ayant paru en force sur notre flanc droit, le colonel Bontems l'attaqua de nouveau. Une première charge éloigna
nos cavaliers de la route ; une seconde charge les en rapprocha,
et ils la traversèrent à un grand quart de lieue de l'avant-garde.
L'extrême fatigue des chevaux décida le colonel à faire sonner
la retraite : aussitôt les Arabes, dispersés dans la plaine, se
rallièrent, et ils se disposaient à prendre l'offensive, lorsque
l'arrivée de nos bouches à feu et de notre infanterie les fit
renoncer à leur projet. Dans les différentes charges qui avaient
eu lieu depuis que l'on était en marche, l'escadron de chasseurs
avait perdu un seul homme ; quatre ou cinq autres avaient été
blessés légèrement : cent Arabes ou cabiles étaient restés sur
le champ de bataille. Désespérant de nous attaquer avec succès
dans une plaine découverte, l'ennemi s'embusqua dans le dernier des bois de lauriers roses que nous avions à traverser. Le
général Hurel renforça l'avant-garde et donna l'ordre au capitaine Chapelié de faire fouiller le terrain à droite et à gauche de
la route. Cet officier avait continué de diriger l'avant-garde
avec autant de sang-froid que d'intelligence. Après une fusillade assez vive, l'ennemi laissa le passage libre. On trouva près
d'un chariot d'artillerie renversé, les cadavres de trois canon-
niers-conducteurs qu'on avait laissés la veille près du pont de
l'Ouet-Kerma : après avoir réparé le timon de leur voiture, ils
s'étaient mis en route, sans escorte, malgré les ordres qu'ils
avaient reçus du général Lahitte ; cette imprudence leur avait
coûté la vie.

Lorsque la tête et le centre de la colonne furent au-delà du
bois de lauriers roses, les Arabes et les Cabiles tentèrent un
nouvel effort contre l'arrière-garde ; ils furent repoussés avec
perte.

La colonne principale avait fait halte au-delà du terrain

couvert où l'ennemi avait espéré nous arrêter. Déjà la nuit s'approchait; deux hommes de sa nation qu'Hamden, après la première attaque, avait chargé de s'aboucher avec les chefs des tribus de l'est, revinrent auprès de lui. Un jeune Arabe les accompagnait; il dit au général en chef que la crainte seule avait porté ses compatriotes à faire cause commune avec les cabiles des montagnes situées au sud de Belida, qu'ils étaient prêts à se soumettre, et que déjà leurs cheiks avaient donné l'ordre de cesser les hostilités.

On se remit en marche à neuf heures du soir, et à onze heures les troupes avaient pris position près du puits des figuiers. Un officier d'état-major porta au général Montlivault l'ordre de faire avancer un bataillon jusqu'à l'Ouet-Kerma. Cette disposition fut inutile. Découragé par les pertes qu'il avait éprouvées, l'ennemi cessa de nous harceler; il n'y eut pas un coup de fusil de tiré pendant la nuit, et le lendemain, lorsque la colonne continua son mouvement vers Alger, on n'aperçut d'hommes armés dans aucune direction.

Le maréchal arriva de bonne heure à la Cassaubah; les troupes, après avoir fait une longue halte au-delà du pont de l'Ouet-Kerma, rentrèrent dans leurs camps.

Nos jeunes soldats avaient conservé, au milieu du cercle d'ennemis dont ils furent environnés pendant cinq ou six heures, un calme qui aurait honoré des vétérans.

Le général Hurel, comme dans tous les combats auxquels il avait pris part, se montra homme de guerre expérimenté. Dans son rapport, il cita particulièrement MM. Delmotte, capitaine d'état-major; Curial, officier d'ordonnance; Cambray, capitaine dans le 2ᵉ de marche; Main, lieutenant, et Maissiat, sous-lieutenant dans le même corps; Rethoré, capitaine, Habary, lieutenant; Grosbert, sous-lieutenant, et Larpent, voltigeur (dans le 30ᵉ de ligne); Lamy, sergent-major, et Bourgeois, voltigeur dans le 23ᵉ; Quatrebarbes, aide-major dans le 34ᵉ ; Herbinger et Esmangard, sous-lieutenans dans le même régiment.

MM. de Kergorlay, lieutenant d'artillerie, Desalle, officier d'ordonnance du général Lahitte, méritèrent une mention honorable.

Dans l'escadron de chasseurs, les capitaines Duez et Casin se distinguèrent. Le soldat Goury tua de sa main trois Arabes ou Cabiles.

On avait perdu quinze hommes, y compris ceux qui avaient péri dans les jardins, et les trois cannoniers conducteurs. Deux ou trois hommes seulement furent tués depuis la première attaque jusqu'à l'arrivée des troupes au puits des figuiers. Le nombre des blessés était de quarante-trois.

Telle est cette journée de Belida, que beaucoup de récits ont peinte comme désastreuse. Le rapport officiel n'ayant point été publié, rien ne détruisit l'impression que ces récits avaient produite.

Nº 20.

Sur la Colonie.

(Extrait de l'ouvrage de M. d'Ault-Dumesnil, officier d'ordonnance du général en chef.)

La plaine de la Metijah, et généralement toute l'étendue de territoire comprise entre les limites que nous avons proposé de prescrire à notre premier établissement, présentent un sol reposé depuis plusieurs siècles, d'un défrichement facile, et où

27

l'on est sûr de trouver d'épaisses couches de terre végétale.
Sous la latitude de ce beau pays, les germes de presque tous les
végétaux des tropiques se développeront rapidement. Il n'attend
qu'une culture intelligente pour produire abondamment le
sucre, l'indigo, le coton, le café, le vin, le riz, le chanvre, le
lin, le tabac et le blé; le mûrier et l'olivier s'y plairont singu-
lièrement. On y recueillera les fruits du figuier, du grenadier,
de l'oranger, du citronnier, du pistachier, du jujubier, du ba-
nanier et les dattes du palmier. Bientôt nous n'irions plus chercher les denrées transatlantiques qu'à quelques journées de
navigation de Marseille. Les travaux de l'horticulture aussi ne
peuvent pas manquer d'être fructueux dans les environs d'Alger. Les pluies y sont rares, mais les rosées y sont très abondantes et les sources nombreuses. Le pays nourrit beaucoup de
bœufs, l'espèce en est petite mais bonne, et elle est susceptible
d'amélioration. Nous y avons trouvé de beaux troupeaux de
moutons, dont la race peut aussi être améliorée. Le chameau
sera très utile à l'agriculture et au transport des denrées. Les
chevaux des Arabes de la régence algérienne sont médiocres,
mais agiles, vifs, sobres et infatigables. Cette race a des qua-
lités précieuses que l'éducation doit perfectionner beaucoup. La
côte abonde en poissons. Cette précieuse colonie nous fournirait
des laines, des cuirs et de la cire. Nous en pourrions tirer aussi
des plumes d'autruche et une grande quantité de peaux de lion,
de tigre et de panthère, qu'on emploie à différents usages, et
dont on ferait de magnifiques fourrures. L'Atlas recèle des
mines de toute espèce. Enfin, nous n'achèterons plus la faculté
de pêcher le corail dans ces parages. Ce n'est pas non plus une
occasion à échapper, que celle de nous créer un port militaire
de l'autre côté de la Méditerranée, sur laquelle, d'ailleurs,
nous ne possédons que Toulon. Mais il s'agit de fonder sur une
large base et de n'accroître que progressivement une colonie
européenne où les douanes et les lois prohibitives soient incon-

nues, où l'Italien, l'Espagnol, l'habitant des îles Baléares, quiconque se présentera enfin, jouissent avec sécurité, comme le Français, des fruits de son labeur; où la justice soit égale pour tous. Qu'Alger soit un port franc et libre, ouvert aux vaisseaux du monde entier ; et bientôt on y verra flotter les pavillons de toutes les nations. Une colonie ainsi entendue ne tarderait pas à produire abondamment et à consommer beaucoup; sa position géographique la rendrait, en outre, l'intermédiaire d'un commerce qui finirait par s'établir entre notre Europe et l'intérieur de l'Afrique. L'avare cupidité des Arabes est excessive, et nous pourrions la rendre profitable à eux et à nous. Il importe surtout de ne pas tourmenter les Cabiles dans leurs montagnes, mais de les châtier sévèrement lorsqu'ils tenteraient quelques incursions sur les terres de la colonie.

L'astronomie et la géographie profiteraient aussi de l'établissement d'une colonie européenne sur ce beau littoral, et ce serait un champ presque intact et vaste où les sciences naturelles moissonneraient largement.

FIN.

TABLE.

TABLE.

FIN DE LA TABLE.

Tours, imp. de R. PORNIN et Cie.

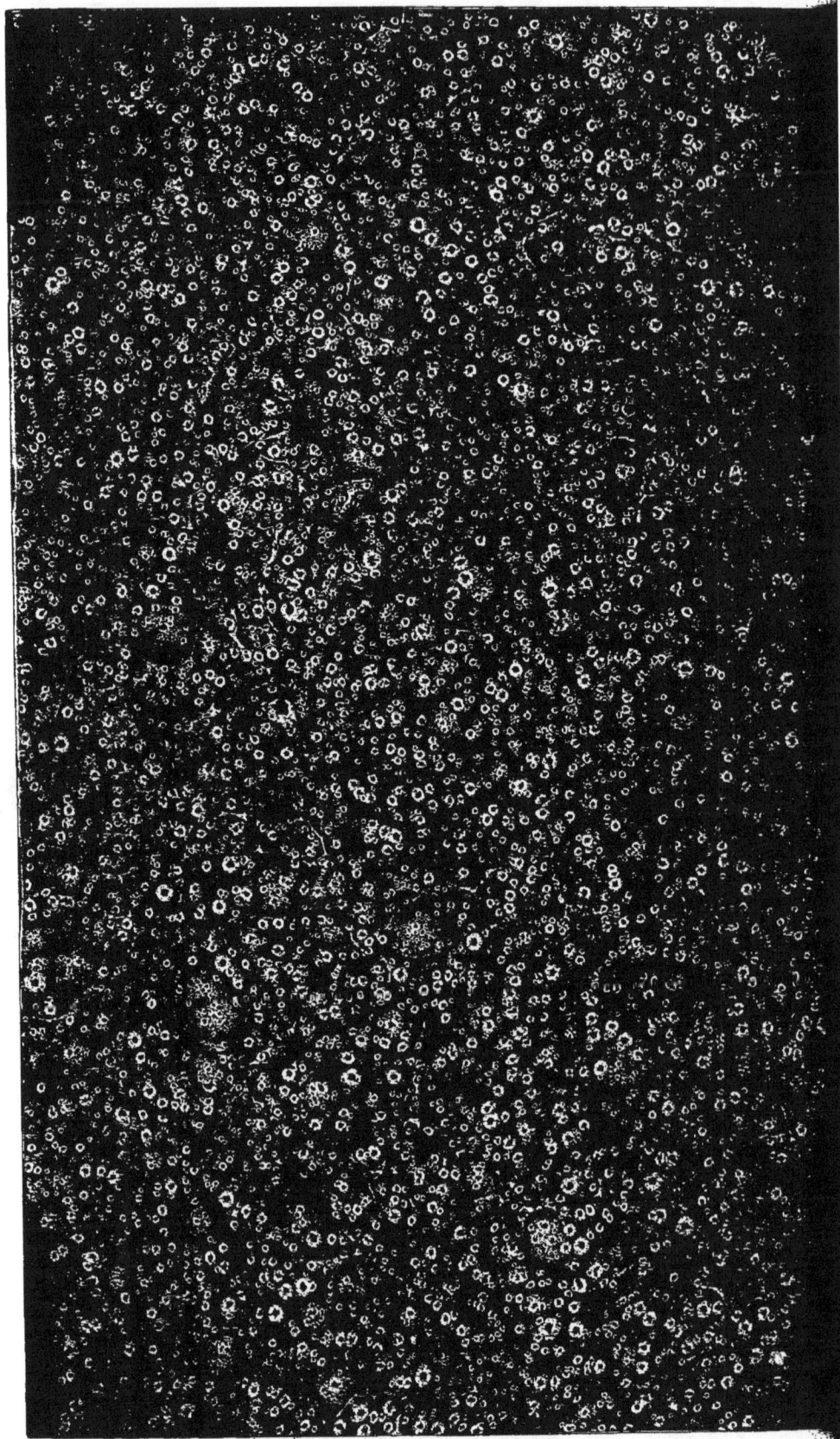

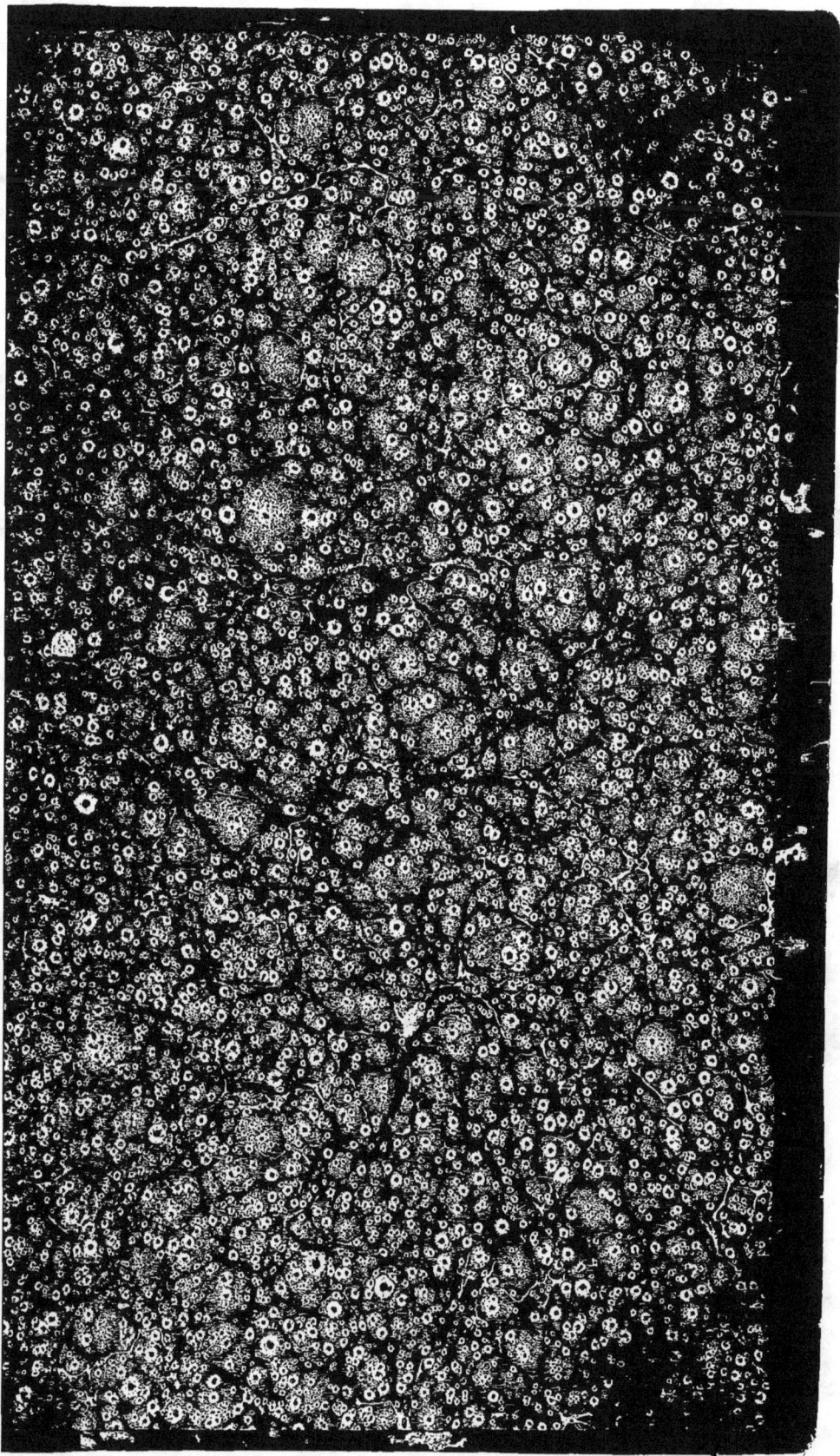

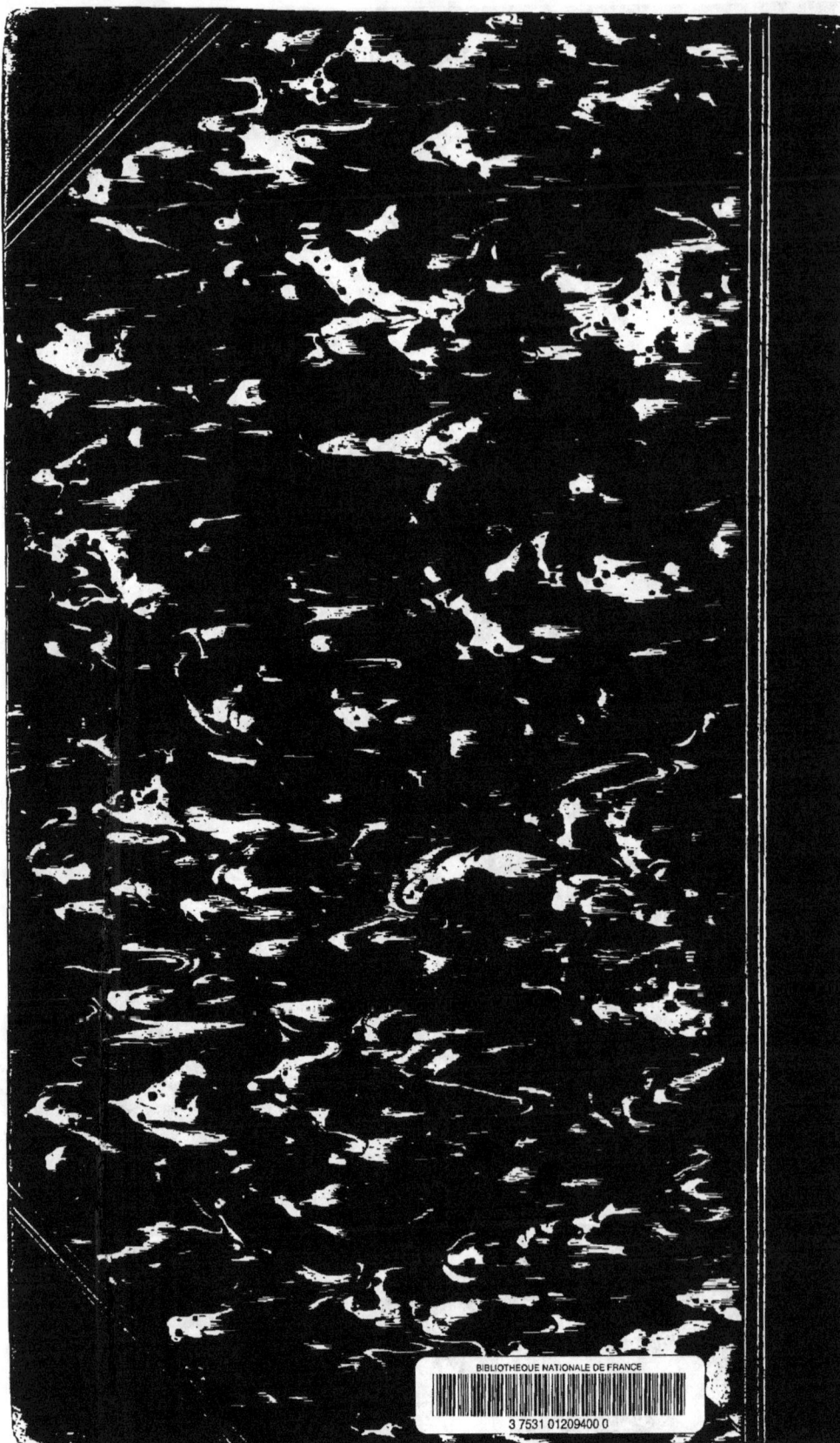

www.ingramcontent.com/pod-product-compliance
Lightning Source LLC
Chambersburg PA
CBHW060953280326
41935CB00009B/711